光明社科文库
GUANGMING DAILY PRESS:
A SOCIAL SCIENCE SERIES

·经济与管理书系·

绩效亭

中小企业绩效管理方法、体系与路径

潘显好｜著

光明日报出版社

图书在版编目（CIP）数据

绩效亭：中小企业绩效管理方法、体系与路径 ／ 潘
显好著 . -- 北京：光明日报出版社，2021.6
ISBN 978 - 7 - 5194 - 6075 - 4

Ⅰ.①绩… Ⅱ.①潘… Ⅲ.①中小企业—企业绩效—
企业管理—研究—中国 Ⅳ.①F279.243

中国版本图书馆 CIP 数据核字（2021）第 086834 号

绩效亭：中小企业绩效管理方法、体系与路径
JIXIAOTING：ZHONGXIAO QIYE JIXIAO GUANLI FANGFA、TIXI YU LUJING

著　　者：潘显好	
责任编辑：郭思齐	责任校对：李小蒙
封面设计：中联华文	责任印制：曹　净

出版发行：光明日报出版社

地　　　址：北京市西城区永安路 106 号，100050

电　　　话：010 - 63169890（咨询），010 - 63131930（邮购）

传　　　真：010 - 63131930

网　　　址：http：//book. gmw. cn

E - mail：guosiqi@ gmw. cn

法律顾问：北京德恒律师事务所龚柳方律师

印　　　刷：三河市华东印刷有限公司

装　　　订：三河市华东印刷有限公司

本书如有破损、缺页、装订错误，请与本社联系调换，电话：010 - 63131930

开　　本：170mm×240mm			
字　　数：270 千字		印　　张：16	
版　　次：2021 年 6 月第 1 版		印　　次：2021 年 6 月第 1 次印刷	
书　　号：ISBN 978 - 7 - 5194 - 6075 - 4			
定　　价：95.00 元			

推荐序
为中国中小企业提升绩效打造品牌提供动力

很高兴看到中国科学技术大学校友潘显好先生《绩效亭：中小企业绩效管理方法、体系与路径》一书终于面世了。战略性绩效管理问题长期以来一直是困扰我国中小微企业一大难题，潘显好先生经过二十多年的企业管理实践，为中小微企业成长和发展探索了一条成功之道。他根据大多数中小微企业在发展中普遍存在的三大误区和八大问题，创造性地提出了"一大原理""两大定律""三大系统""四大特点""五大环节"等系统理论和观点，并在此基础上提炼出适合中小微企业的6P战略性绩效管理工具和具有很强实操性的"七大步骤"。潘显好先生还设计了一个非常形象的可视化模型——"潘氏绩效亭"，将"六大工具"进行整合，以便于读者特别是广大的绩效管理工作者记忆、理解和应用。

与此同时，我也很欣慰潘显好先生以及合作伙伴任志刚先生组建了浙江观定绩效管理公司，立志把他的成功经验予以推广，为中国中小微企业发展献计出力。相信该书一定能为我国中小微企业提升中长期绩效直至打造独一无二的品牌提供有力的保障。

赵定涛

中国科学技术大学管理学院原副院长、教授、博士生导师

2021 年元旦于合肥

前　言

　　本书是为我国中小企业老板和中高层管理者撰写的，也可以为有志于从事战略性绩效管理咨询和培训的职业经理人提供参考。进入 21 世纪，随着我国制造大国中心地位的确立，特别是在新一届政府倡导"大众创业，万众创新"的背景下，大批中小型企业雨后春笋般地涌现，如何稳定员工队伍，激发员工自主性、自觉性，调动员工的积极性、创造性，提高员工的各项技能，打造企业领先品牌，提升组织的绩效和核心竞争力，不断满足企业定位战略的需要，已经成为企业老板和各级管理者重点关注的头等大事，必须尽快解决。

　　16 年前在浙江一家大型工业品制造型企业浙江荣盛控股集团成功推动绩效管理时，我就想出一本书，但苦于自己懒惰和实践经验积累不足，一直未能如愿，只在 2006 年 9 月《企业管理》一期杂志上把两年多来的绩效管理成果予以总结发表。很庆幸，事隔 16 年，我有了自己的咨询公司，同时成为一名大学老师，现在终于有时间静下来写东西了。经过十多年成功绩效管理的具体实践和多家企业绩效管理咨询顾问的经验积累，我把绩效管理的心得提炼总结出来，同所有热爱企业管理特别是从事绩效管理和营销管理的人士（尤其是中小企业老板和高管）分享。倘若该书能够为中小企业成功打造品牌和提升绩效提供指导和帮助，我心足也！

　　索尼公司前常务董事天外伺朗曾经撰写了《绩效主义毁了索尼》一文，详述了索尼公司的"绩效之痛"，把索尼公司的失败归结为绩效主义之错。该文一度在企业界和管理学界引起不小的震动。经历十多年的绩效管理实践，本人认为，索尼"绩效之痛"源于企业聚焦定位不明，根本原因还是战略问题。绩效管理若非科学有效定位战略导向，"绩效之痛"在所难免。毫无疑问，战略性绩效管理可以推动企业华丽转身和可持续发展。大量企业绩效管理实践证明，战略性的科学系统的绩效管理一定能够促进企业的快速发展和企业战略目标的实现。

有关绩效管理和绩效考核的书籍在国内就有近百本，但要么是理论性强实操性弱，要么是千篇一律全案类书，缺乏独创性的理论总结。鉴于这种现状，我经过反复思考、实践和交流提炼，总结出一本既有独创原理又兼具可操作性的简单易懂的6P绩效管理理论体系实操书，以方便读者参考借鉴。

绩效管理是所有人力资源管理和企业管理中最难做好的，它在实际操作过程中非常复杂。绩效管理的对象是人，人和机器最大的区别是，人有思想、有情绪，会产生业绩的波动。所以，对人的投资有两大特征，第一风险大，第二收益高。正因为绩效管理的对象特征，在2006年世界经济学会的评估中，绩效管理被列为最难的管理难题。

办法总比困难多。只要我们绩效管理工作者不惧艰辛，迎难而上，不断探索和实践，相信绩效管理一定能为企业可持续发展保驾护航，也相信我的6P绩效管理体系能为中国中小企业的成长壮大，为中小企业打造百年品牌和绩效提升提供动力。

潘显好

目　录
CONTENTS

第一篇 01

绩效管理概述

经典案例：俄罗斯矿山爆炸

在一次企业季度绩效考核会议上，营销部门经理 A 说："最近的销售做得不太好，我们有一定的责任，但是主要的责任不在我们，竞争对手纷纷推出新产品，比我们的产品好。所以我们也很不好做，研发部门要认真总结。"

研发部门经理 B 说："我们最近推出的新产品是少，但是我们也有困难呀。我们的预算太少了，就是少得可怜的预算，也被财务部门削减了。没钱怎么开发新产品呢？"

财务部门经理 C 说："我是削减了你们的预算，但是你要知道，公司的成本一直在上升，我们当然没有多少钱投在研发部了。"

采购部门经理 D 说："我们的采购成本是上升了 10%，为什么你们知道吗？俄罗斯的一个生产铬的矿山爆炸了，导致不锈钢的价格上升。"

这时，A、B、C 三位经理一起说："哦，原来如此，这样说来，我们大家都没有多少责任了，哈哈哈……"

人力资源经理 F 说："这样说来，我只能去考核俄罗斯的矿山了。"

第一章

绩效管理的本质

第一节　绩效、绩效考核

一、绩效及其特点

绩效，从管理学的角度看，是组织期望的行为与结果，是组织为实现其目标而展现在不同层面上的有效输出，它包括个人绩效、团队绩效和组织绩效三个层面。组织绩效的实现是在团队绩效和个人绩效实现的基础上的结果，但是团队绩效和个人绩效的实现并不一定保证组织是有绩效的。如果组织的绩效按一定的逻辑关系被科学地层层分解到各个团队直至每一个工作岗位以及每一个人的时候，只要每一个人达成了组织的要求，组织的绩效就实现了。从企业的角度看，组织绩效即公司绩效，团队绩效即部门、班组、项目组的绩效（为直观起见企业团队绩效可简称部门绩效），个人绩效，一人一岗时也称岗位绩效。

从字面意思分析，绩效是绩与效的组合，绩就是业绩，体现企业的利润等财务目标，又包括两部分：目标管理（MBO）和职责要求。企业要有企业的目标，个人要有个人的目标要求。目标管理能保证企业向着希望的方向前进，实现目标或者超额完成目标可以给予奖励，比如，奖金、提成、效益工资等；职责要求就是对员工日常工作的要求，比如，业务员除了完成销售目标外，还要做新客户开发、市场分析报告等工作，对这些职责工作也有要求，这个要求的体现形式就是工资。效就是效率、效果、态度、品行、行为、方法、方式等。效是一种行为，体现的是企业的管理成熟度目标。也有作者认为，效又包括纪律和品行两方面。纪律包括企业的规章制度、规范等，纪律严明的员工可以得到荣誉和肯定，如表彰、发奖状等；品行指个人的态度和行为，"小用看业绩，大用看品行"，只有业绩突出且品行优秀的人员才能够得到晋升和重用。本节主要从员工角度来探讨绩效的特征，事实上只要组织绩效分解科学、合理，员工绩效的达成一定能够保证组织绩效的成功实现。一般来说，员工绩效具有多因性、多角性和多变性三个特性。

（一）多因性

多因性是指员工的绩效高低受多方面因素影响，主要有五方面：技能（技能是指个人的天赋、智力、胆识、教育水平等个人特点）、激励（员工工作的积极性，员工的需要结构、感知、价值观等）、机会（承担某种工作任务的机会）、环境（工作环境，包括外部环境、组织文化环境、竞争对手状况等）、条件（组织战略清晰、组织架构合理等）。

（二）多角性

多角性是指需要从多个不同的方面和角度对员工的绩效进行考核和评价。不仅考虑工作行为、过程，还要考虑工作结果，如在实际中我们不仅要考虑员工任务指标的完成情况，还要考虑其出勤、服从合作态度、与其他岗位的沟通协调等方面，综合性地得到最终评价。

（三）多变性

绩效是多因性的也是多角度的，并且这些因素和纬度在企业不同的阶段处于不断变化中，因此绩效本身也会不断发生变化。这涉及绩效指标、周期和绩效环境等方面随组织战略的调整也要不断进行适应性变革和调整。绩效的多变性也可理解为绩效的时效性特征。

二、绩效考核及其方法

绩效考核指组织（本书重点关注中小企业）在既定的战略目标下，运用特定的标准和指标，对员工的工作行为及取得的工作业绩进行评估，并运用评估的结果对员工将来的工作行为和工作业绩产生正面引导并保证组织目标实现的过程和方法。

绩效考核通常也称为绩效评估或业绩考评或"考绩"，是针对企业中每个职工所承担的工作，应用各种科学的定性和定量的方法，对职工行为的实际效果及其对企业的贡献或价值进行考核和评价。它是企业人事管理的重要内容，更是企业管理强有力的手段之一。业绩考评的目的是通过考核提高每个个体的效率，最终实现企业的战略目标。在企业中进行业绩考评工作，需要做大量的相关工作。首先，必须对业绩考评的含义做出科学的解释，使得整个组织有一个统一的认识。

绩效考核或绩效评估（Performance Evaluation），是企业绩效管理中的一个重要环节，一般来说，国内外典型的绩效评估方法包括 MBO、KPI、360 度考核、平衡记分卡、EVA 法等方法。

绩效考核是一项系统工程，涉及战略目标体系及其目标责任体系、指标评价体系、评价标准、评价周期及评价方法等内容，其核心是促进企业获利能力的提高及综合实力的增强，其实质是做到人尽其才和才尽其用，激发人的"四性"即积极性、创造性、主动性、自觉性，使人力资源作用发挥到极致。明确这个概念，可以明确绩效考核的目的及重点。企业制定了战略发展目标，为了更好地完成这个目标需要把目标分阶段分解到各部门各人员身上，也就是说每个人都有任务和目标。绩效考核就是对企业人员完成目标情况的一个跟踪、记录、考评的完整过程。为了让读者充分理解和运用绩效考核的方法和手段，笔者把常见的绩效考核的技术和方法进行收集整理，呈献给读者，供参考。

常见的绩效考核技术和工具有如下十二种：

（1）图尺度考核法（Graphic Rating Scale，GRS）：是最简单和运用最普遍的绩效考核技术之一，一般采用图尺度表填写打分的形式进行。

（2）交替排序法（Alternative Ranking Method，ARM）：是一种较为常用的排序考核法。其原理是在群体中挑选出最好的或者最差的绩效表现者，较之于对其绩效进行绝对考核要简单易行得多。因此，交替排序的操作方法就是分别挑选、排列"最好的"与"最差的"，然后挑选出"第二好的"与"第二差的"，这样依次进行，直到将所有的被考核人员排列完全为止，从而以优劣排序作为绩效考核的结果。交替排序在操作时也可以使用绩效排序表。

（3）配对比较法（Paired Comparison Method，PCM）：是一种更为细致的通过排序来考核绩效水平的方法，它的特点是每一个考核要素都要进行人员间的两两比较和排序，使得在每一个考核要素下，每一个人都和其他所有人进行了比较，所有被考核者在每一个要素下都获得了充分的排序。

（4）强制分布法（Forced Distribution Method，FDM）：是在考核进行之前就设定好绩效水平的分布比例，然后将员工的考核结果安排到分布结构里去。

（5）关键事件法（Critical Incident Method，CIM）：是一种通过员工的关键

行为和行为结果来对其绩效水平进行绩效考核的方法，一般由主管人员将其下属员工在工作中表现出来的非常优秀的行为事件或者非常糟糕的行为事件记录下来，然后在考核时点上（每季度，或者每半年）与该员工进行一次面谈，根据记录共同讨论来对其绩效水平做出考核。

（6）行为锚定等级考核法（Behaviorally Anchored Rating Scale，BARS）：是基于对被考核者的工作行为进行观察、考核，从而评定绩效水平的方法。

（7）目标管理法（Management by Objective，MBO）：是现代更多采用的方法，管理者通常很强调利润、销售额和成本这些能带来成果的结果指标。在目标管理法下，每个员工都确定有若干具体的指标，这些指标是其工作成功开展的关键目标，它们的完成情况可以作为评价员工的依据。

（8）叙述法：在进行考核时，以文字叙述的方式说明事实，包括以往工作取得了哪些明显的成果，工作上存在的不足和缺陷是什么。

（9）360度考核法：又称为"全方位考核法"，最早被英特尔公司提出并加以实施运用。传统的绩效评价，主要由被评价者的上级对其进行评价；而360度反馈评价则由与被评价者有密切关系的人，包括被评价者的上级、同事、下属和客户等，分别匿名对被评价者进行评价。

（10）关键绩效指标法：是以企业年度目标为依据，通过对员工工作绩效特征的分析，据此确定反映企业、部门和员工个人一定期限内综合业绩的关键性量化指标，并以此为基础进行绩效考核。

（11）平衡记分卡：是从企业的财务、顾客、内部业务过程、学习与成长四个角度进行评价，并根据战略的要求给予各指标不同的权重，实现对企业的综合测评，从而使得管理者能整体把握和控制企业，最终实现企业的战略目标。

（12）EVA法（Economic Value Added）：是经济增加值的英文缩写，指从税后净营业利润中扣除包括股权和债务的全部投入资本成本后的所得。EVA在创造和增加股东价值方面是一个有力的管理工具，它的有效性已在全世界范围内的一个又一个实施案例中得到印证。

第二节 绩效管理及其循环

一、绩效管理

所谓绩效管理，是指全体员工为了达成组织目标而共同参与的绩效计划制订、绩效辅导沟通、绩效考核评价、绩效结果应用、绩效目标提升的持续循环过程，绩效管理的目的是持续提升个人、部门和组织的绩效，并最终实现组织的战略。绩效管理是指管理者与员工之间就目标与如何实现目标达成共识的基础上，通过激励和帮助员工取得优异绩效从而实现组织目标的管理方法。绩效管理的目的在于通过激发员工的工作热情和提高员工的能力和素质，以达到改善公司绩效的效果。绩效管理是一个绩效五环节持续、循环往复的过程，其示意图如图 1 - 1 所示。

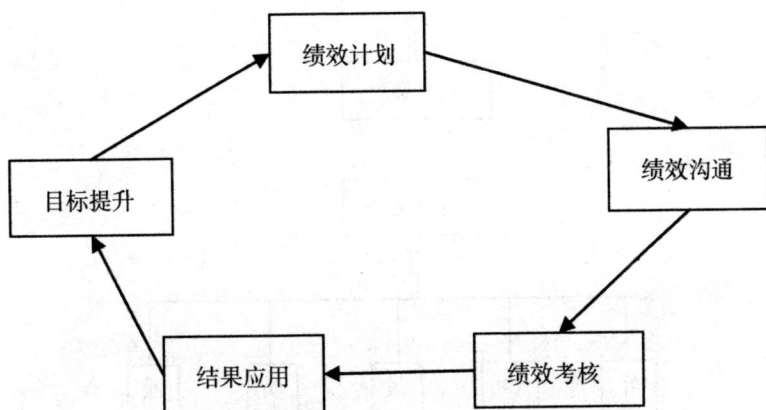

图 1 - 1 绩效管理循环示意图

绩效计划制订是绩效管理的基础环节，不能制订合理的绩效计划就谈不上绩效管理两个方面，一是组织的战略目标，二是绩效管理推进的进度安排；绩效辅导沟通是绩效管理的重要环节，这个环节工作不到位，绩效管理将不能落到实处；绩效考核评价是绩效管理的核心环节，这个环节的工作出现问题会给绩效管理带来严重的负面影响；绩效结果应用是绩效管理取得成效的关键，如果对员工的激励与约束机制存在问题，绩效管理不可能取得成效；绩效目标提升是绩效管理持续发挥作用的前提，没有绩效目标的逐步提升，组织的绩效提升就是一句空话。因此绩效管理循环是一个开放的不断上升式的循环。

绩效管理强调组织目标和个人目标的一致性，强调组织和个人同步成长，形成"多赢"局面；绩效管理体现着"以人为本"的思想，在绩效管理的各个环节中都需要管理者和员工的共同参与。

二、绩效管理模型

绩效管理模型是研究影响绩效的主要因素、绩效管理作用机制以及关键控制环节等的工具和方法。一般的组织绩效模型见图 1 - 2。

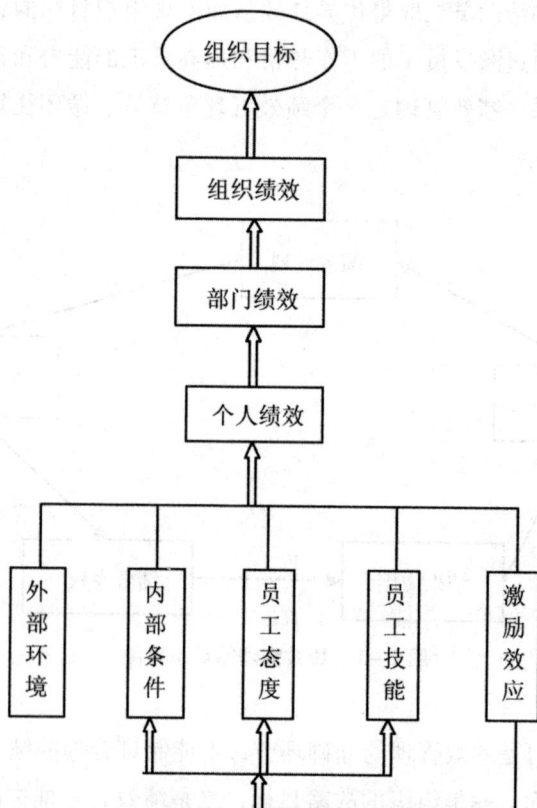

图 1 - 2　组织绩效模型

影响员工个人绩效的主要因素：员工技能、员工态度、外部环境、内部条件以及激励效应。

员工技能是指员工具备的核心能力，是内在的因素，经过培训和开发是可以提高的；外部环境是指组织和个人面临的不为组织所左右的因素，是客观因素，我们是完全不能控制的；内部条件是指组织和个人开展工作所需的各种资源，也是客观因素，在一定程度上我们能改变内部条件的制约；激励效应是指组织和个人为达成目标而工作的主动性、积极性，也包括组织文化。

员工态度是员工对某物或者某人的一种喜欢或者不喜欢的评价性反应，它在人们的信念、情感和倾向中表现出来。态度涉及三个维度：情感、行为意向和认知。

在影响绩效的五个因素中，只有激励效应是最具有主动性、能动性的因素，人的主动性积极性提高了，组织和员工会尽力争取内部资源和机会的支持，同时组织和员工技能水平将会逐渐得到提高，态度得到转变，从而推动组织整体绩效的提升和改善。因此绩效管理就是通过培育适宜的绩效文化，健全适当的激励机制激发人的主动性、积极性，激发组织和员工转变态度争取内部条件的改善，适时抓住机会，提升技能水平进而提升个人和组织绩效。

第三节 战略性绩效管理

一、概述

战略性绩效管理是指对企业的长期定位战略制定实施过程及其结果采取一定的方法进行考核评价，并辅以相应激励机制的一种管理制度。战略绩效管理是以战略为导向的绩效管理系统，并促使企业在计划、组织、领导、控制等所有管理活动中全方位地发生联系并适时进行监控的体系。其活动内容主要包括两方面：一是根据企业战略（本书讲的战略指的是定位战略），建立科学规范的绩效管理体系，以战略为中心牵引企业各项经营活动；二是依据相关绩效管理制度，对每一个绩效管理循环周期进行检讨，对经营团队或责任人进行绩效评价，并根据评价结果对其进行价值分配，对员工进行职业生涯规划，对组织目标进行设计提升。其结构体系如图1-3所示：

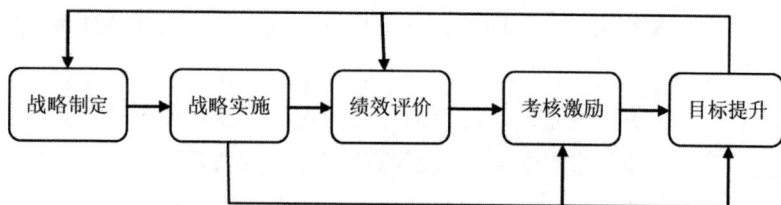

图1-3　战略性绩效管理结构体系

在现实中我们经常会发现一种奇怪的现象：部门绩效突出，但企业战略目标却未能实现，造成这一现象的根本原因在于战略与绩效管理相脱节，即战略的制定和实施未能有效融入绩效管理中，未能形成一体化的战略性绩效管理体系。

传统绩效管理以会计准则为基础、以财务指标为核心，这种体系以利润为导向，立足于对企业当前状态的评价，既不能体现非财务指标和无形资产对企业的贡献，也无法评价企业未来发展潜力，不能完全符合企业战略发展的要求，在管理和控制中并未充分体现企业的长期利益，无法在企业经营整体上实现战略性改进。随着大竞争时代特别是心智时代的到来，企业核心价值以及获得竞争优势不再体现在有形资产上，企业价值基础来源由有形资源向无形资源的改变，来自对品牌（心智资源）、人力资本、企业文化、信息技术、内部运作过程质量和顾客关系等无形资产的开发和管理，而这一切都决定于员工素质水平，员工素质是企业战略能否实现的决定性因素之一，这就要求绩效管理体系既要体现战略性，又要体现出员工素质导向性，强调员工能力、潜力识别及发展培训。企业管理者要站在战略管理的高度，基于企业长期生存和持续稳定发展的考虑，对企业发展目标、达到目标的途径进行总体谋划。

战略管理是对企业战略的形成与实施过程的管理，包括企业内外部环境特别是竞争对手分析、战略制定（市场定位、运营配称等）、战略实施、测评与监控四个环节。绩效管理是测评与监控等环节最重要的构成要素，因此，绩效管理是具有战略性的管理制度体系。作为人力资源管理重要组成部分的绩效管理应该成为企业定位战略的传递系统，通过科学、合理的绩效考评，把企业使命与战略思想、愿景与目标、核心价值观层层传递给员工，使之变成员工的自觉行为，并能不断提高员工素质，使员工行为有助于企业战略目标的实现。

只要我们更新观念，把企业战略制定纳入绩效管理中，对战略实施的过程采取多指标半透明的评价方式进行适时考评，并辅以相应的激励机制，就一定能实现战略性绩效管理的目标。

二、战略性绩效管理的内容

所谓的战略性绩效管理，理论界与咨询界比较一致的观点是构建基于企业战略为导向的绩效管理系统，它是一项系统工程，在实施战略性绩效管理实践过程中，企业需要投入大量的资源。

战略性绩效管理系统主要包括五个方面的内容：

第一，明确战略及其目标系统，主要包括企业使命、愿景与核心价值观、公司战略、战略绩效指标的提炼、设计与分解等内容。明确战略和相应的目标系统主要是为下一步能够制定出对公司战略形成有效支撑的绩效管理系统，牵引公司的各项经营活动始终围绕着战略来展开，从而搭建合理的组织架构，建立起战略型中心组织。

第二，建立绩效管理运作系统，落实责任机制。绩效管理运作系统主要包括绩效计划、绩效实施、绩效考核、绩效改进、目标提升等环节，即企业依据战略绩效管理制度对上一个业绩循环周期进行定期评估，对管理层和各岗位责任人进行绩效考核，并根据考核的结果进行货币性薪酬与非货币性薪酬的奖励以及岗位晋升，并在此基础上改进提升战略目标系统。

第三，组织协同，包括纵向协同与横向协同，纵向协同主要是指公司目标、部门目标、岗位目标要保持纵向一致，强调指标的纵向分解，即上下级之间的沟通与协同，纵向协同主要涉及组织架构和相应职责梳理；横向协同主要是指跨部门的目标通过流程的横向分解，强调指标的横向分解，即平行部门或者平行岗位之间的沟通与协同，横向协同主要涉及业务流程优化。

第四，根据组织业绩目标与员工岗位业绩目标，建立任职资格系统与能力素质模型，做好岗位评估，提高组织和员工的战略执行力。

第五，培育支持绩效管理的企业文化，特别需要做好始终贯穿绩效管理系统五大环节都必不可少的绩效辅导与绩效沟通工作，做好这两项工作，需要加强企业中高层主管的领导力和理论修养，特别是最高管理者对绩效文化的认同。

三、战略性绩效管理的方法

一般地，中外企业实践中应用的战略性绩效管理成功方法主要有两个：关键绩效指标法和平衡计分卡法。

（一）关键绩效指标法

关键绩效指标简称 KPI（Key Performance Indicator），它的核心观念是设定与企业流程相关的标准值，定出一系列对企业发展、经营有提示、警告和监控作用的指标，然后把实际经营过程中的相关指标实际值与设定的标准值进行比较和评估，并分析其中的原因，找出解决的方法和途径，从而对企业的流程做相应的调整和优化，以使未来实际绩效指标值达到令企业满意的程度。

KPI 指出企业业绩指标的设置必须与企业的战略挂钩，"Key"的含义是指在一定阶段企业战略上要实现的最主要目标或解决的最主要问题。举个例子，我国著名企业江淮集团针对本企业刚刚引入丰田管理体系、员工道德素质较低的现实，在起初阶段（2—3 年）将绩效管理的核心置于对员工道德和行为等指标的考评上，迅速提升了员工素质，如今，随着企业目标改变，又将与质量相关的指标置于了重要位置。每一个企业在一定时期都会遇到制约其成长的主要问题，解决这些问题是该阶段具有战略意义的关键，绩效管理体系必须针对这些问题的解决设计关键指标。

（二）平衡计分卡法

1992 年，罗伯特·卡普兰（Robert D. Kaplan）与戴维·诺顿（David P. Norton）在《哈佛商业评论》上发表了《平衡计分卡——业绩衡量与驱动的新方法》，提出了平衡记分卡（Balanced Score Card，BSC）方法。BSC 既强调了绩效管理与企业战略之间的紧密关系，又提出了一套具体的指标框架体系，包括：①学习与成长；②内部管理；③客户价值；④财务。学习与成长关注员工素质提升、企业长期生命力和可持续发展，是提高企业内部战略管理的素质与能力的基础；企业通过自身管理能力的提高为客户创造更大的价值；客户的满意促使企业创造良好的财务效益。科学的 BSC 方法不仅仅是重要绩效指标和重要战略驱动要素的集合，也是一系列具有因果联系的目标和方法，体现了企业战略目标与短期绩效目标的整合。BSC 不但具有很强的操作性，同时又通过对这四个方面内在关系的描述体现企业发展和当前状况的契合。在绩效管理中，财务性指标是结果性指标，而非财务性指标是决定结果性指标的驱动指标。BSC 既强调指标的确定必须包含财务性和非财务性，也强调了对非财务性指标的管理。BSC 在绩效管理发展历程中具有划时代的历史地位，对处于特定阶段的大企业绩效管理和绩效提升意义重大，在很多企业取得了不错的成效。

本章小结

本章通过对绩效、绩效考核、绩效管理以及战略性绩效管理概念、特征的描述，让读者对绩效的内涵和发展历程有一个初步的了解。绩效考核十二种方法的介绍，绩效管理五大过程及其循环示意图的完善，可以加深我们对绩效管理概念的认识和理解。

组织特别是企业战略性绩效管理的五大环节、五项内容和两大方法是本章的重点，它为中小企业战略性绩效管理创新提供保障。

第二章

绩效管理的五大方法

第一节 目标管理

一、目标管理定义

目标管理又称 MBO（Management by Objective），目标管理是以目标为导向，以人为中心，以成果为标准，而使组织和个人取得最佳业绩的现代管理方法。目标管理亦称"成果管理"，俗称责任制，是指在企业个体职工的积极参与下，自上而下确定工作目标，并在工作中实行"自我控制"，自下而上保证目标实现的一种管理办法。

二、提出背景

目标管理之父——彼得·德鲁克（Peter Drucker）于 1954 年在其著作《管理的实践》中最先提出了"目标管理"的概念，其后他又提出"目标管理和自我控制"的主张。德鲁克认为，并不是有了工作才有目标，而是相反，有了目标才能确定每个人的工作。所以"企业的使命和任务，必须转化为目标"，如果一个领域没有目标，这个领域的工作必然被忽视。因此管理者应该通过目标对下级进行管理，当组织最高管理者确定了组织目标后，必须对其进行有效分解，转变成各个部门以及各个人的分目标，管理者根据分目标的完成情况对下级进行考核、评价和奖惩。

目标管理提出以后，便在美国迅速流传。时值第二次世界大战后西方经济由恢复转向迅速发展的时期，企业急需采用新的方法调动员工积极性、创造性以提高竞争能力，目标管理的出现可谓应运而生，遂被广泛应用，并很快为日本、西欧国家直至 20 世纪后期在中国的企业所仿效，在世界管理界大行其道。

三、目标管理特点

目标管理的具体形式多种多样，但其基本内容是一样的。所谓目标管理乃是一种程序或过程，它使组织中的上级和下级一起协商，根据组织的使命确定一定时期内组织的总目标，由此决定上下级的责任和分目标，并把这些目标作为组织经营、评估和奖励每个单位和个人贡献的标准。

目标管理指导思想上是以 Y 理论（Y 理论是 X 理论的对称）为前提的，是现代管理科学中以人定向的行为学派关于人性的一种假设。由美国社会心理学家、管理学家麦格雷戈（McGregor）在《企业中的人性面》（1957 年）一文中首先提出为基础的，即认为在目标明确的条件下，人们能够对自己负责。具体方法上是泰勒科学管理的进一步发展。它与传统管理方式相比有鲜明的特点。

（一）重视人的因素

目标管理是一种参与的、民主的、自我控制的管理制度，也是一种把个人需求与组织目标结合起来的管理制度。在这一制度下，上级与下级的关系是平等、尊重、依赖、支持，下级在承诺目标和被授权之后是自觉、自主和自治的。

（二）建立目标锁链与目标体系

目标管理通过专门设计的过程，将组织的整体目标逐级分解，转换为各单位、各员工的分目标。从组织目标到经营单位目标，再到部门目标，最后到个人目标。在目标分解过程中，权、责、利三者已经明确，而且相互对称。这些目标方向一致，环环相扣，相互配合，形成协调统一的目标体系。只有每个人员完成了自己的分目标，整个企业的总目标才有完成的希望。

（三）重视成果

目标管理以制定目标为起点，以目标完成情况的考核为终结。工作成果是评定目标完成程度的标准，也是人事考核和奖评的依据，成为评价管理工作绩效的唯一标志。至于完成目标的具体过程、途径和方法，上级并不过多干预。所以，在目标管理制度下，监督的成分很少，而控制目标实现的能力却很强。

四、目标管理的类型

业绩主导型目标管理和过程主导型目标管理。这是依据对目标的实现过程是否规定来区分的。目标管理的最终目的在于业绩，所以从根本上说，目标管理也称业绩管理。其实，任何管理其目的都是要提高业绩。

组织目标管理和岗位目标管理。这是从目标的最终承担主体来分的。组织目标管理是组织自上而下的系统中设立和展开目标，从高层到低层逐渐具体化，并对组织活动进行调节和控制，谋求高效地实现目标的管理方法。岗位目标管理是指通过明确的规定，使每个工作岗位上的人员的职责与目标明晰化，并将它落实到具体的负责人的一种管理方法。

成果目标管理和方针目标管理。这是依据目标的细分程度来分的。成果目标管理是以组织追求的最终成果的量化指标为中心的目标管理方法。方针目标管理是企业为实现以质量、环境等为核心的中长期和年度经营方针目标，充分调动职工积极性，通过个体与群体的自我控制与协调，以实现个人目标，从而保证实现共同成就的一种科学管理方法。

五、目标管理的功能

由于目标管理是超前性的管理、系统整体的管理和重视成果的管理以及重视人的管理，因此有以下功能：

克服传统管理的弊端。传统管理主要有两大弊端：其一是工作缺乏预见和计划，没事的时候，尽可悠闲自得，一旦意外事件发生，就忙成一团，成天在事务中兜圈子；其二是不少组织中的领导信奉传统官僚学的理论，认为权力集中控制才能使力量集中、指挥统一和效率提高。

提高工作成效。目标管理不同于以往的那种只重视按照规定的工作范围、工作程序和方法进行工作的做法，而是在各自目标明晰、成员工作目标和组织总目标直接关联的基础上，鼓励组织成员完成目标。同时，目标同客观的评价基准和奖励相配套。这有利于全面提高管理的绩效。

使个体的能力得到激励和提高。在管理目标建立的过程中，成员可以各抒己见，各显其能，有表现其才能、发挥其潜能的权利和机会；工作成员为了更好地完成其职责和个人目标，必然加强自我训练和学习，不断充电，提高能力；目标管理的确定，既根据个人的能力，又具有某种挑战性，要达到目标，必须努力才有可能。

改善人际关系。根据目标进行管理，组织的上下级沟通会有很大的改善，原因在于：第一，目标制定时，上级为了让员工真正了解组织希望达到的目标，必须和成员沟通，必须先有良好的上下沟通和取得一致的意见，这就容易形成团体意识；第二，目标管理理念是每个组织成员的目标，是为组织整体完成并且根据整体目标而制定的。

六、目标管理步骤

由于各个组织活动的性质不同，目标管理的步骤可以不完全一样，但一般来说，可以分为以下四步。

第一，建立一套完整的目标体系。实行目标管理，首先要建立一套完整的目标体系。这项工作总是从企业的最高管理者开始，然后自上而下地逐级确定目标。上下级的目标之间通常是一种"目的—手段"的关系；某一级的目标，需要用一定的手段来实现，这些手段就成为下一级的次目标，按级顺推下去，直到作业层的作业目标，从而构成一种锁链式的目标体系。

第二，明确责任。目标体系应与组织结构相吻合，从而使每个部门都有明确的目标，每个目标都有人明确负责。

第三，组织实施。目标既定，主管人员就应放手把权力交给下级成员，而自己去抓重点的综合性管理。完成目标主要靠执行者的自我控制。

第四，检查和评价。对各级目标的完成情况，要事先规定出期限，定期进行检查。检查的方法可灵活地采用自检、互检和责成专门的部门进行检查。检查的依据就是事先确定的目标。对于最终结果，应当根据目标进行评价，并根据评价结果进行奖罚。经过评价，使得目标管理进入下一轮循环过程。

【案例分析】
DC 公司目标管理实例①

DC 公司始建于 1995 年，是一家以生产集团总公司指令性计划任务为主的中型企业，现有员工 1300 余名。作为集团配套的生产企业，DC 公司的首要任务就是完成集团每年下达的指令性计划，并在保证安全生产、质量控制的前提下，按时、按质、按量地完成总公司交给的各项任务，保障总公司的正常运转。拥有 20 多年历史的 DC 公司，在传统的管理体制下，企业的供、产、销一系列工作都是在集团计划下完成的，因此，企业在经营自主性和自我调控等方面较

---

① 《印刷杂志》，2005 年 10 期，《印刷企业的目标管理》，作者：王永宁，贺洪初.

弱。随着市场经济的发展，DC 公司在原材料采购、生产技术创新、第三产业的开拓等方面逐渐拥有更大的发展空间和自主权，使得企业在成本控制、技术水平、产品市场销售等各个方面能力不断提高，同时迫切要求建立适合企业自身发展的现代企业管理制度，摒弃目前企业存在的众多瘤疾，更好地满足企业的管理和经营的需要。

2001 年，为促进集团总公司发展纲要的实施及战略目标的达成，推动企业现代化、国际化的建设进程，建立和完善企业的激励约束机制，科学解析和真实反映企业的管理绩效，总公司制定了企业管理绩效评价规则，对企业一定生产经营期间的安全质量、资产运用、成本费用控制等管理成效进行定量及定性对比分析，做出综合评价。

DC 公司为了更好地完成总公司下达的各项考核指标，提高本企业的管理能力、优化企业的管理水平，并充分发挥企业各职能部门的作用，充分调动 1300 余名员工的积极性，在各个处室、车间、工段和班组逐级实施了目标管理。多年的实践表明，目标管理改善了企业经营管理，挖掘了企业内部潜力，增强了企业的应变能力，提高了企业素质，取得了较好的经济效益。

一、DC 公司目标管理现状

第一，目标的制定。总公司制定的企业管理绩效评价内容主要包括四个方面：企业成本费用控制状况、企业专业管理能力状况、企业资产效益状况、企业发展能力状况。DC 公司每年的企业总目标是根据总公司下达的考核目标，结合企业长远规划，并根据企业的实际，兼顾特殊产品要求而制定的，总目标主要体现在 DC 公司每年的总结报告上。依据总结报告，DC 公司将企业目标逐层向下分解，将细化分解的数字、安全、质量、纪律、精神文明等指标，落实到具体的处室、车间，明确具体的负责部门和责任承担人，并签署《企业管理绩效目标责任状》以确保安全、保质、保量、按时完成任务，此为二级目标即部门目标。然后将部门目标进一步向下分解为班组和个人目标，此为三级目标，由于班组的工作性质，不再继续向下分解。部门内部小组（个人）目标管理，其形式和要求与部门目标制定相类似，签订班组和员工的目标责任状，由各部门自行负责实施和考核。具体方法是：先把部门目标分解落实到部门处室，任务再分解落实到工段，工段再下达给个人。要求各个小组（个人）努力完成各自目标值，保证部门目标的如期完成。

第二，目标的实施。《企业管理绩效目标责任状》实行承包责任人归口管理责任制，责任状签订后，承包方签字人为承包部门第一责任人，负责组织在部门内部进行目标分解、细化、量化指标，进行第二次责任落实，实行全员承包。各部门可以根据具体情况在部门内部制定实施全员交纳风险抵押金制度。各部门的第二次责任分解可根据具体情况按两种形式进行，部门负责人直接与全员签字落实责任。部门负责人与班组长签字落实责任，班组长再与全员签字落实责任。管理绩效目标责任状签订并经主管人员批准后，一份存上一级主管部门，一份由制定单位或个人自存。承包方责任人负责组织进行本部门日常检查管理工作。专业部门负责人负责组织进行本专业日常检查管理工作；企管处负责组织对处室、车间的日常检查管理工作。在此基础上还实行了承包责任人交纳风险抵押金制度。副主办以上责任承包人依据级别的不同，分别向公司交纳一定数额的责任风险抵押金，并在目标达成后给予一定倍数的返还。

第三，目标考评。考评机构上，DC 公司成立了专门负责考核工作的公司绩效考核小组，公司总经理任组长，三位副总经理任组员，共由 9 位管理部门的相关人员组成。公司考核领导小组下设部门绩效考核小组。由责任状的承包方责任人负责组织本部门日常检查管理工作。专业部门负责人负责组织本专业日常检查管理工作。企管处负责组织对处室、车间的日常检查管理工作。考核领导小组、部门考核工作组负责对各自处室、车间的结果进行考评。

考评周期上，企业对部门的考核周期是一年，平时有日常考核和月度报告，对班组和管理技术人员的综合考核一般也是在年底，平时主要是日常出勤的考核。

考评办法上，DC 公司对绩效目标落实情况每月统计一次，年终进行总考评，并将考评结果与奖惩挂钩。各部门于每季度末将其完成管理绩效目标责任状情况的季度工作总结与下一季度的工作计划交予相关部门。各专业处室按照绩效目标责任状中本专业的管理目标和工作要求，对车间及有关部门进行每半年一次的专业考评。

考评方式上，考核中采用了"自我评价"和上级部门主观评价相结合的做法，在每季度末月的 29 日之前，将本部门完成管理绩效目标责任状、行政工作计划情况的季度工作总结与下一季度的工作计划一并报企管处。企管处汇总核实后，由考核工作组给予恰当的评分。

考评处理上，对日常考核中发现的问题，由相应主管负责人实施相应奖惩。年终，企管处汇总各处室、车间的考核目标完成情况，上报公司级考核小组，由其根据各部门的重要性和完成情况，确定奖惩标准。各处室、车间内部根据企业给本部门的奖惩情况，确定所属各部门或个人的奖惩标准。考评结果一般不公开，对奖惩有异议的可以逐层向上一级主管部门反映。

二、DC 公司目标管理存在的问题

通过对 DC 公司分析得知，企业具备实施目标管理的基本条件，并且有比较全面的目标管理工作意识，但是 DC 印刷公司目标管理体系仍旧存在着一些问题，在一定程度上阻碍了企业的发展，其问题主要表现在以下几个方面。

第一，缺乏明确量化的公司级目标体系。DC 公司以每年的行政工作报告作为年度公司级总目标，行政工作报告主要包括年度总公司下达的产品生产任务计划以及总公司重点检查和考核的目标体系，但是 DC 公司没有一个明确量化的公司级目标体系文本，各个部门按照行政工作报告的精神领会制定部门目标。

第二，目标值的制定缺乏系统明确的量化方法体系。各个部门的目标任务主要由部门向公司绩效考评小组上报后确定，公司绩效考评小组难以衡量各个部门目标制定的客观性。实际上，员工普遍认为只要不出大的差错，如重大安全事故、重大质量事故等，每个部门的年度目标任务都是可以顺利完成的，换句话来说就是目标值基本上都可以很容易地完成。而且，目标值未能体现出动态性，没有提升。这其中的主要问题在于目标值的制定缺乏系统明确的量化方法体系，很多部门只是根据往年的数据粗略估计，数据来源难于考察，更谈不上提升了。

第三，考核工作主观化成分较多，负激励明显。DC 印刷公司目标责任状没有明确的权重分值，使得公司绩效考核小组和部门绩效考核小组考核评分过于主观化。此外，日常考核工作主要以企业制定的考核细则为主，而考核细则多以惩罚为主，负激励明显。

第四，部门之间协调困难。各个部门工作协调困难，部门只注重自身的绩效，不关注兄弟部门的绩效，导致工作效率低下，组织内耗大。

第五，目标管理组织体系不全面。因为企业员工考核结果反馈一般是逐层反馈，员工常常感到考核结果不公的时候没有一个很好的反馈和沟通部门。公司绩效考评小组得不到更好的互动信息支持，难以进一步以目标为导向开展企业管理和目标控制工作。由于目标的制定和考核工作是由同一个组织来完成的，使得各级目标制定和绩效考评工作的公正性和客观性缺乏相关责任部门的监督和控制。

第二节 关键绩效指标

一、关键绩效指标的定义

关键绩效指标（Key Performance Indicator，KPI）是通过对组织内部流程的输入端、输出端的关键参数进行设置、取样、计算、分析，衡量流程绩效的一种目标式量化管理指标，是把企业的战略目标分解为可操作的工作目标的工具，是企业绩效管理的基础。KPI 可以使部门主管明确部门的主要责任，并以此为基础，明确部门人员的业绩衡量指标。建立明确的切实可行的 KPI 体系，是做好绩效管理的关键。关键绩效指标是用于衡量工作人员工作绩效表现的量化指标，是绩效计划的重要组成部分。

二、关键绩效指标的特点

系统性。关键绩效指标（KPI）是一个系统。公司、部门、班组有各自独立的 KPI，但是必须由公司远景、战略、整体效益展开，而且是层层分解、层层关联、层层支持。

可控与可管理性。绩效考核指标的设计是基于公司的发展战略与流程，而非岗位的功能。

价值牵引和导向性。下道工序是上道工序的客户，上道工序是为下道工序服务的，内部客户的绩效链最终体现在为外部客户的价值服务上。

三、关键绩效指标的来源

（一）关键绩效指标来自对公司战略目标的分解

第一层含义在于，作为衡量各职位工作绩效的指标，关键绩效指标所体现的衡量内容最终取决于公司的战略目标。当关键绩效指标构成公司战略目标的有效组成部分或支持体系时，它所衡量的职位便以实现公司战略目标的相关部分作为自身的主要职责；如果 KPI 与公司战略目标脱离，则它所衡量的职位的努力方向也将与公司战略目标的实现产生分歧。

KPI 来自于对公司战略目标的分解，其第二层含义在于 KPI 是对公司战略目标的进一步细化和发展。公司战略目标是长期的、指导性的、概括性的，而各职位的关键绩效指标内容丰富，针对职位而设置，着眼于考核当年的工作绩效、具有可衡量性。因此，关键绩效指标是对真正驱动公司战略目标实现的具体因素的发掘，是公司战略对每个职位工作绩效要求的具体体现。

最后一层含义在于，关键绩效指标随公司战略目标的发展演变而调整。当公司战略侧重点转移时，关键绩效指标必须予以修正，以反映公司战略新的内容。

（二）关键绩效指标是对绩效构成中可控部分的衡量

企业经营活动的效果是内外因综合作用的结果，这其中内因是各职位员工可控制和影响的部分，也是关键绩效指标所衡量的部分。关键绩效指标应尽量反映员工工作的直接可控效果，剔除他人或环境造成的其他方面影响。例如，销售量与市场份额都是衡量销售部门市场开发能力的标准，而销售量是市场总规模与市场份额相乘的结果，其中市场总规模则是不可控变量。在这种情况下，两者相比，市场份额更体现了职位绩效的核心内容，更适于作为关键绩效指标。

（三）KPI 是对重点经营活动的衡量，而不是对所有操作过程的反映

每个职位的工作内容都涉及不同的方面，高层管理人员的工作任务更复杂，但 KPI 只对其中对公司整体战略目标影响较大，对战略目标实现起到不可或缺作用的工作进行衡量。

（四）关键绩效指标是组织上下认同的

KPI 不是由上级强行确定下发的，也不是由本职职位自行制定的，它的制定过程由上级与员工共同参与完成，是双方所达成的一致意见的体现。它不是以上压下的工具，而是组织中相关人员对职位工作绩效要求的共同认识。

四、关键绩效指标设计原则

（一）确定关键绩效指标有一个重要的 SMART 原则。SMART 是 5 个英文单词首字母的缩写：

——S 代表具体（Specific），指绩效考核要切中特定的工作指标，不能笼统；

——M 代表可度量（Measurable），指绩效指标是数量化或者行为化的，验证这些绩效指标的数据或者信息是可以获得的；

——A 代表可实现（Attainable），指绩效指标在付出努力的情况下可以实

现，避免设立过高或过低的目标；

——R 代表关联性（Relevant），指绩效指标是与上级目标具明确的关联性，最终与公司目标相结合；

——T 代表有时限（Time bound），注重完成绩效指标的特定期限。

（二）确定关键绩效指标一般遵循下面的过程

1. 建立评价指标体系

可按照从宏观到微观的顺序，依次建立各级的指标体系。首先明确企业的战略目标，找出企业的业务重点，并确定这些关键业务领域的关键绩效指标（KPI），从而建立企业级 KPI。接下来，各部门的主管需要依据企业级 KPI 建立部门级 KPI。然后，各部门的主管和部门的 KPI 人员一起再将 KPI 进一步分解为更细的 KPI。这些业绩衡量指标就是员工考核的要素和依据。

2. 设定评价标准

一般来说，指标指的是从哪些方面来对工作进行衡量或评价，而标准指的是在各个指标上分别应该达到什么样的水平。指标解决的是我们需要评价"什么"的问题，标准解决的是要求被评价者做得"怎样"、完成"多少"的问题。

3. 审核关键绩效指标

对关键绩效指标进行审核的目的主要是为了确认这些关键绩效指标是否能够全面、客观地反映被评价对象的工作绩效以及是否适合于评价操作。

五、关键绩效指标设计的意义

第一，作为公司战略目标的分解，KPI 的制定有力地推动公司战略在各单位、各部门得以执行。

第二，KPI 使上下级对职位工作职责和关键绩效要求有了清晰的共识，确保各层、各类人员努力方向的一致性。

第三，KPI 为绩效管理提供了透明、客观、可衡量的基础。

第四，作为关键经营活动的绩效的反映，KPI 帮助各职位员工集中精力处理对公司战略有最大驱动力的方面。

第五，通过定期计算和回顾 KPI 执行结果，管理人员能清晰了解经营领域中的关键绩效参数，并及时诊断存在的问题，采取行动予以改进。

【案例分析】

SF 公司销售业务员岗位考核（关键绩效指标）实施细则①

一、范围

本细则适用于公司各销售部门所有销售业务员的岗位考核。

二、职责

1. 企划部负责各业务员岗位考核的监督工作；

2. 各销售部门负责本部门业务员岗位考核工作；

3. 财务部等有关部门负责考核资料的传递和各业务员业务量的统计核对等工作。

三、时间要求

1. 岗位考核为月考核，各销售部门每月 8 日前提交上月各业务员考核初步结果至各业务员核对，13 号前收集反馈意见，必要时进行调整，15 日张榜公布；

2. 每月 20 日前营销中心将汇总的考核表传递至企划部备案。

四、考核流程及内容

1. 岗位职责考核由直接上级进行评分，经部门及中心负责人审批后发布；

2. 销售业务员岗位考核具体内容详见表 2-1 "公司销售业务员岗位考核说明书"。

五、考核结果应用

1. 岗位考核结果与业务员提成挂钩，挂钩比例为 40%；

2. 岗位考核年得分为 12 个月或实际考核月份的平均分，年均分为 85 分的，40% 岗位考核工资不扣也不加；低于 85 分，按比例扣考核工资；高于 85 分的按比例加分，加分范围为 1%~5%，最高加 5%。

六、处罚

各资料（考核证据）提供部门和考核部门弄虚作假的，一经查实，对相关人员给予一定行政处分。

---

① 《企业管理》，2006 年第 9 期，《荣盛化纤集团总体考核方案》，作者：潘显好，俞传坤，王伟民.

七、附则

1. 本细则如有未尽事宜，由企划部另行补充完善；
2. 本细则由企划部负责解释；
3. 本细则经董事长批准后发布；
4. 本次发布制度的版本为1.0。

表2-1　公司销售业务员岗位考核说明书

岗位职责	评估标准	评估时间	分值
1. 根据销售部年销售计划，分解制订本岗位年销售计划，经批准后实施	年计划完成率每下降5%，扣3分；每增加5%，加1.5分，最多加6分	每年一次	30
2. 根据销售部月销售计划，分解制订本岗位月销售计划，经批准后实施	月计划完成率每下降5%，扣2分。每增加5%，加1分，最多加3分	每月一次	23
3. 工作月报	每月提交重要客户走访情况和成交情况统计分析报告，无分析扣2分，无报告不得分	每月一次	5
4. 月出勤状况	无故迟到、早退一次扣0.5分，矿工一天倒扣3分	每月一次	5
5. 工作差错——客户需求识别错误	每出现一次产品适应性（客户需求）识别错误，造成损失的不得分；未造成经济损失的扣3分	每月一次	5
6. 工作差错——表单错误	由于业务员原因产生的表单错误造成损失的不得分，客户投诉未造成损失的每次扣1.5分	每月一次	5
7. 客户对账	协助财务部在月底前完成欠款客户对账的，得2分，每出现1家应对账未配合导致未完成的扣0.5分	每月一次	2
8. 客诉	因出现服务态度、服务方式不当造成客户投诉的每一次扣1分	每月一次	5

25

续表

岗位职责	评估标准	评估时间	分值
9. 部门工作配合	能配合本部门及其他相关部门完成工作的如培训，得满分，每出现一次不配合的，扣2分	每月一次	10
10. 出差报告	每出差一次应在返司3天内填写《客户走访报告单》，缺1次扣2分，推迟一天扣0.5分	每月一次	5
11. 合同履约	每出现一次合同未履约且没有直接经济损失的不得分，造成损失的每次倒扣5分，合同执行中条款随意变动的，每发现1处扣1分	每月一次	5

第三节 平衡计分卡

一、平衡计分卡的概念

平衡计分卡是从财务、客户、内部运营、学习与成长四个角度，将组织的战略落实为可操作的衡量指标和目标值的一种新型绩效管理方法体系。设计平衡计分卡的目的就是要建立"实现战略制导"的绩效管理系统，从而保证企业战略得到有效的执行。因此，人们通常称平衡计分卡是加强企业战略执行力的最有效的战略管理工具。

实际上，平衡计分卡方法打破了传统的只注重财务指标的业绩管理方法。平衡计分卡认为，传统的财务会计模式只能衡量过去发生的事情（落后的结果因素），但无法评估组织前瞻性的投资（领先的驱动因素）。在工业时代，注重财务指标的管理方法还是有效的。但在信息社会里，传统的业绩管理方法并不全面，组织必须通过客户、供应商、员工、组织流程、技术和革新等方面的投资，获得持续发展的动力。其中，平衡计分卡包含五项平衡：

第一，财务指标和非财务指标的平衡。目前企业考核的一般是财务指标，而对非财务指标（客户、内部流程、学习与成长）的考核很少，即使有对非财务指标的考核，也只是定性的说明，缺乏量化的考核，缺乏系统性和全面性。

第二，企业的长期目标和短期目标的平衡。平衡计分卡是一套战略执行的管理系统，如果以系统的观点来看平衡计分卡的实施过程，则战略是输入，财务是输出。

第三，结果性指标与动因性指标之间的平衡。平衡计分卡以有效完成战略为动因，以可衡量的指标为目标管理的结果，寻求结果性指标与动因性指标之间的平衡。

第四，企业组织内部群体与外部群体的平衡。平衡计分卡中，股东与客户为外部群体，员工和内部业务流程是内部群体，平衡计分卡可以发挥在有效执行战略的过程中平衡这些群体间利益的重要性。

第五，领先指标与滞后指标之间的平衡。财务、客户、内部流程、学习与成长这四个方面包含了领先指标和滞后指标。财务指标就是一个滞后指标，它只能反映公司上一年度发生的情况，不能告诉企业如何改善业绩和可持续发展。而对于后三项领先指标的关注，使企业达到了领先指标和滞后指标之间的平衡。

平衡记分卡是一种革命性的评估和管理体系，平衡记分卡的四个层面：财务面、客户面、内部营运面、学习与成长面。

（一）财务面

财务性指标是一般企业常用于绩效评估的传统指标。财务性绩效指标可显示出企业的战略及其实施和执行是否正在为最终经营结果（如利润）的改善做出贡献。但是，不是所有的长期策略都能很快产生短期的财务盈利。非财务性绩效指标（如质量、生产时间、生产率和新产品等）的改善和提高是实现目的的手段，而不是目的的本身。财务面指标衡量的主要内容：收入的增长、收入的结构、降低成本、提高生产率、资产的利用和投资战略等。

（二）客户面

平衡记分卡要求企业将使命和策略诠释为具体的与客户相关的目标和要点。企业应以目标顾客和目标市场为导向，应当专注于是否满足核心顾客需求，而不是企图满足所有客户的偏好。客户最关心的不外乎五个方面：时间、质量、性能、服务和成本。企业必须为这五个方面树立清晰的目标，然后将这些目标细化为具体的指标。客户面指标衡量的主要内容：市场份额、老客户挽留率、新客户获得率、顾客满意度、从客户处获得的利润率。

（三）内部营运面

建立平衡记分卡的顺序，通常是在先制定财务和客户方面的目标与指标后，才制定企业内部流程面的目标与指标，这个顺序使企业能够抓住重点，专心衡量那些与股东和客户目标息息相关的流程。内部运营绩效考核应以对客户满意度和实现财务目标影响最大的业务流程为核心。内部运营指标既包括短期的现有业务的改善，又涉及长远的产品和服务的革新。内部运营面指标涉及企业的改良和创新过程、经营过程和售后服务过程。

（四）学习与成长面

学习与成长的目标为其他三个方面的宏大目标提供了基础架构，是驱使上述记分卡三个方面获得卓越成果的动力。面对激烈的全球竞争，企业今天的技术和能力已无法确保其实现未来的业务目标。削减对企业学习和成长能力的投资虽然能在短期内增加财务收入，但由此造成的不利影响将在未来对企业带来沉重打击。学习和成长面指标涉及员工的能力、信息系统的能力与激励、授权与相互配合。

更进一步而言，平衡记分卡的发展过程中特别强调描述策略背后的因果关系，借客户面、内部营运面、学习与成长面评估指标的完成而实现最终的财务目标。

二、平衡计分卡的特点

平衡计分卡反映了财务与非财务衡量方法之间的平衡、长期目标与短期目标之间的平衡、外部和内部的平衡、结果和过程平衡、管理业绩和经营业绩的平衡等多个方面，所以能反映组织综合经营状况，使业绩评价趋于平衡和完善，利于组织长期发展。

平衡计分卡方法因为突破了财务作为唯一指标的衡量工具，做到了多个方面的平衡。平衡计分卡与传统评价体系比较，具有如下特点：

第一，平衡计分卡为企业战略管理提供强有力的支持。随着全球经济一体化进程的不断发展，市场竞争的不断加剧，战略管理对企业持续发展而言更为重要。平衡计分卡的评价内容与相关指标和企业战略目标紧密相连，企业战略的实施可以通过对平衡计分卡的全面管理来完成。

第二，平衡计分卡可以提高企业整体管理效率。平衡计分卡所涉及的四项内容，都是企业未来发展成功的关键要素，通过平衡计分卡所提供的管理报告，将看似不相关的要素有机地结合在一起，可以大大节约企业管理者的时间，提高企业管理的整体效率，为企业未来成功发展奠定坚实的基础。

第三，注重团队合作，防止企业管理机能失调。团队精神是一个企业文化的集中表现，平衡计分卡通过对企业各要素的组合，让管理者能同时考虑企业各职能部门在企业整体中的不同作用与功能，使他们认识到某一领域的工作改进可能是以其他领域的退步为代价换来的，促使企业管理部门考虑决策时要从企业出发，慎重选择可行方案。

第四，平衡计分卡可提高企业激励作用，扩大员工的参与意识。传统的业绩评价体系强调管理者希望（或要求）下属采取什么行动，然后通过评价来证实下属是否采取了行动以及行动的结果如何，整个控制系统强调的是对行为结果的控制与考核。而平衡计分卡则强调目标管理，鼓励下属创造性地（而非被动）完成目标，这一管理系统强调的是激励动力。因为在具体管理问题上，企业高层管理者并不一定会比中下层管理人员更了解情况，所做出的决策也不一定比下属更明智，所以由企业高层管理人员规定下属的行为方式是不恰当的。另一方面，目前企业业绩评价体系大多是由财务专业人士设计并监督实施的，但是，由于专业领域的差别，财务专业人士并不清楚企业经营管理、技术创新等方面的关键性问题，因而无法对企业整体经营的业绩进行科学合理的计量与评价。

第五，平衡计分卡可以使企业信息负担降到最少。在当今信息时代，企业很少会因为信息过少而苦恼，随着全员管理的引进，当企业员工或顾问向企业提出建议时，新的信息指标总是不断增加。这样，会导致企业高层决策者处理信息的负担大大加重，而平衡计分卡可以使企业管理者仅仅关注少数而又非常关键的相关指标，在保证满足企业管理需要的同时，尽量减少信息负担成本。

三、平衡计分卡的实施原则

一个结构严谨的平衡计分卡，应包含一连串连接的目标和量度，这些量度和目标不仅前后连贯，同时互相强化，就如同飞行仿真器，包含一套复杂的变量和因果关系，其包括领先、落后和回馈循环，并能描绘出战略的运行轨道和飞行计划。

建立一个战略为评估标准的平衡计分卡须遵守三个原则：因果关系；成果量度与绩效驱动因素；与财务联结。

此三原则将平衡计分卡与企业战略联结，其因果关系链代表目前的流程和决策，会对未来的核心成果造成哪些正面的影响。这些量度的目的是向组织表示新的工作流程规范，并确立战略优先任务、战略成果及绩效驱动因素的逻辑过程，以进行企业流程的改造。

四、平衡计分卡的优缺点

实施平衡计分卡的管理方法主要有以下优点：

第一，克服财务评估方法的短期行为；

第二，使整个组织行动一致，服务于战略目标；

第三，能有效地将组织的战略转化为组织各层的绩效指标和行动；

第四，有助于各级员工对组织目标和战略的沟通和理解；

第五，利于组织、员工的学习成长和核心能力的培养；

第六，实现组织长远发展；

第七，通过实施 BSC，提高组织整体管理水平。

实施平衡计分卡的管理方法主要有以下缺点：

第一，实施难度大。平衡计分卡的实施要求企业有明确的组织战略；高层管理者具备分解和沟通战略的能力和意愿；中高层管理者具有指标创新的能力和意愿。因此管理基础差的企业不可以直接引入平衡计分卡，必须先提高自己的管理水平，才能循序渐进地引进平衡计分卡。

第二，指标体系的建立较困难。平衡计分卡对传统业绩评价体系的突破就在于它引进了非财务指标，克服了单一的依靠财务指标评价的局限性。财务指标的创立是比较容易的，而其他三个方面的指标则比较难以收集，需要企业长期探索和总结。

第三，指标数量过多。指标数量过多，指标间的因果关系很难做到真实、明确。平衡计分卡涉及财务、顾客、内部业务流程、学习与成长四套业绩评价指标，按照创立者的说法，合适的指标数目是 20~25 个。其中，财务角度 5 个，客户角度 5 个，内部流程角度 8~10 个，学习与成长角度 5 个。

第四，各指标权重的分配比较困难。要对企业业绩进行评价，就必然要综合考虑上述四个层面的因素，这就涉及一个权重分配问题。使问题复杂的是，不但要在不同层面之间分配权重，而且要在同一层面的不同指标之间分配权重。

第五，部分指标的量化工作难以落实。尤其是对于部分很抽象的非财务指标的量化工作非常困难，如客户指标中的客户满意程度和客户保持程度如何量化，再如员工的学习与发展指标及员工对工作的满意度如何量化等。这也使得在评价企业业绩的时候，不可避免会带有主观的因素。

第六，实施成本大。平衡计分卡要求企业从财务、客户、内部流程、学习与成长四个方面考虑战略目标的实施，并为每个方面制定详细而明确的目标和指标。在对战略的深刻理解外，需要消耗大量精力和时间把它分解到部门，并找出恰当的指标。一份典型的平衡计分卡需要 3~6 个月去执行，另外还需要几个月去调整结构，使其规范化。从而总的开发时间经常需要一年或更长的时间。

五、实施 BSC 的影响因素

平衡计分法不仅强调短期目标与长期目标间的平衡、内部因素与外部因素间的平衡，也强调结果的驱动因素，因此平衡计分法是一个十分复杂的系统。其实施的过程中一定会遇到困难。国外平衡计分卡的多年实践也证实了这一点。

指标的创建和量化方面。财务指标创立与量化是比较容易的，其他三个方面的指标就需要企业的管理层根据企业的战略及运营的主要业务、外部环境加以仔细地斟酌。列出的指标有些是不易收集的，这就需要企业在不断探索中总结；有些重要指标很难量化，如员工受激励程度方面的指标，需要收集大量信息，并且要经过充分的加工后才有实用价值，这就对企业信息传递和反馈系统提出了很高的要求。

平衡计分法要确定结果与驱动因素间的关系，而大多数情况结果与驱动因素间的关系并不明显或并不容易量化。这也是企业实施平衡计分法遇到的又一个困难。企业要花很大的力量去寻找、明确业绩结果与驱动因素间的关系。

实施的成本方面。平衡计分卡要求企业从财务、客户、内部经营过程、学习和成长四个方面考虑战略目标的实施，并为每个方面制定详细而明确的目标和指标。它需要全体成员参加，使每个部门、每个人都有自己的平衡计分卡，企业要付出较大代价。

六、平衡计分卡的实施步骤

第一，定义愿景；

第二，设定长期目标（时间范围为 3~5 年）；

第三，描述当前的形势；

第四，描述将要采取的战略计划；

第五，为不同的体系和测量程序定义参数。

在构造公司的平衡记分卡时，高层管理人员强调保持各方面平衡的重要性。为了达到该目的，可使用的是一种循序渐进的过程，采取三个步骤：

第一步，阐明与战略计划相关的财务措施，然后以这些措施为基础，设定财务目标并且确定为实现这些目标而应当采取的适当行动。

第二步，在客户和消费者方面重复该过程，在此阶段，注重的问题是"如果我们打算完成我们的财务目标，我们的客户必须怎样看待我们"。

第三步，公司明确向客户和消费者转移价值所必需的内部过程，然后公司管理层问自己的问题是："自己是否具备足够的创新精神？""自己是否愿意为了公司以一种合适的方式发展和变革？"经过上述过程，公司为了确保各个方面达到平衡，并且所有的参数和行动都能向同一个方向变化，公司决定在各方达到完全平衡之前有必要把不同的步骤再重复几次。

将平衡记分卡的概念分解到每个员工的层面上很关键。重要的一点是，只依靠那些个人能够影响到的计量因素来评估个人业绩。这样做的目的是，通过测量与他的具体职责相关联的一系列确定目标来考察他的业绩，根据员工在几个指标上的得分而建立奖金制度，从而保障公司控制或者聚焦于各种战略计划上。

【案例分析】

WK 公司平衡记分卡应用实例①

一、WK 公司简介

WK 公司成立于 1984 年，1988 年进入房地产行业，是目前中国最大的专业住宅开发企业，一直以来，WK 公司以其绝对领先的销售业绩稳居中国房地产行业龙头地位。

WK 公司在制度和流程管理上拥有健全和成熟的企业系统，并善于不断创新，在企业内部形成了"忠实于制度""忠实于流程"的价值观和企业文化，在众多房地产开发商中，WK 公司以品牌、服务和规模获取高价值。在发展过程

---

① 《内蒙古煤炭经济》，2018 年 08 期，《万科应用平衡计分卡的案例分析》，作者：杨吉莹

中公司凭借治理和道德准则上的优秀表现，连续六次获得"中国最受尊敬企业"称号，并先后登上《福布斯》"全球 200 家最佳中小企业""亚洲最佳小企业200 强""亚洲最优 50 大上市公司"排行榜。

多年来，WK 公司以其稳健的经营、良好的业绩和规范透明的管理赢得了投资者和社会各界的好评。

二、WK 公司运用平衡积分卡的历程

对企业利润过度关注，对于利润无节制的攫取，单纯依靠阅读财务报表来把握企业，这是大多数企业的传统做法。但 WK 公司在这个过程中感受到了自身业务和管理上遇到的发展瓶颈。在关注企业可持续发展能力的基础上，WK 公司在 2000 年进行了人力资源部的新定位，开始接触并实践平衡计分卡，平衡计分卡的引入正是奠定在人力资源部门新定位的基础之上。

平衡计分卡在 WK 公司的运用是逐年推动，循序渐进的。公司从 2001 年引进平衡计分卡概念，并主动在管理层推进，一线经理们在这个过程中开始意识到平衡计分卡的好处；2002 年平衡计分卡初具规模；2003 年，平衡计分卡在WK 公司基本上扎下了根。在应用平衡计分卡的过程中，WK 公司用文字明确总结了公司的宗旨、远景及价值观；形成了滚动的中期战略制定与检讨系统；开展了每年一度的集团战略全国宣讲活动；发展并完善了对公司的评价指标库并用来考核所有一线公司。

WK 公司引进平衡卡的原因主要有两点：

第一，WK 公司很早就投入大量精力进行企业制度建设，而平衡积分卡所倡导的管理思想正好弥补了自身业务和管理上的缺陷，为 WK 公司积极引进并应用提供了可能。

第二，平衡计分卡作为一种管理工具，必须要与企业本身的价值与理念互相契合，才能够被平稳地嵌入，平衡计分卡在强调可持续性发展方面，非常适合 WK 公司。

我们在后面的具体分析中也将看到，平衡计分卡的引进确实为 WK 公司做出了不少的贡献。

三、WK 公司战略地图

战略地图是以平衡计分卡的四个层面目标（财务层面、客户层面、内部与流程层面、学习与成长层面）为核心，通过分析这四个层面目标的相互关系而绘制的企业战略因果关系图。其核心内容包括：企业通过运用人力资本、信息资本和组织资本等无形资产（学习与成长），才能创新和建立战略优势和效率（内部流程），进而使公司把特定价值带给市场（客户），从而实现股东价值（财务）。

通过绘制战略地图，可以帮助企业较全面地阐释它们的战略与主张，并找出其中的因果关系，通过学习与成长层面推进到关键业务的内部流程，进而传递到目标客户的价值主张，最终的目的是企业的利益最大化，这里的利益兼顾短期和长期，更重在企业的可持续发展。

图 2-1 为 WK 公司平衡计分卡初步确定时采用的战略地图。

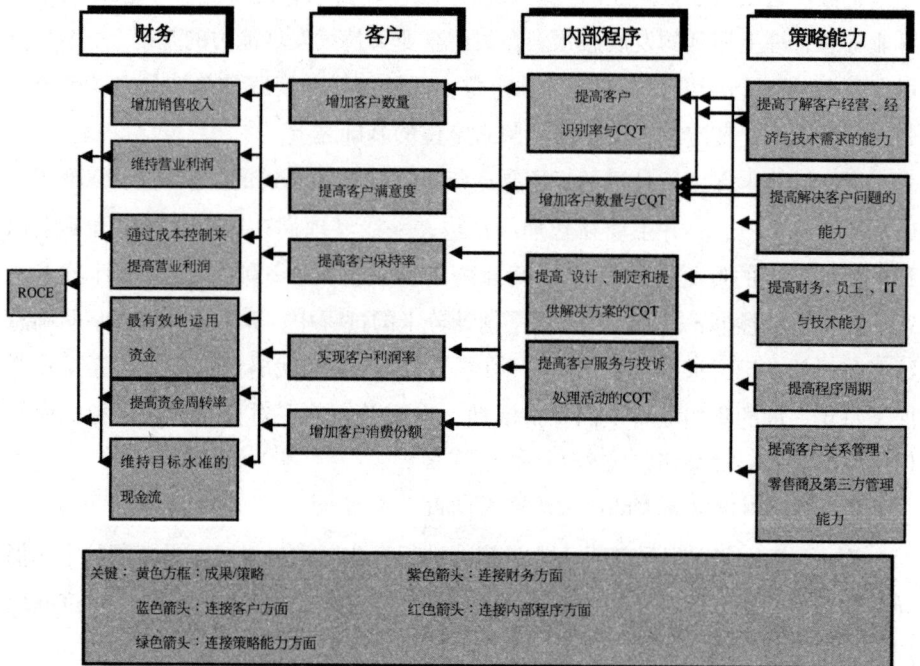

图 2-1　WK 公司战略地图

以下从四个层面目标分析 WK 公司的企业战略：

（一）财务层面

WK 公司以股东利益最大化为财务目标。

在短期维度方面，WK 公司提出"住宅产业化"以缩短研发周期，降低研发成本及研发导致的其他成本，提升所研发产品的品质感。提高资产利用率，降低成本，增加收入机会——这两个即分别从生产率战略和收入增长战略对财务层面的总目标进行分拆。

在长期维度方面，WK 公司关于财务层面曾着重强调了可持续发展问题。WK 公司提出了"以客户为中心"的概念，兼顾客户心理与实际质量的需求，强调其服务质量以提高客户忠诚度。

在财务层面的战略制定中充分考量了长短期战略平衡的问题，从 2002 年 WK 公司遭遇客户群诉的事件，使财务指标之外的价值负增值的例子中，吸取教训，看重长久的效应与持续的增长，为此可以放弃短期效应，注重保持客户群体及品牌价值。

为体现这样的长期指标，WK 公司对"营业收入"进行了细致的分解，提出"WK 公司的定位是客户的终身锁定，从他大学毕业刚刚进入职场时的小户型公寓，到他娶妻生子的三居室，再到他事业有成时身份象征的独立别墅，一直到他退休后入住的老年住宅，WK 公司都要做。WK 公司已经不再将自己定位于只做城乡接合部中高档房的公司了，而是为客户提供终身所需要的地产产品"。

（二）客户层面

WK 公司从"未来业主、准业主和业主的视角"进行分析。在 WK 公司的价值观里，"客户是我们永远的伙伴"被列在第一条，这是对 WK 公司平衡计分卡客户维度的总结性阐释。强调客户至上、以客户为中心的概念，并将这种主张与绩效评价挂钩，贯彻到每个职工的价值观中。

客户的满意来自产品，更来自服务。为此，WK 公司成立了会员俱乐部，借以维护 WK 公司与客户之间的情感，该俱乐部被誉为 WK 公司第五专业的客户关系中心，承载着防止客户满意度受损、修复已经受损的客户关系、创造性提升客户满意度和客户价值的职责。

WK 公司客户层面的描述，同样可以用上述财务层面中 WK 公司的定位来阐释，其强调了针对不同阶段的人士的需要提供不同的住宅，"为客户提供终身所需要的地产产品"。

（三）内部流程层面

在关键流程的选择定位上，WK 公司提出"抓大放小"。在剖析价值链后，提出了"住房产业化"的概念。为此，关于产品研发周期，WK 公司内部有个说法叫"三五二"——三个月做定位与规划设计、五个月做实施方案、两个月做施工图。

让我们看看日本，它的住宅产业化程度已经达到了 64%，通过比较就能看出来，WK公司的差距有多大。未来五年，WK公司的目标是将住宅产业化程度提高到50%。

（四）学习与成长层面

在这一层面上，WK公司关注的是"核心竞争力"。其运作与管理系统、职业经理人、企业文化构成了WK公司平衡计分卡的第四维度。

经过多年的积累，WK公司已经积累了一系列业务与管理方面的规范与流程。经过多年的使用和完善，这套系统已经成为WK公司核心竞争力的重要组成部分，对公司的健康、持续、高速发展起到了决定作用。

制度不是万能的，因为制度的执行是有成本的。而以"七个尊重"为核心的人文精神和企业价值观的形成和认可，是WK公司这套系统正常运转、制度真正执行、指引充分使用的基石，这才是WK公司最珍贵的。

在这一维度中着重体现了WK的企业文化及其团队协作。

四、WK公司平衡计分卡应用

为了避免企业一味追求短期利润而忽略可持续发展，WK公司从2001年引进平衡记分卡，两年后该体系逐渐成熟。下面我们从平衡计分卡的四个层面对WK公司进行分析。

（一）财务层面

财务报表是公司经营的结果，但平衡计分卡的财务维度不仅如此，WK公司用净利润、集团资源回报率考核各一线公司，只是一个方面；同时，各一线公司还要证明在上述财务指标之外，公司实现了价值的增值，这些价值不以实际利润的形式存在，但能影响一段时期的收益。如土地储备周转期，周转期越短，该资产带来利润的能力就越强。

（二）客户层面

"客户是我们永远的伙伴"被列在WK价值观里的第一条，是对WK公司平衡计分卡客户维度的总结性阐释。有研究表明：客户忠诚度提升5%，公司利润提升25%～85%。WK公司2002年开始聘请独立第三方进行客户满意度和忠诚度调查；2003年开始，WK公司总部设立总额为100万元的客户忠诚度大奖，用于奖励在客户忠诚度建设方面成果最突出的一线公司；2004年开始，客户忠诚度下降的一线公司遭到总部通报批评……这一系列动作，都表明WK公司对客户层面的重视程度在同行业中处于领先地位。

同时市场占有增长率则反映了公司在新市场的扩张程度。这两个指标相辅相成，既能衡量客户对公司的满意度和忠诚度，也能及时掌握竞争市场中公司的市场占有状况。

（三）内部流程层面

内部流程层面，为支持客户维度和财务维度，WK 公司须塑造产品与服务的独特属性。此处我们以项目经营计划关键节点完成率为例。WK 公司共分了 14 个节点：①取得国土使用权证；②交地；③完成方案设计；④完成初步设计；⑤完成施工图设计；⑥取得施工许可证；⑦项目开工；⑧售楼处、样板区开放；⑨取得预售许可证；⑩开盘；⑪景观施工进场；⑫竣工备案；⑬交房；⑭交房完成率 95%。不影响上述 14 个关键节点的，各职能部门可自行调整计划，只须将结果抄送公司；影响上述 14 个节点中①、⑦、⑩、⑫、⑬节点的，各职能部门必须上报公司，由公司严格考核项目关键节点的按时达成率。专业工作满意度和员工综合满意度由公司内部问卷调查完成，旨在了解员工总体满意度和改善后的情况，进而提高产品质量。

（四）学习与成长层面

WK 公司的运作与管理系统、职业经理人和企业文化构成了公司平衡计分卡的这一层面。人力投入产出是指单位人力成本带来的净利润，表示了人力投入产生的回报，可衡量组织部门效率；骨干人员价值流失率则从相反的角度，表现骨干人员离职造成的人员培养损失，从造成损失的大小衡量公司骨干人员的保有能力。

五、关于 WK 公司实例的思考

（一）平衡计分卡为何在 WK 公司顺利引进

1. 全球化竞争与"以人为本"的公司理念

随着中国加入世贸组织，全球化竞争在中国显得越来越激烈，作为中国房地产业的一面旗帜，不论是从提升企业外部竞争能力、拓宽企业发展渠道层面，还是提高企业本身内部管理水平方面，WK 公司都需要做一次全面的管理改革。作为中国房地产业的龙头老大，WK 公司秉承"以人为本"的公司理念，这样的理念使得公司拥有一批肯干事、肯动脑的员工，在传统的管理体制不适应企业发展需要的时候，WK 公司人力资源部门能够自我反思、推陈出新，推动公司战略变革，加强企业文化建设，使得平衡计分卡拥有了在 WK 公司推广的基础。

2. 公司的制度基础使平衡计分卡的运用成为可能

平衡计分卡自1992年提出以来，已经为许多公司所应用并证明了其在企业管理中的有效性。但作为现代企业新的战略管理体系，平衡计分卡有它的应用前提。平衡计分卡的实施，需要企业有完善的战略管理体系、人力资源管理体系以及全面的质量管理体系，这使得许多尚未建立完善的现代企业制度、基础管理水平薄弱的中国中小企业望尘莫及，而WK公司很早就投入了大量的精力进行企业制度建设，公司的内部管理水平本来就优于同行业，运用更高层次的战略管理系统也是顺其自然的。

3. 平衡计分卡与公司的发展理念想契合

平衡计分卡作为一种管理工具，必须要与企业本身的价值与理念互相契合，才能够被平稳地嵌入。平衡计分卡在强调可持续性发展方面，确实非常应合WK公司的理念，它体现的正是WK公司在前20年发展历程中所总结的"均好"的特质。"正是当时的WK公司感受到自身业务和管理上的发展遇到瓶颈之时接触到了平衡计分卡。而平衡计分卡所倡导的管理思想与我们当时的想法比较吻合，所以我们才会对平衡计分卡如此倾心。"

（二）WK公司引用平衡计分卡的逻辑路径

在充分了解了平衡计分卡理论之后，结合自身发展实际，WK公司首先进行了自我定位，通过各个层次的沟通，确定了企业的使命、远景与战略，在此基础上绘制了企业战略地图，从财务、客户、内部业务流程和学习与成长四个维度出发，对公司全面进行战略定位。之后以战略地图为基础，建立了平衡计分卡的各项考核指标，将战略转化为行动，使得平衡计分卡能够真正在公司中得到推广运行。在运行过程中，不断对各个维度的战略进行发展与深化，对各个层面的指标进行完善与改进，使之适应公司不断发展与创新的需要，从而使得平衡计分卡始终以一种全新的状态在公司运行。

（三）WK公司成功运用平衡计分卡的原因

1. 业绩评价与企业战略结合

平衡计分卡把企业战略与业绩评价系统联系起来，通过各项细化指标达到微观与宏观的结合，作为以房地产业为主的WK公司，其在运用过程中，在宏观层面，将平衡计分卡与企业的最终发展目标结合，走自主发展与创新发展的道路，从而达到了战略的率先性；在微观层面，将平衡计分卡与员工的绩效评价相结合，将每一项指标细化到每一位员工身上，责任到人。这种运用方式使得企业的业绩考核与长期发展相吻合，必然促进企业的不断进步。

2. 循序渐进，逐步引入，逐层改进

WK 公司在引入平衡计分卡的时候，并不是大刀阔斧地全面变革，在最初引入时由于对该体系的理解不透彻，公司也遇到了一些挫折，之后公司吸取教训，放缓脚步，逐年推动，循序渐进。从 2001 年开始，每一年高层管理人员在述职中必须包括平衡计分卡的推进情况，一线经理们在这个过程中开始意识到平衡计分卡的好处。2002 年平衡计分卡初具规模。2003 年，平衡计分卡在 WK 基本扎下了根，这一年 WK 公司用平衡计分卡考核集团下 16 家一线公司的销售业绩，考核结果直接和一线公司的高层管理人员的奖金挂钩，同时一线公司将平衡计分卡指标体系分解到自己的部门，最后在一些关键部门里将一些部门指标分解到关键的具体员工。这样便促成了平衡计分卡的成功运行。

（四）平衡计分卡的优缺点

作为新的企业战略管理体系，平衡计分卡有着其特有的功能。首先，它从公司整体角度出发，强调营销、生产、研发、财务、人力资源等部门之间的协调统一，争取整体最优；其次，平衡计分卡不仅考虑到公司的短期收益，而且也考虑到公司的长期持久发展，目光长远；再次，平衡计分卡有助于推动企业跨部门团队合作，增强了企业内部的横向联系，使得企业实现信息共享；最后，与传统的业绩评价体系相比，平衡计分卡考虑了非财务的指标，将财务数据以外的信息纳入考核范围，更能够全面地衡量公司的整体成绩。

但是在实用过程中，平衡计分卡的运用还是有一定难度的，这主要体现在非量化指标上。在平衡计分卡的指标体系中，有大量的非量化指标，如客户满意度、客户忠诚度、员工满意度等，这些指标具有较大的灵活性，在具体操作层面具有一定的困难；此外，某些可以量化的指标也难以得到准确的数据，如市场占有率等，对企业数据信息统计造成了一定障碍。

（五）与平衡计分卡相符合的激励机制

设立与平衡计分卡业绩评价系统相配合的员工激励机制，有助于提高公司整体工作层面的进取心，提高企业效益。赋予平衡计分卡四个维度的各项指标以一定的权重，最终加权平均以确定员工的奖惩程度，可以使得平衡计分卡贯穿公司各项作业的始终，如合理运用，将会收到意想不到的结果。

综上所述，在企业新的时代发展眼光下，平衡计分卡正以一种蓬勃的势头发展与完善，我们相信，中国在今后进一步全球化的进程中，平衡计分卡一定会作为一种新型的管理与绩效评价体系，得到进一步的推广与完善。

第四节　360 度绩效评估

一、360 度绩效评估的概念及主要内容

360 度绩效评估，又称为全方位考核法，360 度绩效评估是常见的绩效考核方法之一，其特点是评价维度多元化（通常是四个或四个以上），适用于对中层以上的人员进行考核。360 度绩效评估最早由英特尔公司提出并加以实施运用。该方法是指通过员工自己、上司、同事、下属、顾客等不同主体来了解其工作绩效，评论知晓各方面的意见，清楚自己的长处和短处，来达到提高自己的目的。360 度绩效评估是爱德华（Edward）和埃文（Evan）等在 20 世纪 80 年代提出，后经 1993 年美国《华尔街时报》与《财富》杂志引用后，开始得到广泛关注与应用。它是一种从不同角度获取组织成员工作行为表现的观察资料，然后对获得的资料进行分析评估的方法，它包括来自上级、同事、下属及客户的评价，同时也包括被评者自己的评价。

员工如果想知道别人对自己是怎么评价的，自己的感觉跟别人的评价是否一致，就可以主动提出来做一个 360 度考核。当然这种考核并不是每个员工都必须要做的，一般是工作年限较长的员工和骨干员工。

360 度绩效评估共分为跟被考核员工有联系的上级、同级、下级、服务的客户这四组，每组至少选择六个人。然后公司用外部的顾问公司来做分析、出报告交给被考核人。

考核的内容主要是跟公司的价值观有关的各项内容。四组人员根据对被考核人的了解来看他符合不符合公司价值观的相关内容。分析表是很细的，每一项同级、上级、下级会有不同的评价，通过这些由专门顾问公司分析得到对被考核人的评价结果。被考核人如果发现在任一点上有的组比同级给的评价较低，他都可以找到这个组的几个人进行沟通，提出"希望帮助我"，大家敞开交换意见。这就起到帮助员工提高的效果。

设计出 360 度绩效评估，是为了避免在考核中出现人为因素的影响。这种考核是背对背的，强调这只是一种方式，最终结果重在自己的提高。

二、360 度绩效评估的优缺点

（一）优点

第一，打破了由上级考核下属的传统考核制度，可以避免传统考核中考核者极容易发生的"光环效应""居中趋势""偏紧或偏松""个人偏见"和"考核盲点"等现象。

第二，一个员工想要影响多个人是困难的，管理层获得的信息更准确。

第三，可以反映出不同考核者对同一被考核者不同的看法。

第四，防止被考核者急功近利的行为（如仅仅致力与薪金密切相关的业绩指标）。

第五，较为全面的反馈信息有助于被考核者多方面能力的提升。

360 度绩效评估实际上是员工参与管理的方式，在一定程度上增加了他们的自主性和对工作的控制，员工的积极性会更高，对组织会更忠诚，提高了员工的工作满意度。

（二）缺点

第一，考核成本高。当一个人要对多个同伴进行考核时，时间耗费多，由多人来共同考核所导致的成本上升，可能会超过考核所带来的价值。

第二，成为某些员工发泄私愤的途径。某些员工不正视上司及同事的批评与建议，将工作上的问题上升为个人情绪，利用考核机会"公报私仇"。

第三，考核培训工作难度大。组织要对所有的员工进行考核制度的培训，因为所有的员工既是考核者又是被考核者。

三、360 度绩效评估的影响因素

（一）受传统思想文化影响，员工普遍缺乏参与管理的意识

360 度考核一方面旨在收集关于被考核者的多方面的信息，另一方面，也是给了员工表达心声，参与到管理实践中来的渠道。但是等级意识浓厚的中国人似乎还不习惯表达他们对于管理、或对上级的看法。

此外，追求和谐的集体主义文化，也在一定程度上限制了组织中负性态度的表达，人们很少能够以促进组织发展或个人成长为目的，对一个人的绩效表现进行开诚布公的交流。对于一个人的不那么好的评价，总难免被看作一种冒犯。

再加上某些组织中的人际关系复杂，缺乏信任，总会有人心存顾虑，不肯表达自己的真实想法。

（二）权利与责任不对等，员工可以对考评结果不负责任

绩效考核通常与人事任免、薪酬等结果挂钩，本质上是一种管理的权利，一种权利正确行使的前提是与责任相联系并受到监督。然而在实践中，由于人事考核的敏感性，往往采取匿名的方式，这样，人们对于考核的结果不用负任何责任，于是，在实践中这种不受监督的权利难免会被滥用。

（三）考评者范围盲目扩大化，或考评指标与考评者不匹配，造成考评者的评价信息不充分

既然考核是一种管理上的权利，如果这种权利只赋予部分人，而不赋予另一部分人，就会产生不平衡，在企业中，这个权利的界限划在哪里往往是十分微妙的，特别是当大家都处于同一层级的时候。这时，考核的组织者也许会被迫扩大考评者的范围，使许多并不熟悉被考评者的人也要行使考核权利，对被考评者进行评价。

此外，受工作关系的限制，考评者往往只能从某一个侧面了解被考评者的信息，当要求考评者对被考评者的全部绩效指标进行评价时，也会出现信息不充分的情形。

（四）慈悲效应、晕轮效应等心理因素的影响，使绩效考评成为对被考评者整体印象的反应

所谓慈悲效应，是指人们在评价他人时，对他人的正性评价超过负性评价的倾向。因此，我们会看到，如果不强制分布，大多数的考核结果都会呈负偏态分布，即大多数人的分数都会集中在较高的等级。

晕轮效应是指对于一个人的某个突出特质的评价会影响到对一个人的整体评价，这可以解释为什么人们倾向于对一个人在各个考核指标上的表现给予一致的评价。

四、360 度绩效评估的实施步骤

第一，组建 360 度反馈评价队伍。此处应注意的是对评价者的选择，无论是由被考评人自己选择还是由上级指定，都应该得到被考评者的同意，这样才能保证被评价者对结果的认同和接受。

第二，对评价者训练和指导。对被选拔的评价者进行如何向他人提供反馈

和评估方法的训练和指导。

第三，确定360度绩效评估的使用范围。只有确定了360度绩效评估的使用范围，才能将这有限的资源在已经确定的范围内发挥出最大的作用。倘若公司内部员工的互相信任程度比较低，最好不要引入360度绩效评估对员工进行评价。

第四，设计考核问卷。通常，实施360度绩效评估可采用问卷法。问卷法分为三种形式：一是给评价者提供5分等级或者7分等级的量表（称之为等级量表），由主评价者选择相应的分值；二是让评价者写出自己的评价意见（称之为开放式问题）；三是综合以上两种形式。从问卷的内容来看，可以是与被考核者的工作情况密切相关的行为，也可以是共性的行为，或者二者的综合。问卷中的内容一般都是共性的行为。

第五，实施360度反馈评价。在这个阶段需要对具体实测过程加强监控和质量管理。比如，从问卷的开封、发放、宣读指导语到疑问解答、收卷和加封保密的过程，实施标准化管理。如果实施过程未能做好，则整个结果是无效的。

第六，统计评分数据并报告结果。已有专门的360度反馈评价软件用于对统计评分和报告结果的支持，包括多种统计图表的绘制和及时呈现，使用起来相当方便。

第七，让被评价人认识到360度反馈评价的目的。对评价人进行如何评价接受他人的反馈的训练，可以采用讲座和个别辅导的方法进行，关键在于建立对于评价目的和方法的可靠性的认同。与奖励、薪酬挂钩只是一个方面。更要让被评价者体会到，360度反馈评价结果主要是使用于为管理者、员工改进工作和未来发展提供咨询建议的。

第八，针对反馈问题制订计划。企业管理部门针对反馈的问题制订行动计划，也可以由咨询公司协助实施，由他们独立进行数据处理和结果报告，其优越性在于报告的结果比较客观，并能提供通用的解决方案和发展计划指南。但是，企业的人力资源管理部门应当尽可能在评价实施中起主导作用，因为任何企业都有自己特有的问题，而且，企业的发展战略与关键管理者的工作息息相关，涉及市场竞争的策略，多方面的专家结合，评价效果会更好。

【案例分析】

HW 公司中层干部能力素质 360 度评估表①

企业中层管理干部在企业运作过程中起着承上启下的作用，贯彻执行管理高层决策、指挥组织基层操作。作为一个优秀的企业中层管理者，既要有胸怀全局的大局观、又要熟悉具体的业务流程；既要具备领导力，又要有强势执行的职业素质。

为更好地进行干部综合素质的提高，提升管理沟通能力、执行能力，从而使企业成长更加稳健，发展更加快速，故进行此次 360 度调查和评估。

价值观

定义：深刻理解公司"超越平凡，打造一流"的核心理念，对公司的经营目标、经营方式、社会责任等高度认同，以公司的愿景为自己的事业，并为之自律、付出和奋斗。

高效表现：为了公司的利益，愿意牺牲个人利益；信守诺言，一旦做出承诺，便全力以赴，即使自己有所牺牲，决不失信于人；勇于承认自己的过失和错误，勇于承担责任；即使不利于短期商业利益，也能坚持原则，谨守职业道德标准；在不利的情况下，不轻易向困难低头，并主动尝试各种手段和采取积极措施获得成功；敢于承担富有挑战、压力性的责任；以追求卓越、做行业的领跑者为目标，永不安于现状；在理解现实的基础上，为自己设定极富挑战性的目标，鼓励他人主动寻找改革、进步和提升的机会；为实现目标能够挑战极限，视困难、问题或变化为挑战，锲而不舍，乐观自信。

低效表现：为了个人利益而不能坚持原则和标准，以致损害公司利益；轻易许下不易实现的诺言，或许下诺言后转身就忘；不能做到言行一致，说一套做一套，不愿承担额外的工作任务；当决策失误时总是推脱责任、寻找借口；工作中仅仅追求达到最低标准，得过且过；对新知识、新技能采取保守态度，以工作忙碌为理由逃避学习，遇到困难和挫折时，经常抱怨客观环境造成失利，放弃努力。

---

① 莲山文库网，2015 年 8 月 15 日，《杭州×××公司中层干部能力素质 360 度评估表》，作者：刘文艳．

（1）职业操守

工作中能坚持原则，谨守职业道德标准，客观公正地表达自己的看法，信守承诺；为维护公司利益愿意做出牺牲。（1分 2分 3分 4分 5分）

（2）事业心

主动设立挑战性的工作目标或愿意承担额外的工作任务，即使遇到困难仍坚持不懈地将目标和任务达成。（1分 2分 3分 4分 5分）

（3）勇担责任

在面临复杂、不确定的环境时，敢于果断决策，大胆作为，并敢于承担相应的风险和责任。（1分 2分 3分 4分 5分）

（4）激情进取

追求卓越，做行业的领跑者，能够挑战现状，突破思维，抓住并创造机遇，通过不断学习、创新和变革实现企业的持续发展。（1分 2分 3分 4分 5分）

战略思考

定义：围绕公司的核心理念与战略目标，通过对大量信息的分析，准确而迅速地把握业务领域的现状与趋势，并提出具有战略意义的建议与举措。

低效表现：不能很好理解公司的优势与弱势、面临的机遇与挑战；不能对本行业或本领域的发展方向做出准确判断；不能及时掌握竞争对手的发展动态；不能根据公司的发展方向与战略目标，提出有效建议；只关注短期目标的实现，而忽略或损害长远的发展；不能将所做的工作放在公司的战略层面上考虑；忽视工作进展状况，不能及时获取关键资源的支持；为获取资源支持，无视兄弟单位需求和利益。

高效表现：有比较全面的知识和宽广的视野；表现出对公司强势、弱势、机遇以及威胁清晰的理解；能根据公司的业务特点与核心能力思考公司的发展战略；能够及时准确地掌握并预测行业的趋势与竞争对手的动向；善于平衡长短期的目标与利益；能及时准确地抓住有利于公司发展的战略性机会，并制定相应的策略；能兼顾全司与局部的利益，也能分清孰轻孰重；善于根据工作推进情况，通过各种方式获取关键资源支持；获取资源支持时，能平衡各方利益，充分考虑兄弟单位需求和利益。

（5）行业把握

对本行业市场、竞争对手及相关政策法规有充分的了解和把握，深刻理解公司的业务特点和关键成功要素，在此基础上，能预见所在领域未来发展方向。

(1分　2分　3分　4分　5分)

(6) 着眼大局

能够站在公司未来发展的高度，平衡短期与长期、局部和整体利益，在对关键经营管理问题进行决策时，能够从公司大局着眼。(1分　2分　3分　4分　5分)

(7) 资源整合

充分发掘、利用公司内外部的资源，获得关键方的支持，平衡合作各方的利益，建立共赢的合作模式。(1分　2分　3分　4分　5分)

分析判断

定义：收集与分析相关信息，提出多个备选行动或措施，并运用知识与经验从中找出符合当前状况的最佳解决方案。

低效表现：对面临的问题比较茫然，不知道从何入手收集相关信息或只是随意收集；依靠单一的信息来源，疏于扩大信息源；分析问题时过于粗略或者过于纠缠细节；分析问题只停留在表面现象上，不能看到各种事物或现象之间的联系以及背后的根本原因；在情况不明时，要么举棋不定、优柔寡断，要么想当然地草率决定；做决定时受到个人的偏见、情绪的影响；常提出不够全面、缺乏可操作性的方案。

高效表现：面对不同的问题，很快知道从哪些地方、通过哪些途径、运用哪些方式收集哪些信息以帮助判断；能平衡充分收集信息提高判断准确性和及时做出判断之间的矛盾；能从多个角度、全面客观地分析问题，能充分考虑各利益相关方的内在联系和利害关系；能够透过表面现象理解问题，能看到问题不明朗的一面；能迅速分析整理来自各方的、混乱甚至是相互矛盾的信息并找到关键点，做出有效判断；能将复杂的问题进行分解，并转换成简单的、可操作的解决方案；在情况不明或信息不全的情况下也能做出有效判断。

(8) 分析问题

能系统收集对解决问题最有用的材料和信息，全面分析问题的各个方面及其重要细节；善于从不同角度来分析问题，透过表象理解和判断隐含的事件和信息。(1分　2分　3分　4分　5分)

(9) 有效决断

能充分考虑有利因素、不利因素、时效性以及各种资源，对多种解决方案进行比较和评估，选择一个最合适的解决方案，在情况不明或信息不全下及时做出有效判断。(1分　2分　3分　4分　5分)

计划执行

定义：根据目标与任务要求，制订切实可行的行动计划，有效地协调与运用各种资源，确保计划的顺利执行与目标的实现。

低效表现：不善于为实现具体的目标而制订详细的行动计划；不能获得和预备好实现目标所需要的各种资源和支持；不对部门工作进程进行监控，以致工作出现差错；不能统筹安排各项相互联系的工作，以致影响工作效率的提高；不能及时准确预计到会明显影响工作进程的问题总是要将工作拖到最后，以致给自己或团队带来不必要的压力；经常需要他人的督促才能按时完成任务；使用过多的、超出预算的资源来完成任务。

高效表现：能将总体目标转化为具体的、可衡量的、能实现的目标，并制定有效地实施计划、行动步骤和时间表；有效地管理时间与资源，确保以恰当的方式在规定时间内完成任务；系统地监控和评价整个团队的工作进程与行动结果，能分清工作中的轻重缓急，确保紧急且重要的工作最先完成；善于协调与其他部门间的关系，以获得及时有效的工作支持；预见到实施计划时可能遇到的各种紧急情况并事先准备好应急预案；在遇到困难和障碍时，能及时调整行动步骤或方案，确保任务的有效完成。

（10）拟订计划

能正确理解公司目标，并根据公司目标拟定部门目标，善于将宽泛的部门目标转化为具体的目标、标准以及行动计划。（1分　2分　3分　4分　5分）

（11）调动资源

能正确理解为完成目标所必需的各种资源，包括政府关系、组织、人员、经费以及设备等，并合理调动上述资源，让有限的资源效益最大化。（1分　2分　3分　4分　5分）

（12）合理授权

敢于授权，并合理授权恰当的人员去完成工作，在必要时对他们的工作进行协调。（1分　2分　3分　4分　5分）

（13）及时督导

预见到实施过程中的困难，消除各种障碍确保工作目标顺利完成或者使已偏离方向的工作回到正常的轨道上来。（1分　2分　3分　4分　5分）

客户导向

定义：善于把握客户的需求，有效地与客户沟通，愿意为客户提供高质量的产品与服务，致力维护和提升客户的满意度。

低效表现：想当然地认为已经明确知道客户的需求，认为客户的需求是固定不变的；不了解客户的真正动机，过分地满足客户需求以至于损害公司利益；没有根据客户的特点或需求改变自己的策略和做法，不能准确及时地向客户提供产品和服务；没有让客户及时了解公司产品与服务的变化；客户提出批评、抱怨与特殊要求时表现出不耐烦，甚至发脾气；不主动与潜在客户、关键客户建立或保持联系。

高效表现：乐于满足内部与外部客户的期望与要求，并与他们建立稳固的同盟关系；能准确把握与预测客户的需要；确保产品与服务已按事先承诺提供给客户；主动收集客户的最新信息和反馈，并将它用于改进产品与服务；始终以友好积极的态度对待客户的各种反应，在兼顾公司利益的同时恰到好处地满足客户的期望；与客户建立和保持有效的联系，获得他们的信任与尊敬；在提供产品与服务后，还能与客户保持合作关系以确保将来的再次合作。

（14）客户意识

能明确界定公司及所属领域内部和外部客户群体，愿意对客户进行研究，保持与客户的联系并与客户建立长期的双赢伙伴关系。（1分　2分　3分　4分　5分）

（15）客户需求

能积极主动地了解客户的期望与要求，善于从客户的角度分析问题，能预见客户需要的变化趋势，并能根据变化趋势制定相应的业务调整计划或预防措施。（1分　2分　3分　4分　5分）

（16）客户服务

能以亲切、和蔼的态度对待客户并对客户的咨询、疑虑或反对做出及时有效的回复或解答，主动征求客户的反馈意见，不断改进客户服务的方法。（1分　2分　3分　4分　5分）

专业能力

定义：掌握本行业本岗位工作所需要的知识与技能，并将它运用于工作中。

低效表现：不能及时掌握本行业的相关政策、法律与法规；不了解本行业的最新发展趋势；不能跟上本专业领域知识与技术的最新发展；不能有效解决本职工作领域中所遇到的常见专业问题；不能有效地向上级领导或其他部门提供专业意见，经常依赖他人提供专业知识与技术的支持。

高效表现：熟悉行业政策与本行业的发展方向；不断提升本专业领域的知

识和技能，紧跟最新发展在本职工作领域出现的专业问题，能提出有效的解决方案；熟悉公司相关业务流程与各相关部门的主要职责；能向同事、上级或客户提供专业的支持与辅导；善用专业知识与技巧，规避风险，维护公司利益。

（17）专业深度

精通本专业知识，熟悉相关法律、法规和政策，掌握本专业发展方向及最新知识、技术发展情况，是公司乃至行业内的专家和权威。（1分　2分　3分　4分　5分）

（18）专业广度

了解和掌握工作中除本专业外相关专业知识，了解相关法律、法规和政策，能在工作中运用相关专业视角审视本专业工作，为本专业工作提供多种可能的解决方案。（1分　2分　3分　4分　5分）

（19）专业经验

专业经验丰富，熟悉行业及公司相关业务流程，熟知专业领域内常见问题和难题，并在此基础上能预见专业领域内可能出现的问题，并提供解决方案或预案。（1分　2分　3分　4分　5分）

（20）专业指导

能从专业上给予下属指导和帮助，能向上级领导或其他部门提供专业意见。（1分　2分　3分　4分　5分）

第五节　经济增加值

一、EVA 的概念、模型及解析

EVA（Economic Value Added）是经济增加值的英文缩写，指从税后净营业利润中扣除包括股权和债务的全部投入资本成本后的所得。其核心是资本投入是有成本的，企业的盈利只有高于其资本成本（包括股权成本和债务成本）时才会为股东创造价值。

公司每年创造的经济增加值等于税后净营业利润与全部资本成本之间的差额。其中资本成本包括债务资本的成本，也包括股本资本的成本。

从算术角度说，EVA 等于税后经营利润减去债务和股本成本，是所有成本被扣除后的剩余收入（Residual Income）。EVA 是对真正"经济"利润的评价，或者说，是表示净营运利润与投资者用同样资本投资其他风险相近的有价证券的最低回报相比，超出或低于后者的量值。

EVA 是一种评价企业经营者有效使用资本和为股东创造价值能力，体现企业最终经营目标的经营业绩考核工具。

EVA = 税后净营业利润（NOPAT）－资本成本 = R × A － C × A =（R － C）× A

其中：——R 是资本收益率，即投入资本报酬率，等于税前利润减去现金所得税再除以投入资本；

——C 是加权资本成本，包括债务成本以及所有者权益成本；

——A 即投入资本，等于调整后的资产减去调整后的负债；

——R × A 即为税后净营业利润；

——C × A 即为资本成本。

二、EVA 作用

经济增加值提供更好的业绩评估标准。经济增加值使管理者做出更明智的决策，因为经济增加值要求考虑包括股本和债务在内所有资本的成本。这一资本费用的概念令管理者更为勤勉，明智地利用资本以迎接挑战，创造竞争力。但考虑资本费用仅是第一步。经济增加值还纠正了误导管理人员的会计曲解。在现行会计方法下，管理者在创新发展及建立品牌方面的努力将降低利润，这使他们盲目扩大生产，促进销售以提高账面利润，而公司体制的升级更新就无从谈起了。管理者提高财务杠杆以粉饰账面的投资收益。根据客户需要制定明确的经济增加值计算方法，通常只对 5—15 个具体科目进行调整。有了这一定制的经济增加值衡量标准，管理人员就不会再做虚增账面利润的傻事了，他们能更自如地进行进取性投资以获得长期回报。

（一）衡量利润

资本费用是 EVA 最突出最重要的一个方面。在传统的会计利润条件下，大多数公司都在赢利。但是，许多公司实际上是在损害股东财富，因为所得利润是小于全部资本成本的。EVA 纠正了这个错误，并明确指出，管理人员在运用资本时，必须为资本付费，就像付工资一样。考虑到包括净资产在内的所有资本的成本，EVA 显示了一个企业在每个报表时期创造或损害了的财富价值量。换句话说，EVA 是股东定义的利润。假设股东希望得到 10% 的投资回报率，他们认为只有当他们所分享的税后营运利润超出 10% 的资本金的时候，他们才是在"赚钱"。在此之前的任何事情，都只是为达到企业风险投资的可接受报酬的最低量而努力。

（二）决策与股东财富一致

思腾思特公司提出了 EVA 衡量指标，帮助管理人员在决策过程中运用两条基本财务原则。第一条原则，任何公司的财务指标必须是最大限度地增加股东财富。第二条原则，一个公司的价值取决于投资者对利润是超出还是低于资本成本的预期程度。从定义上来说，EVA 的可持续性增长将会带来公司市场价值的增值。这条途径在实践中几乎对所有组织都十分有效，从刚起步的公司到大型企业都是如此。EVA 的当前的绝对水平并不真正起决定性作用，重要的是EVA 的增长，正是 EVA 的连续增长为股东财富带来连续增长。

三、EVA 的缺陷

（一）历史局限性

EVA 指标属于短期财务指标，虽然采用 EVA 能有效地防止管理者的短期行为，但管理者在企业都有一定的任期，为了自身的利益，他们可能只关心任期内各年的 EVA，然而股东绩效最大化依赖于未来各期企业创造的经济增加值。若仅仅以实现的经济增加值作为业绩评定指标，企业管理者从自身利益出发，会对保持或扩大市场份额、降低单位产品成本以及进行必要的研发项目投资缺乏积极性，而这些举措正是保证企业未来经济增加值持续增长的关键因素。从这个角度看，市场份额、单位产品成本、研发项目投资是企业的价值驱动因素，是衡量企业业绩的"超前"指标。因此，在评价企业管理者经营业绩及确定他们的报酬时，不但要考虑当前的 EVA 指标，还要考虑这些超前指标，这样才能激励管理者将自己的决策行为与股东的利益保持一致。同样，当利用 EVA 进行证券分析时，也要充分考虑影响该企业未来 EVA 增长势头的这些超前指标，从而尽可能准确地评估出股票的投资价值。

（二）信息含量不够

在采用 EVA 进行业绩评价时，EVA 系统对非财务信息重视不够，不能提供像产品、员工、客户以及创新等方面的非财务信息。这让我们很容易联想到平衡计分卡（BSC）。考虑到 EVA 与 BSC 各自的优缺点，可以将 EVA 指标与平衡计分卡相融合创立一种新型的"EVA 综合计分卡"。通过对 EVA 指标的分解和敏感性分析，可以找出对 EVA 影响较大的指标，从而将其他关键的财务指标和非财务指标与 EVA 这一企业价值的衡量标准紧密地联系在一起，形成一条贯穿企业各个方面及层次的因果链，从而构成一种新型的平衡计分卡。EVA 被置于综合计分卡的顶端，处于平衡计分中因果链的最终环节，企业发展战略和经营优势都是为实现 EVA 增长的总目标服务。EVA 的增长是企业首要目标，也是成功的标准。在这一目标下，企业及各部门的商业计划不再特立独行，而是必须融入提升 EVA 的进程中。在这里，EVA 就像计分卡上的指南针，其他所有战略和指标都围绕其运行。

（三）形成原因

EVA 指标属于一种经营评价法，纯粹反映企业的经营情况，仅仅关注企业当期的经营情况，没有反映出市场对公司整个未来经营收益预测的修正。在短期内公司市值，会受到很多经营业绩以外因素的影响，包括宏观经济状况、行业状况、资本市场的资金供给状况和许多其他因素。在这种情况下，如果仅仅考虑 EVA 指标，有时候会失之偏颇。如果将股票价格评价与 EVA 指标结合起来，就会比较准确地反映出公司经营业绩以及其发展前景。首先，采用 EVA 指标后，对经营业绩的评价更能反映公司实际经营情况，也就是股价更加能够反映公司的实际情况。其次，两者结合，能够有效地将经营评价法和市场评价有机地结合起来，准确反映高层管理人员的经营业绩。

四、EVA 的运用

经济增加值的计算由于各国（地区）的会计制度和资本市场现状存在差异，经济增加值的计算方法也不尽相同。主要的困难与差别在于：一是在计算税后净营业利润和投入资本总额时需要对某些会计报表科目的处理方法进行调整，以消除根据会计准则编制的财务报表对企业真实情况的扭曲；二是资本成本的确定需要参考资本市场的历史数据。根据国内的会计制度结合国外经验，具体情况如下：

1. 会计调整

税后净营业利润（NOPAT）＝营业利润＋财务费用＋当年计提的坏账准备＋当年计提的存货跌价准备＋当年计提的长短期投资减值准备＋当年计提的委托贷款减值准备＋投资收益＋期货收益－EVA 税收调整

EVA 税收调整＝利润表上的所得税＋税率×（财务费用＋营业外支出－固

定资产/无形资产/在建工程准备 – 营业外收入 – 补贴收入）

债务资本 = 短期借款 + 一年内到期长期借款 + 长期借款 + 应付债券

股本资本 = 股东权益合计 + 少数股东权益

约当股权资本 = 坏账准备 + 存货跌价准备 + 长短期投资/委托贷款减值准备 + 固定资产/无形资产减值准备

计算 EVA 的资本 = 债务资本 + 股本资本 + 约当股权资本 – 在建工程净值

2. 资本成本率计算

加权平均资本成本 = 债务资本成本率×债务资本/（股本资本 + 债务资本）×（1 – 税率）+ 股本资本成本率×〔股本资本/（股本资本 + 债务资本）〕

3. 债务资本成本率

3—5 年期中长期银行贷款基准利率（6. 65%）

4. 股本资本成本率 = 无风险收益率 + BETA 系数×市场风险溢价

5. 无风险收益率计算

上海证券交易所交易的当年最长期的国债年收益率（20 年，3. 25%），市场风险溢价按4% 计算。

6. BETA 系数计算

β值可通过公司股票收益率对同期股票市场指数（上证综指）的收益率回归计算得来。

【案例分析】
XA 公司 EVA 应用实例①

一、大型多元化 XA 公司背景

在 20 世纪 90 年代末，XA 公司已经是一个庞大的、多元化的集团企业。公司一味追求大规模快速增长，旗下部分业绩表现不尽如人意。2002 年，该公司决定将 EVA 指标引入原平衡计分卡（BSC）考核体系之中，根据集团下属子公司或事业部年度的 EVA 结果和 BSC 指标的达成情况，来确定子公司或事业部经理人薪酬的考核激励办法，以此作为催化剂来改革公司文化，提升业绩。此外，公司也希望明确整体目标，建立一个能横跨其下属不同产业的共同目标。

---

① 教育论文网，2019 年 6 月，《基于 EVA 的中国联通业绩评价研究》，作者：王雪君.

二、方案实施

第一，培训和教育。一开始，XA 公司就意识到对 EVA 认知会成为价值管理过程的一个巨大挑战。因此，公司组织了一个专门的任务小组制作培训材料，包括相关的案例学习和 EVA 如何应用于管理者经常要面对的商业决策，并统一开展培训和教育。

第二，建立内部绩效控制部门。EVA 价值管理中一个重要环节是由绩效控制部门来进行全程管控和支持。作为一个"内部分析"的角色，该部门为 XA 集团及其下属各公司追踪和报告价值创造；明确价值驱动因素和价值创造动机；在公司内部的各价值中心、营运部门落实价值创造责任与价值管理机制；关注关键的价值驱动要素及能够提升价值的战略举措；战略规划、计划预算、业绩考评与股东价值创造紧密衔接；对价值提升目标执行状况进行详细的动态对比分析。

第三，建立战略牵引的考核模式，将 EVA 和平衡计分卡相结合。以 EVA 为中心的平衡计分卡体系把 EVA 作为 BSC 财务维度的考核指标之一，有效平衡财务指标与非财务指标。平衡计分卡能够向员工传递公司的远景目标，而 EVA 能有效地衡量员工是否取得成功以及是否应该获得奖励。平衡计分卡拓宽了业绩考核的范围，把考核扩展为财务、客户、内部运营以及员工学习与成长四个方面；EVA 却提供了决策、考核、激励、管理之间的联系，使经理人着重于价值创造。

第四，完善与 EVA 考核相关的配套制度。EVA 考核激励体系的建设是一个系统工程，它需要其他相关制度的配合和支持，共同促进，形成良性互动。为配合 EVA 考核激励体系的实施，XA 集团对相关的配套制度进行了完善，对列入 EVA 调整事项的研发费用、战略性市场投入和 IT 建设投入的支出项目进行规范。其中，资本成本率的确定是 EVA 考核激励体系设计的关键点和难点。EVA 考核范围覆盖多个产业，每个产业的成熟程度、进入早晚、平均利润率，以及资本承担的风险度是不一样的，XA 集团通过资本成本率的设计，将各经营单位和各产业尽可能拉平到同一个竞争起点上去。

三、实施效果

第一，建立了股东和经营者风险共担、利润共享机制。经理人开始关注企业长远利益、关注股东价值创造。"强调责任"，经理人要对自己手中的资本的保值增值负责。

第二，EVA 创造了一种适用于高管和普通员工的共通语言。使由于存在几种不同绩效衡量标准所引起的混乱消失了。

第三，有利于集团各产业的横向比较。经过计算 EVA 值，可以在一个平台上评价集团旗下各产业的经营效率和资本效率。

四、案例启示

第一，计算资本成本是手段而不是目的，资本成本率差异化体现公平。资本成本的计算是为了扭转经理人"权益资本免费"的意识，引导经理人更有效地使用资金，行为牵引是根本，而不在于将资本成本计算得精确无误。此外，可通过资本成本率的设计平衡多元化企业各产业成熟度和风险度差异。

第二，关注员工的 EVA 培训工作。从集团开始，要层层进行 EVA 培训，直至培训到每一个员工，使他们清楚哪些因素是要破坏企业价值，哪些因素有利于提升价值，从而推动管理水平提高。

第三，循序渐进，先试点，后铺开。该公司先选择了数家子公司和事业部试行 EVA 考核试点，取得了一定经验之后，对 EVA 考核方案进行了补充完善，再在集团范围内大面积铺开，对条件成熟的企业都引入了 EVA 绩效考核体系。

第四，强调责任，平稳过渡。EVA 考核的目的，是通过对企业实现 EVA 的分享，建立经理人关注企业长远利益、关注股东价值创造的风险共担、利润共享机制。"强调责任"是指经理人要对自己手中的资本使用权负责，要保证资本保值增值。"平稳过渡"指为了实现原考核方式向新方式顺利过渡，EVA 考核激励实施的第一年要保证"EVA 不减则薪酬不减"。

第五，探索 EVA 与其他管理手段的结合。公司要建立以追求股东价值最大化为目的，以基于 EVA 的价值管理系统为核心，以平衡计分卡为战略执行与提升 EVA 的手段，全面提升公司的核心竞争优势与持续发展能力。

第六节　MBO、KPI、BSC、EVA、360 度绩效评估五者比较研究

本表主要从设计思路、关注焦点、侧重方向、实施程序、优劣势、适用性这七个角度对 MBO、KPI、BSC、EVA、360 度绩效评估进行比较分析。具体内容见表 2－2：

表2-2　MBO、KPI、BSC、EVA、360度绩效评估比较分析

分析属性	MBO	BSC	KPI	EVA	360度绩效评估
设计思路	层级分解	平衡综合	把握关键	财务优先	立体评价
关注焦点	目标实现	远景目标	经营绩效	权益成本	信息完全
侧重方向	目标导向	全面发展	利润驱动	利润导向	效度导向
实施程序	建立目标体系→制定目标（共同参与）→组织实施→检查纠偏	确定企业战略目标→从财务、客户、内部流程和学习与成长四维度衡量	工作职责→列出关键成功因素→提炼关键绩效指标	成立考评小组，并开展培训→确定EVA指标与目标→组织实施，确定评估内容→选择评估主体	
优势	目标明确、客观、外部；程序正式、结构化、弱政治化、简单易操作	连接战略；兼顾短期与长期目标、结果性与驱动性指标、数量与质量指标、客观与主观指标以及外部与内部指标	以战略为导向，重点突出	重视财务指标，也关注公司市值	为绩效评价的信息收集提供了多层面和多角度的思路
劣势	目标设定偏数量化；目标短期性、环境难预测性	时间和财务负担过重、缺乏员工承诺、战略地图设计困难、多样绩效评价难达成一致、行动指南模糊	指标数量少，缺乏系统性，提炼难度高	对非财务指标关注不够，对保持或扩大市场份额以及进行必要的研发项目投资缺乏积极性	工作量比较大；成本高
适用性	适合处于起步阶段的组织	适合比较规范和成熟组织，对部门和个人的考核有效性不够	适合处于成长期的中小企业，对部门和个人的考核分解也适应	适用上市公司及其经营者真实业绩评价	适用于员工素质较高、非起步阶段的企业中高层员工

综上所述，这五种绩效管理方法可以做到优势互补，如目标管理能够对关键绩效指标的总体目标设定做补充；平衡计分卡对目标的全面把握可以弥补目标管理中的目标丢失，另外还能对关键绩效指标对非关键指标的忽视做调整；关键绩效指标对目标管理和平衡计分卡所设定的目标的关键部分有准确把握；EVA 更加关注财务指标特别是权益成本，以真实反映企业利润等关键绩效指标，EVA 与 BSC 有机结合，将更能满足股东的真实需求；360 度绩效评估能确保信息充分，提高评价效度，有助于绩效开发与改进。由此可见，我们可以融合 MBO、BSC、KPI、EVA 与 360 度绩效评估五种工具，以平衡记分卡思想为指导，创建适合我国中小企业绩效评价的管理模式。

本章小结

绩效管理是一项系统的工程，它的方法比较多。企业绩效管理典型的系统方法目前有五种：目标管理法、关键绩效指标法、平衡计分卡法、360 度绩效评估法和经济增加值法。每一种方法都有其优缺点和适用范围，我们通过成功的案例向读者展示每一种方法的可操作性，并通过比较分析和研究，加深对五种方法的理解。

第三章

绩效管理的三大误区

第一节　管理意识上的误区

一、唯考核论

唯考核论者认为，企业管理就是绩效管理，绩效管理就是绩效考核，考核定一切，考核可以解决一切管理问题。唯考核论夸大了考核的价值，认为考核不仅是战略目标实现的工具，更是领导者调动千军万马的"虎符"。这是笔者多年来在推进绩效考核时切身感悟到的，也是管理人员下意识所坚持的观点。在企业管理中每发生一个事故或频繁出现一个问题，都会尽快通过设置相应的考核指标在绩效考核中予以体现并解决。当然，利用绩效考核工具确实也解决了不少的现实问题特别是观念问题，如成本意识、质量意识等。但企业问题是非常复杂、非常多的，随着时代的进步和国内外形势的不断变化，在企业的发展进程中总会有新的问题出现，而考核指标只能是有限的，不可能无限制增加，同时许多复杂问题难以用一两个指标从根本上解决。绩效管理特别是绩效考核起到的更多是导向作用、启发作用，不是决定作用。那种寄望用考核来破解企业难题和诸多问题的想法固然很好，但终究是不切实际的，也会误入歧途的。

二、考核无用论

所谓考核无用论即是夸大了考核的负面效应以及考核指标的有限性，而忽视指标外工作导致员工、企业关注面太窄，使企业的发展出现短板，从而制约企业的全面健康发展。索尼前常务董事天外伺朗《绩效主义毁了索尼》一文也正是考核无用论的集中反映。绩效管理和绩效考核都是一项系统工程，需要上至最高管理者下至普通员工的积极参与和支持配合，同时，绩效考核指标和指标的目标值都不是一成不变的，需要随着企业的不断发展和改革的不断深化而持续改进，唯有如此，方能收到提升员工技能、员工绩效和企业绩效的效果。希望通过绩效管理特别是绩效考核来实现用人、奖惩分配和晋升制度上的绝对公平和公正是不现实的。只要我们坚持贯彻以战略为导向，以提升组织、员工绩效为宗旨，兼顾企业的短、中、长期利益，深耕细作，坚持不懈，持续改进我们的绩效管理体系和考核体系，相信考核工作会越做越好，考核无用论不攻自破。

三、考核无关论

人们以往认为绩效管理仅是绩效归口部门的工作或者说是领导的事，与其他人无关。这种观点很片面。实际上，企业的绩效管理关乎整个企业的发展，与全体员工休戚相关。如此重大的任务不能只交给归口部门或几个相关的领导来承担。绩效管理应成为企业最高领导者、部门经理、员工个人、归口部门共同承担的工作，尽管每一方担负的职责有所区别，但绝不是少数几个人无法承受的重担。建立高绩效企业文化，创造宽松的绩效环境特别是全员参与的绩效氛围是从公司高层到每位员工的不可推卸的责任，离开绝大部分管理人员及所有员工参与支持而仅靠归口部门和少数领导推动的绩效管理体系注定是要失败的。

在绩效管理中，正确的管理模式是所有部门经理对绩效结果负责，而归口部门对流程负责，最高管理者对相匹配的绩效文化创建负责。归口部门的职责是建立整个企业的绩效管理体系，包括政策、流程和工具。其他职能部门管理人员必须对其所管理的部门及员工的绩效负最终责任。精明、职业的经理早已意识到自己部门目标的达成必须依赖全体员工的承诺和投入，所以积极协同归口管理部门管理好部门和员工绩效，无疑是明智之举。员工个人更不应成为绩效管理的旁观者。绩效管理关乎员工的切身利益，员工应积极参与到绩效管理的每一个步骤中。在不少企业中，绩效反馈和支持工作以及绩效发展做得还有很大欠缺。在这样的组织环境中，员工要主动要求主管人员给予绩效反馈和绩效支持，并同主管分享自己个人的绩效成果和职业发展目标，要求主管人员和公司给予培训等方面的支持。

实践证明，只有领导层、部门经理、员工和绩效管理归口部门共同积极参与的绩效管理才能达到最大化的目标，实现多赢的结果。

第二节　管理方法上的误区

一、过于重视量化指标，轻视过程指标，忽视主观评价

绩效衡量的指标最好要可量化，避免评估者主观的偏差，本来是好事是幸事。然而，中国的传统文化强调中庸，不走极端，但是，在实践过程中，企业的管理者们容易从一个极端走向另一个极端。过去，对于企业和员工的绩效没有评估，或即使有评估，也是依据主观判断为主，人为因素占很大分量。在西方绩效管理理念引入中国后，企业管理者们认识到传统的绩效评估方法的弊端，转而追求一切衡量指标皆可量化。实际上，并非一切绩效衡量指标都需量化，管理既是科学，又是艺术，一切皆要可衡量的想法只是一种不切实际的理想化想法。一味追求衡量指标量化暴露了中国企业中管理人员因为文化的因素不愿直面员工，尤其是绩差员工和"关系"员工，不愿提供负面反馈意见的思想。同时，一味追求所有指标可量化还反映了企业的高级管理人员（尤其是民营企业的所有者）对中层管理人员执行绩效考核的能力的不信任的心态。不少民营企业领导者对下属缺乏信心，有的甚至怀疑主管人员的判断能力。所以，他们希望所有衡量指标都能量化，最好通过系统软件即可生成考核结果。

事实上，我们在很多企业实践中发现，单纯依靠考核量化指标有很多弊端，因为考核指标的确定、指标目标值的确定、考核结果的确定等都有主观成分，而很多工作特别是过程指标难以量化，仅通过结果量化考核兑现考核有时会产生很多负面影响，最终考核工作难以持续。

二、方法越前沿越好，忽视企业管理基础

不少企业在引入绩效管理时对于绩效管理和衡量的方法和工具一味地求新、求全，片面地以为新颖的、被大多数高绩效企业采用的绩效管理和衡量方法一定能够帮助自己的企业提高绩效，完全忽视绩效衡量方法所要求的企业管理基础、水平和相适应的信息系统的匹配程度。经济增加值、平衡计分卡等绩效管

理工具等不仅需要实施企业的管理和信息系统支持，还需要外部信息的支持。

近年来，平衡计分卡在中国被广泛应用，受到企业管理者的追捧和青睐。殊不知，平衡计分卡这样先进的绩效管理和衡量工具的运用需要组织其他方面的配合。首先，平衡计分卡是联系企业战略和绩效管理、帮助企业成功实施、沟通、诊断战略的有力工具。通过平衡计分卡，企业可以把组织的目标逐步分解到部门、员工，使个人的目标同部门和组织的整体目标协调一致。所以，应用平衡计分卡的前提条件之一是企业必须有清晰的战略目标。其次，平衡计分卡所包含的衡量指标覆盖四个维度，指标可达 20 个之多。因此，企业必须有较好的信息系统支持衡量指标的跟踪和衡量。最后，平衡计分卡理念是在西方绩效管理成熟、成功的企业多年的实践基础上建立和发展起来的，需要相应的企业文化来支撑和匹配。很难想象一个从来没有实施过绩效管理、没有建立绩效文化、企业基础管理非常薄弱的企业能够成功地使用这样复杂的绩效衡量工具。我们在咨询实践中发现很多规模企业连像样的可操作、可执行的规章制度都欠缺，而盲目照搬国外成功企业经验，最终效果和结果可想而知。万丈高楼平地起，其基础工作不能跳过。否则，基础不扎实将导致后续工作轻则达不到预期目标，重则事与愿违，南辕北辙，影响公司的发展。

三、指标越全面越好，忽视价值创造和战略导向

一些企业管理者希望考核面面俱到，不管细枝末节，凡是员工做的工作都要考核，否则就会认为员工偷懒，不愿从事不被考核的工作。

这种想法无可非议，但操作起来非常困难，甚至根本不可能。实际上，考核指标的选取一定要特别慎重。企业进行绩效考核要着眼于正确的绩效衡量指标。可以用来考核的指标非常多，企业要找出能驱动价值创造的绩效指标，特别是战略目标的分解指标，判断其对企业的影响。绩效管理的目标是确保员工做正确的事情。过多的考核指标只会分散员工的关注重点，使得员工不得不"眉毛胡子一把抓"，久而久之，管理就失去重点，考核结果会背道而驰。对于企业来说，管理需要付出成本。面面俱到、细枝末节的衡量指标只会加大管理成本、分散管理人员和员工的注意力。此外，指标要简单易懂，复杂的考核指标只会困惑员工。

四、过于重视岗位个人绩效管理，轻视组织整体绩效管理

绩效管理的主旨是企业战略和经营目标的达成，其手段是通过员工个人目

标的实现从而带动企业整体目标的达成。然而，在管理的现实中，管理者们往往是本末倒置。他们多关注于员工个人绩效的管理，轻视、甚至忽视企业整体绩效的管理。其实，企业整体绩效管理才是管理者应该关注的重点，员工的绩效管理是工具和过程。某化工企业仅考核员工的个人业绩，没有从企业整体业绩方面入手，没有用心梳理企业的战略，当然就不会有企业层面的战略目标达成情况的考核管理，结果可想而知。显而易见，员工绩效好不能带来企业绩效优异。高绩效的企业往往设有绩效管理委员会或小组，由企业高层特别是最高管理者亲自领导，其成员包括企划、财务、人力资源等部门负责人，他们的任务是确保企业的战略和经营目标能层层分解到员工个人，使员工的个人目标与企业的目标协调一致，不仅管理员工的绩效，而且使团队、企业整体的绩效有机地联系起来，得到很好的管理。

第三节　管理结果上的误区

一、重绩效考核结果，轻绩效管理过程

绩效管理乃一系统，包括绩效计划制订、绩效辅导沟通、绩效考核评价、绩效结果运用和绩效目标提升等五个阶段，而每一个阶段包含若干子过程。然而，不幸的现实是不少本土企业多关注绩效考核这一个环节，而忽略绩效管理的其他环节，尤其是绩效辅导沟通环节。绩效考核仅是绩效管理流程的一环。仅关注考核结果而忽略绩效管理过程的做法如同一学生仅关注测试结果而忽视平时学习和知识提高一样荒谬。绩效管理乃一动态过程，它通过绩效计划而设定绩效目标，并明确达成目标时的激励方法和措施。通过目标管理界定员工的行为，清晰的目标和透明的激励制度使员工清楚知道付出什么样的努力即会获得何种结果和收获。然而，在执行的过程中目标是否能达成还取决于许多因素。员工自身的努力和投入、员工的知识和能力、工作环境、组织中的障碍、资源的缺乏等都将制约绩效目标的达成。从企业的角度，应该持续跟踪和关注员工在绩效周期内的绩效，通过反馈、指导、培训以及消除组织内影响绩效的障碍、提供支持等各种方式，帮助员工实现既定目标。管理者的角色不是在制定目标后当"甩手掌柜"，袖手旁观，而是要做咨询师、教练、后勤主管。绩效考核评

估和绩效激励（发放奖金、晋升）工作完成还不是绩效管理周期的终点。为了未来绩效的达成和提高，管理者还应该同员工共同制订员工的培训和发展计划，通过个人自主学习、在职指导和培训、岗位调动、参加内外部培训课程等方式，提高员工的知识、技能和胜任能力，提升绩效目标，以便在一个新的绩效周期中在绩效上"百尺竿头、更进一步"。

二、绩效管理就是发奖金

不少企业把绩效考核的目标和用途简单化。对于他们来说，考核等于打分等于发奖金，即通过绩效考核对员工的绩效打分，然后把绩效分数机械地同薪酬，特别是员工的月度、季度、半年或年度奖金挂钩。把考核结果同薪酬直接联系没有错，而且在中国企业中还应该加强、普及。但是，绩效考核的目标是多重的，考核的结果更要广泛地运用在员工招聘、培训和发展、晋升等人力资源管理系统中。通过绩效考核，发现企业招聘的员工是否是企业实现战略目标所真正需要的人才；通过绩效考核，发现员工的知识和技能同企业为实现战略目标所需要的知识和技能之间的差距，从而制订培训和发展计划；通过绩效考核，不仅通过财务方式进行激励，奖勤罚懒，还要通过其他方式，如公开表扬、晋升，对绩优员工进行激励。同时，通过绩效管理特别是绩效考核，能够发现企业的短板和疑难问题，特别是影响战略目标达成的实际问题，短期无法得到有效解决，可通过战略的适应性调整和目标修正来规避，确保企业战略的实现。

本章小结

绩效管理三大误区：绩效管理意识、方法和结果上的误区值得我们深思。当前，绩效管理在国内很多企业实践时间比较短甚至还是空白，充分认识三大误区，可以帮助我们选择合适的绩效管理工具，规避管理风险，为顺利推进绩效管理奠定坚实的基础。

第二篇

02

中小企业绩效管理原理及体系

管理学小故事——平衡管理

H电脑公司是一家科技应用企业。公司创办时，董事会破格从地产公司电脑服务部聘任优秀员工A为公司经理。理由是A在电脑应用及智能化工程实施方面的技术水平较高，属内行。A上任三个月，工作积极、勤奋，带领员工刻苦钻研技术业务，但他不知道怎么经营和管理，公司经营业务停滞不前。董事会决定将其撤换掉，但处理方法不当会挫伤A，并对其各方面产生负面影响。

如何平衡，董事们提出了各自的想法。董事C的看法："把他增选进董事会，然后兼任公司技术负责人。"董事Z的看法："让他做分管技术的副经理，享受经理待遇。"董事Y的看法："我们需要的是懂管理，能带领员工扩大经营规模、创造效益的经理，既然他不行，那就撤职让他专干业务，那不就行了吗？现在的企业对人的管理不必太顾虑，该咋办就咋办。"董事S的看法："把他调回，给他3000元苦劳奖，开个离职欢送会，大家吃顿欢送饭。"

董事长H（领导层的权威）的看法："第一，A是一名有技术的优秀员工，是我们企业的财富，是我们没有给他摆好位置，这是我们的失误；第二，A正是公司最需要的专业人才，公司正要依靠这样一些技术尖子来发展，调走他会影响到公司技术工作；第三，目前我们选定的经理J虽有经营管理经验，但技术业务不太熟，需要A帮助，增选A进董事会不合适，若他作为董事兼技术总负责，而不是董事的新任经理在领导工作中会有难度；第四，若简单把A撤换掉，会产生很大的负面影响，这个问题不宜简单化；第五，我的意见是设总经理，由我兼任。设两个总经理助理，拟聘的经理J任总经理助理负责公司日常的经营管理工作，A任总经理助理兼技术部经理，对年轻的优秀员工A（24岁）我们应采取积极培养的方针，通过传、帮、带，使他既在业务上保持高水平，又在经营管理方面能有所突破。通过一段时间的运作，在时宜时，我退出，那时必须建立一套稳定的、能力强的领导班子。"H的意见通过后立即得到了实施，公司的经营状况有了起色，A依然积极勤奋。半年后，H退位，J任总经理，A任副总经理分管技术，公司运转良好。

管理工作是一项需要多动脑子的工作，在考虑问题时需要面面俱到，切不可只看到事情的一个方面就轻易下决定。应一切以企业的发展、员工的合理利用为目标，考虑周全了，才能做出比较完善的决定。

管理是个写"V"字的过程，落笔向下是坟墓（∧），向上提笔是胜利（Victory）。

第四章

中小企业绩效管理的基本原理：BPM 原理

第一节 平衡管理原理

平衡管理（Banlanced Management，BM），BM 原理即平衡管理原理。

一、平衡管理的定义

平衡管理是利用有限的资源为实现组织预期的目标而进行的以人为中心的协调活动。而管理学是建立在资源稀缺性原理和投资收益规律基础之上研究"企业黑箱"运作的科学。我们将知识的无限性、投资收益规律以及人本原理作为企业管理的指导思想。这些指导思想的核心是平衡，诸如外部的资源与环境的平衡、内部的目标与发展的平衡，企业产供销、人财物的平衡等。平衡是指实现组织与环境之间、组织系统各要素之间以及组织行为决策的相互约束和相互协调。应当说，管理理论和管理实践中时时处处体现着管理的平衡思想。

平衡管理就是企业内部化和外部化的整合，它致力协调各种内外部关系，充分利用各种资源，用科学的理论方法及先进的技术工具指导管理实践的一种管理方法。

二、管理理论中的平衡思想

科斯（Coase R. H.）在 1937 年发表的《企业的性质》一文中，通过交易成本给我们解释了企业的定义和企业的边界。科斯认为，企业内部的组织成本要低于外部市场的交易成本。因此，"企业组织"节约了一部分市场运行成本，从而产生了企业的组织形式。企业在追求利润最大化动机的刺激下，必然期望于扩大外部交易成本与内部交易成本之差，这意味着企业规模的不断扩大。而规模的不断扩大的同时会带来效率下降、边际成本上升、边际收益下降、管理收益递减等问题，从而抵消因规模带来的收益，这就产生了企业边界。从中我们可以体会到，企业的产生和企业边界的确定就是一种"平衡"的产物，是两种力量此消彼长的结果。如上所述，规模扩大，增加了节约的交易成本，但是作为矛盾的另一方，内部的管理效率、组织成本等却在削弱由交易成本带来的优势，最终的结果就是两者在某一点上达到平衡，形成了企业和企业的边界。

奥立佛·威廉姆森（Oliver Williamson）1985 年发表的《企业的约束：激励和行政特征》给我们描述了另一幅企业的"平衡"景象。正如科斯所讲的，在利润最大化的刺激下，企业有无限扩张的强大动机。那么，每个企业的"平衡态"最终是由什么原因确定的呢？威廉姆森认为，企业规模上的根本限制，决定于在资产专用性不显著的情况下内部组织的治理成本劣势。威廉姆森从激励和行政特征（行政成本）两个角度分析了对企业无限扩张动机的平衡问题。首先，企业无论是在高能激励下，还是在低能激励下，都需要对部门、员工进行监督，以约束其行为，这就是企业内部管理中激励和控制的平衡。如果单有激励，部门和员工就会拼命耗用设备，增加眼前的收入，因而必须加上控制和约束，形成一种互动配套关系，以保证实现组织目标。其次，企业内部行为的行政特征，都将产生一定的行政成本，进而削弱企业的竞争力。企业规模越大，一体化程度越高，这些行政特征就暴露得越明显，行政成本也就越高，这就构成了对企业扩张的约束。总之，威廉姆森从激励和行政特征角度描述了企业的另一本质特征——企业是一个平衡体。

张五常在 1983 年发表的《企业的合约性质》一文中指出，企业是合约安排的一种形式。最简单的理解，在私人拥有生产性投入（产权私有）的情况下，所有者通过某种合约安排，把投入的使用权委托给代理人，换取一定的收入，这就出现了企业。说"企业"代替了"市场"，也就是一种生产要素的件工合约替代了产品交易的市场合约。另外，权利的让渡必须要以一定的回报为代价。这种企业的合约性质本质上就是所有权各方的责、权、利的安排和平衡，比如，代理权与控制权、所有权与经营权、投入与产出等各相关利益之间的协调。

阿尔曼·艾尔钦（Armen Alchian）和哈罗德·德姆塞茨（Harold Demsetz）在 1972 年发表的《生产、信息成本和经济组织》一文中，从团队生产（团队生产理论）的视角解释了企业这种经济组织的平衡问题。首先，从团队生产的效率视角看，为了有效激励团队成员，需要尽可能地使劳动者的报酬与其劳动生产率相平衡、相对称。其次，从团队生产中的偷懒现象看，需要对团队成员进行生产监督，这也是矛盾平衡的结果。最后，从古典企业本质定义的合同结构看，每个团队成员跟企业所有者签订双边合同，形成了"雇主—雇员"关系，这就构建了企业所有者和雇用者之间、资本和劳动力之间的平衡体系。

在企业管理的诸多经典理论宝库中，我们可以发现，企业处于一种扩张与约束、收益与损失、激励与控制、权利与义务、投入与产出、授权与监督、奖励与处罚等的平衡状态之中。要保持这种平衡状态，企业及其管理者的平衡思想、平衡艺术和平衡操作是至关重要的。

综上所述，我们认为：企业管理过程是一个平衡的过程，平衡管理思想和模式已经渗透到企业管理的方方面面。平衡管理原理是企业管理的一个重要原理和法则。

三、平衡管理的意义

平衡管理是企业在生产过程中对一系列活动及行为的平衡和协调，它对于企业的稳定运营和健康发展有着极为重要的意义。企业应以市场和顾客的心智为导向，以顾客需求为服务宗旨，以技术创新为后盾，致力将企业组成一个系统、一个整体，达到与其环境的平衡。平衡管理就是企业内部化和外部化的整合，它致力协调各种内外部关系，充分利用各种资源，用科学的理论方法及先进的技术工具指导管理实践。

第二节　平衡绩效管理原理

平衡绩效管理（Banlanced Performance Management，BPM），BPM 原理即平衡绩效管理原理。

平衡绩效管理是利用有限的资源为实现组织（企业）预期的绩效目标而进行的以人为中心的协调活动。平衡绩效管理（以下简称"平衡"）就是充分利用企业内部化和外部化的提升绩效的资源，协调各种内外部关系，用科学的理论方法及先进的技术工具指导企业绩效管理实践的一种管理方法。平衡绩效管理是平衡管理的一个重要组成部分，是企业平衡管理的核心之一。绩效管理，重在平衡。

一、平衡绩效管理的三层次模型

中小企业平衡绩效管理（本书研究对象为中小企业）的三个层次分别由基于企业定位战略的平衡（B1）、基于企业 6P 绩效管理体系的平衡（B2）、基于绩效考核方法的平衡（B3）三个层次构成，其中 B1 是核心平衡，B2 是外围平衡，B3 是外延平衡。中小企业平衡绩效管理的三层次模型如图 4-1 所示。

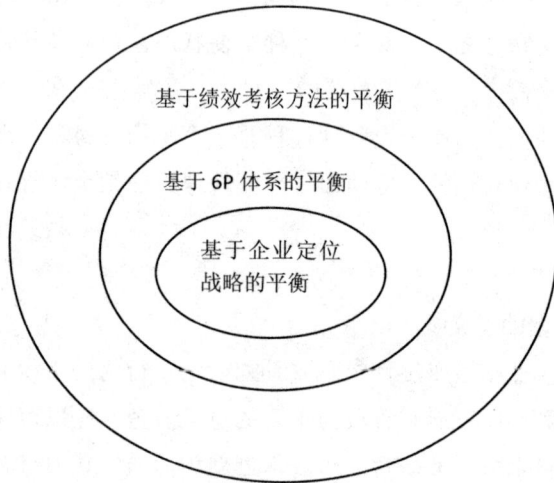

图 4-1 平衡绩效管理三层次模型

（一）基于企业定位战略的平衡

基于企业定位战略的平衡（B1）是指绩效管理以定位战略为导向，以践行企业使命为指引，兼顾企业长、中、短期目标的一种平衡。它是企业使命、核心价值观、愿景和企业定位战略目标四者有机的结合和统一，集中体现在使命、愿景与短期目标的平衡，主导品类与非主导品类取舍的平衡，公司总目标与员工个人分目标的平衡等。

基于企业定位战略的平衡绩效管理的出发点和归宿都是企业品牌品类战略，因此我们在设计绩效管理体系时，首先要搞清楚企业的聚焦（主导）品类究竟是什么，一般要在竞争对手以及行业趋势分析基础上制定一个符合企业实际的科学的定位战略，主要包括明确使命、愿景、聚焦的品类（定位）、长期（3—10 年）品类发展规划、措施、要求和今后几年的目标计划（涵盖绩效管理计划）。只有践行企业使命愿景并兼顾企业短、中、长期目标的绩效管理体系，才有可能实现平衡绩效管理，才能持续提升企业和员工的绩效，从而推动企业品类战略的实现。

（二）基于6P绩效管理体系的平衡

基于6P绩效管理体系的平衡（B2）是指绩效管理以定位工具为基础和前提，以计划目标、岗位职责、薪酬方案、晋升通道为四根支柱，以绩效考核为核心和动力，以组织整体绩效的提升为结果的一种平衡。这六个工具相互作用相互支撑，构成中小企业组织绩效的宏伟大厦，也成为中小企业挡风避雨的一道亮丽的风景——绩效亭。没有定位这个基础，只有四根柱子和横梁，中小企业绩效亭将会坍塌，绩效难以持续；有了定位，没有四根支柱来支撑，没有绩效考核来配称，定位的目标不可能落地，企业的绩效也是一句空话。定位和其他的5P之间是一种平衡，同样5P内部也是相互作用相互依赖的，内部也是一种平衡。

（三）基于绩效考核方法的平衡

基于绩效考核方法的平衡（B3）是指企业在进行绩效考核时，既要考核关键业绩，又要考核非关键业绩，既要有定量考核指标，又要设计定性考核指标，还要有文化、态度、能力等隐性方面的综合评估，是基于组织、团队、个人三者绩效考核和评估相结合的一套全面有效的系统考核方法，是四者的平衡。

就中小企业来说，公司层面的计划考核、部门绩效考核、岗位职责考核以及综合评估，是岗位绩效考核的四个重要组成部分，四者相互支撑、相互作用、相互平衡。由于关键绩效指标只是少数，只有或只重视关键绩效指标考核，忽视内部运营等其他指标的考核，长此以往，企业就会有短板，企业中、长期目标实现就会留有隐患。同样影响战略目标达成的指标既有定量的关键绩效指标，也有定性的关键绩效指标，必须平衡好，不可偏废。

第三节　绩效考核平衡模型及其应用

依据BPM原理，我们在设计中小企业考核方案时，不仅有公司层面计划目标考核和岗位职责（岗位关键绩效指标）考核，还有部门、科室、项目组等团队绩效考核，个人还需要直接上级、同事和客户（包括内部客户）对价值观、态度、能力等方面的综合评估，以尽可能全面评估和平衡绩效。中小企业个人绩效考核平衡模型即 PPTC 模型。

PPTC 是 Plan Examine 、Position Statement Examine、Team Examine、Comprehensive Assessment 四者首字母组合，即计划考核、岗位职责考核、团队考核、综合评估（直接上级和相关同事或内部客户在态度和能力方面评估分）四者按各自权重的加权后的结果，如表4-1所示。

表4-1 个人 PPTC 绩效考核模型

考核项目及权重	计划考核（权重 L 范围为10%~20%）	岗位职责考核（权重 M 范围为20%~50%）	团队考核（权重 N 范围为20%~40%）	综合评估（权重 O 范围为10%~50%）	最终得分
个人1					
个人2					

个人绩效考核评估模式可用如下公式表示：

个人绩效考核最终得分 $Y = A \times L + B \times M + C \times N + D \times O$，其中 A 为计划考核得分，B 为岗位职责考核得分，C 为团队考核分值，D 为综合评估项分值。

上述模型针对不同的企业规模，可做调整，如小微企业，可不考核个人所在的团队，只要考核公司层面的计划目标、岗位职责，外加员工本人的综合评估即可。

【案例分析】

ZY 集团本部绩效考核平衡管理方案[①]

一、ZY 公司背景

ZY 公司是一家总部位于 H 市的集聚合、纺丝、织布、贸易于一体产销10亿元的民营企业集团。为了提升集团公司总部及所属子公司的绩效，同时为集团全体管理技术人员奖金发放、培训、转岗、离岗、岗位晋升等提供依据，针对集团总部和全资子公司全体管理技术人员，ZY 集团设计集团绩效考核总体方

---

① 浙江荣盛控股集团内部资料，2019年6月，《浙江荣盛控股集团部门考核实施细则》（有改动），作者：潘显好等.

案，本案例以集团本部（其组织结构图见图4-2）为例来说明 ZY 集团绩效考核的平衡实例。

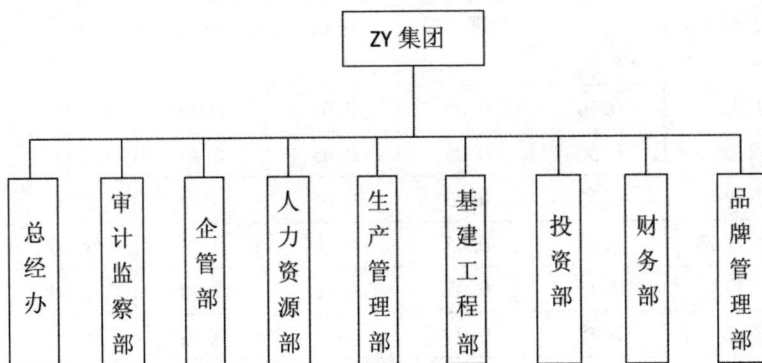

图4-2　ZY 集团本部组织结构图

二、部门考核项目及计算方法

集团本部部门考核以部门绩效考核为主，一般占 40~60%，平衡项包括人力资源管理考核、安全卫生考核，以部门工作复杂性、跨部门协作、部门服务态度、部门工作量、制度履行等方面内容的综合评估来进行评分。各项得分分别用 a、b、c、d 表示，所占权重分别用 y_1、y_2、y_3、y_4 表示，则各部门最终得分 $z = a \times y_1 + b \times y_2 + c \times y_3 + d \times y_4$，其中 $y_1 + y_2 + y_3 + y_4 = 1$，具体权重见表 4-2。

三、员工考核项目及计算方法

部门内部员工考核分两种情况，一种易于量化的岗位员工以岗位职责考核和部门考核为主（部门经理可以部门考核代替），不易量化的岗位及其对应的员工以综合评估和部门考核为主，除了岗位职责考核、部门考核、综合评估外，还有集团层面计划目标考核。综合评估主要包括价值观、态度、能力三个方面。各项得分分别用 a_1、b_1、c_1、d_1 表示，所占权重分别用 y_1、y_2、y_3、y_4 表示，以企管部（部门经理、经理助理、考核管理员、制度管理员）为例，则员工最终得分 $z = a_1 \times y_1 + b_1 \times y_2 + c_1 \times y_3 + d_1 \times y_4$，其中 $y_1 + y_2 + y_3 + y_4 = 1$，具体权重见表 4-3。

表 4 – 2 ZY 集团本部部门绩效考核权重分配表

权重\岗位\项目	绩效考核	人力资源管理考核	安全卫生考核	综合评估	合计	备注
总经办	0.50	0.05	0.05	0.40	1.00	
企管部	0.50	0.05	0.05	0.40	1.00	
人力资源部	0.50	0.05	0.05	0.40	1.00	
生产管理部	0.55	0.05	0.10	0.30	1.00	
基建工程部	0.45	0.05	0.10	0.40	1.00	
投资部	0.45	0.05	—	0.50	1.00	
财务部	0.45	0.05	0.05	0.45	1.00	
品牌管理部	0.45	0.05	0.05	0.45	1.00	
审计监察部	0.40	0.05	—	0.55	1.00	

表 4 – 3 ZY 集团企管部各岗位员工考核权重分配表

权重\岗位\项目	岗位职责考核	部门考核	计划目标考核	综合评估	合计	备注
经理	—	0.60	0.20	0.20	1.00	
经理助理	—	0.50	0.15	0.35	1.00	
考核管理员	0.50	0.15	0.10	0.25	1.00	
制度管理员	0.45	0.15	0.10	0.30	1.00	

本章小结

企业管理过程是一个平衡的过程，平衡管理思想和模式已经渗透到企业管理的方方面面。平衡绩效管理原理是我国中小企业绩效管理的一个重要原理和法则，为中小企业成功推进绩效管理提供理念指导和方向；中小企业平衡绩效管理的三层次模型包括基于企业定位战略的平衡（核心层次）、基于6P绩效管理体系的平衡（外围层次）、基于绩效考核方法的平衡（外延层次）为中小企业开展绩效管理提供清晰的思路。

第五章

中小企业绩效管理体系

第一节 6P 体系及其模型

一、6P 体系内涵

绩效管理体系是以实现企业使命、价值观和愿景为驱动力，以关键绩效指标和工作目标设定为载体，通过绩效管理的五大环节来实现对全公司各层、各类人员工作绩效的客观衡量、及时监督、有效指导、科学奖惩，从而调动全员积极性并发挥各岗位优势以提高组织绩效，实现企业的战略目标的管理体系。

有效的绩效管理体系，要聚焦企业三个方面的核心问题：一是要体现企业的使命、价值观、愿景和战略导向；二是要能够提升个人和组织的绩效；三是要能打造企业品牌，推动战略目标的达成。6P 绩效管理体系就是基于这三个方面的要求，并在中小企业的实践中提炼总结出的一套行之有效的科学的管理体系。

所谓 6P 绩效管理体系是定位（Positioning）、计划（Plan）、岗位职责（Position Statement）、薪酬设计（Payment Design）、晋升通道（Promotion Channel）、绩效考核（Performance Evaluation）六个方面开头英文字母的简称。定位是企业的营销战略，也是企业绩效管理的前提和基础，产品的成功定位是绩效管理成功的保证。可以说，没有明确定位的绩效管理，是盲目的、随性的，效果是可想而知的，也是难以提升组织中长期绩效的。计划的制订和分解，岗位职责的明确，薪酬方案的设计乃至晋升通道的设计，都是围绕定位这个战略来开展的，也是为绩效考核的有效实施打基础的，当然绩效考核的实施是围绕定位和其他4P来展开的，也是为做实定位服务的。六大工具即6P绩效管理体系的六个方面最终服务于打造品牌和企业整体绩效提升这两个目的。

二、模型

实践证明，6P绩效管理体系对中小企业的可持续发展和中长期绩效提升至关重要。笔者在实践中用"绩效亭"来形象展示6P体系的框架。"绩效亭"的亭基为定位（P1），"绩效亭"的四根柱子分别为计划（P2），岗位职责（P3），薪酬设计（P4），晋升通道（P5）；"绩效亭"的横梁为绩效考核（P6），"绩效亭"的亭顶即为组织和个人的绩效（Performance）。6P绩效管理体系的模型见图5-1。

由于"绩效亭"的提出和设计人为潘显好先生，因此又称"潘显好绩效亭"（以下简称"潘氏绩效亭"）。潘显好拼音为Panxianhao，其第一个字母也是"P"，而亭顶为绩效Performance的开头字母也是"P"，因此，作者又称"中小企业6P绩效模型"为"P模型"。

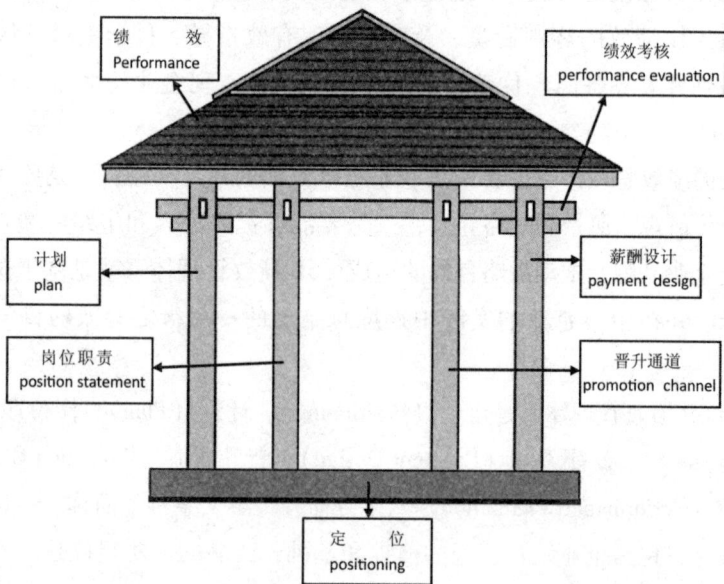

图5-1 潘氏绩效亭

三、适用范围

6P 绩效管理体系是在中小企业的绩效管理实践中总结提炼的，因此我们把它的适用范围确定为中小企业，又称中小企业 6P 绩效管理体系。事实上，6P 绩效管理体系也适用于大型企业以及非企业的各类组织，但本书主要是为作者咨询实践服务的，而大型企业及其他组织拥有自己的绩效管理体系和绩效文化，在该类组织推进困难，故本书把 6P 绩效管理体系定位为"中小企业 6P 绩效管理体系"。

第二节　定位

一、概述

（一）定义

定位，就是让品牌在消费者的心智中占据最有利的位置，使品牌成为某个类别或某种特性的代表品牌。一句话，定位指如何让你在潜在客户的心智中与众不同。定位从产品开始，但又不是围绕产品进行的，而是围绕潜在顾客的心智进行的。

定位以占据心智为目的、以避实就虚为攻防策略、以与众不同为内容、以简单可信为表现、以关联第一为方法的思想体系。

（二）定位的三个层次

定位理论与传统科特勒营销理论有很大的区别，传统营销理论以满足顾客需求为基本导向，而定位理论是以竞争为基本导向，营销的基本目标不是满足顾客需求，而是战胜竞争对手夺取顾客；定位的三个层次分别是传播战术层次、竞争战略层次、企业战略层次。

《定位屋》作者鲁建华先生认为定位理论的核心是"一个中心两个基本点"，以"打造品牌"为中心，以"竞争导向"和"消费者心智"为两个基本点。《定位》第一作者、定位大师阿尔·里斯（Al Ries）认为，企业的唯一职能是营销，而营销即是打造品牌。因此，定位理论所有的概念、观点、体系都是围绕打造品牌这个中心展开的。竞争导向要求企业首先要考虑的问题是如何把我的品牌与竞争对手的品牌区分开来，如何实现差异化，如何把生意从竞争对手那里转换过来。营销就是战争，商场就是战场。定位就是在与竞争对手正式开战前进入和占据一个最有利的位置。竞争导向的观念是定位理论的第一个基点。

营销中没有事实，只有认知。营销之战，不是事实之战，不是产品之战，不是市场之战，而是认知之战。商战的地点也不是事实，不是产品，不是市场，而是心智。商战的目的就是要设法进入心智认知并占据一席之地。商战在顾客的心智中进行，心智决定成败。坚持占据心智是定位理论的第二个基点。

二、定位的前提和原则

定位是对产品在未来的潜在顾客的脑海里确定一个合理的位置。定位的基本原则不是去创造某种新奇的或与众不同的东西，而是去操纵人们心中原本的想法，去打开联想之结。

定位的真谛就是"攻心为上"，消费者的心智才是营销的终极战场。从广告传播的角度来看定位，它不是要琢磨产品，因为产品大多已经定型，不大容易改变，而容易改变的是消费者的"心"。

要抓住消费者的心，必须了解他们的思考模式，这是进行定位的前提。《新定位》一书列出了消费者心智的五大思考模式，以帮助企业占领消费者心目中的位置。

模式一：消费者只能接收有限的信息

在超载的信息中，消费者会按照个人的经验、喜好、兴趣甚至情绪，选择接受哪些信息，记忆哪些信息。因此，较能引起兴趣的产品种类和品牌，就拥有打入消费者记忆的先天优势。例如，我国的杭州娃哈哈集团，最初是以生产"娃哈哈"儿童营养液而一举成名。它的成功就是由于产品定位准确，而广告定位更是让人过目不忘，因为它源于一首人人熟知的儿歌，很容易引起儿童与家长的共鸣。

模式二：消费者喜欢简单，讨厌复杂

在各种媒体广告的狂轰滥炸下，消费者最需要简单明了的信息。广告传播信息简化的诀窍，就是不要长篇大论，而是集中力量将一个重点清楚地打入消费者心中，突破人们不喜复杂的心理屏障。在这一点上最令人称道是我国的一种驱虫药广告，只需服两片，治蛔虫是两片，治钩虫也是两片。人们也许记不住复杂的药品名称，但只需说"两片"，药店的售货员就知道你要的是什么药。反过来，如果厂家在广告中介绍它的产品如何如何先进，效果如何显著，其结果可想而知。

模式三：消费者缺乏安全感

由于缺乏安全感，消费者会买跟别人一样的东西，免除花冤枉钱或被朋友批评的危险。所以，人们在购买商品（尤其是耐用消费品）前，都要经过缜密的商品调查。而广告定位传达给消费者简单而又易引起兴趣的信息，正好使自己的品牌易于在消费者中传播。如果一位消费者要买驱虫药，必然先向朋友打听，一说"两片"，既满足了消费者安全感的需要，也无须记一些专业名词。

模式四：消费者对品牌的印象不会轻易改变

虽然一般认为新品牌有新鲜感，较能引人注目，但是消费者真能记到脑子里的信息，还是耳熟能详的东西。比如，对可口可乐公司的员工而言，它是总部设在亚特兰大市的一个"公司"、一个"机构"，而在一般消费者心目中，可口可乐是一种甜美的、深色的、加了碳酸气的饮料，可口可乐是一个著名饮料品牌。如果，可口可乐公司哪天心血来潮，去生产热门的啤酒，也许正是可口可乐的可叹可悲之时。

模式五：消费者的想法容易失去焦点

虽然盛行一时的多元化、扩张生产线增加了品牌多元性，但是却使消费者模糊了原有的品牌印象。美国舒洁公司在纸业的定位就是一例。舒洁原本是以生产舒洁卫生纸起家的，后来，它把自己的品牌拓展到舒洁纸面巾、舒洁纸餐巾以及其他纸产品，以至于在数十亿美元的市场中，拥有了最大的市场占有率。然而，正是这些盲目延伸的品牌，使消费者失去了对其注意的焦点，最终让宝洁公司乘虚而入。难怪一位营销专家以美国人的幽默方式发问："舒洁餐巾纸，舒洁卫生纸，到底哪个牌子是为鼻子而设计的呢？"

所以，企业在定位中一定要掌握好这些原则：消费者接收信息的容量是有限的，广告宣传"简单"就是美，一旦形成的定位很难在短时间内消除，盲目的品牌延伸会摧毁自己在消费者心目中的既有定位。所以，无论是产品定位，还是广告定位一定要慎之又慎。掌握这些特点有利于帮助企业在消费者心目中占据有利的位置。

三、寻找定位的三大方法

定位理论内涵丰富。定位的目的就是打造品牌。那么如何才能找到企业的定位呢？寻找定位或者更确切地说，建立品牌有三大方法：聚焦、对立、分化。

（一）聚焦

聚焦就是缩小经营范围，通过做取舍、做选择，舍弃一些选择，保留一些选择。聚焦是定位理论中建立品牌最简单的方法，也是中小企业或后进企业克服大企业或领先企业竞争最重要的一种方法。国内著名汽车制造企业长城汽车通过聚焦 SUV 仅仅十年时间就成为国内 SUV 品类第一，国际 SUV 品类第四。格力聚焦家用空调，后来居上，一举超越春兰、科龙等市场早期取得领先优势的空调品牌，而成为国内空调领域第一（领导）品牌。

（二）对立

对立是定位理论在原有品类中面对第一品牌压迫建立第二品牌的方法，也是建立品牌的第二种方法。对立就是找到第一品牌的战略性弱势，与第一品牌竞争，直至战胜强大对手，成长为该品类领先品牌。这里的关键是，你找到的是不是第一品牌真正的战略性弱势，你有实力在与第一品牌竞争中活下来并坚持你的对立面定位。对立是商战的艺术，成功战略的精髓，特别适用于仍然留在原品类又要与第一品牌展开竞争的企业。农夫山泉通过诉求"天然活水"，与娃哈哈"纯净水"对立，一举击败娃哈哈而成为饮用瓶装水领先品牌。

（三）分化

分化是定位理论中开创新品类、建立新品牌的方法。分化是自然界最重要的力量，也是商业领域中最重要的力量。分化是定位理论最新、最重要的发现。分化为建立新品牌提供了无穷无尽的机会和最大的概率。利用分化开创一个全新的品类，通过发展、主导全新品类，进入客户心智成为客户首选。分化带领定位理论进入一个新时代——品类时代。分化更适合新创企业、中小企业，也适合大企业发展新事业、新业务，是建立全新品牌的基本方法。

四、定位理论的最新发展

定位理论的最新发展就是品类战略。传统意义上的品类主要为销售管理概念，是指产品的物理属性分类。这里所说的品类并非基于销售管理或市场角度的品类，而是基于消费者心智对信息的归类。品类不是单纯的产品概念，也非单纯的传播概念，甚至也不是单纯的营销概念，而是一个几乎所有营销要素的集合，品类创新是企业创新和营销的集合。

心智就是人们过滤信息、接收信息、处理信息和存储信息的方式和空间。

经由时间的积累和口碑相传，人们对某些事物形成较为固定的评价和认知，这些认知中正面的部分称为"心智资源"。企业最大的资源不是人才，也不是人力资本，而是心智资源。

品类战略是从消费者的认知出发，寻找品类分化的机会，借助消费者心智运作规律，抢先占据心智资源，从而形成市场上的强势品牌。

在此基础上，阿尔·里斯和伙伴一起形成了全新的战略思想和方法——品类战略系统，提出企业通过把握趋势、创新品类、发展品类、主导品类建立强大品牌的思想。品类战略颠覆了传统品牌理论强调传播，以形象代品牌、以传播代品牌的误区，为企业创建品牌提供了切实有效的指引，品类战略思想和方法也是定位学派现今最高级的战略方法，被广泛使用于实战领域。

五、品类战略的策略

今天的营销，与其说是经营品牌不如说经营品类，与其说要推进一个品牌战略，不如说推进一个品类战略。而要取得品类战略的成功，要掌握以下四个要点。

（一）开创一个新品类

品牌是心智中代表品类的名字，因此创建一个品牌的第一选择就是开创一个品类。因为一旦你成为品类的开创者，你就具有先入为主的优势。

开创品类首先可以借助分化的趋势。特仑苏有什么重大的发明或者创新吗？这个不重要，重要的是它在普通牛奶市场中，分化并聚焦于高端牛奶市场，在此之前并非没有高价牛奶产品，而是没有一个独立的高端牛奶品类。

开创品类还可以利用现有优势，当一个具有前景的品类已经诞生，但还没有品牌在消费者心智中代表这个品类的时候，具有资源优势的企业就可以通过传播资源，抢先来占据这个品类。喜之郎后来推出"美好时光"海苔来抢占方便海苔品类，只是，情况已经不同了，四洲、力波等方便海苔的心智地位远比当初的金娃等牢固。

（二）使用独立的品牌

建立一个新的品类，就应该使用新的品牌，但是企业普遍认为利用现有的品牌可以有效使用品牌资产。事实并非如此，如果说使用新品牌意味着要从零开始建立认知的话，使用原有的品牌就是从负数开始，就好像修补房子远比重建房子困难一样，使用原有的品牌意味着要修补原来的认知，这是一个浩大的工程。

以生产中低档酒起家的全兴酒厂在推出超高端品牌"水井坊"的时候，不仅采用了独立的品牌，甚至还注册了独立的公司——水井坊酒业，完全避免了"水井坊"受全兴的负面影响。生产农用车起家的福田汽车推出的新品类——经济型微卡启用了一个全新的品牌名"时代"，这个品牌取得了空前的成功，最高时期占据了该品类 30% 的市场。

（三）界定一个合适的对手

营销竞争的本质是品类之争，新品类的市场通常来自老品类，界定了品类的"敌人"，也就确定了生意的来源。高档牛奶的市场来自哪里？可能是普通牛奶市场中的高端人群，也可能是其他高档早餐饮品，也可能二者都有，但必须确定一个阶段性的偏重。

不仅是新品类和新品牌，对于已经建立起地位的老品类和老品牌而言，也面临界定竞争对手的问题，否则，品类和品牌都将面临衰落的危险。露露杏仁露的对手是谁？是药饮还是果汁饮料还是牛奶？抑或凉茶类饮料？似乎不确定，真正进入没有对手的所谓"蓝海"并非好事，露露这个品牌面临的巨大而且紧迫的问题就是要结合产品特性和卖点给自己找到一个合适的竞争对手。

（四）推广品类而非品牌

一旦开创新品类，营销推广的焦点就是围绕新品类来展开，脉动在国内开创了维生素水品类，它几乎是乐百氏近年来最成功的品牌，在它成功之前，几乎没有进行过任何广告的宣传和推广，这个品牌风靡一时。

糟糕的是接下来的广告推广，主题是"时刻迎接挑战"，不知道它到底想说什么。脉动应该怎么做？应该宣传推广维生素水与其他的主流饮料，如纯净水和运动饮料甚至茶饮料相比有什么好处。也就是说做品类的推广而非品牌的推广，让更多的潜在竞争对手快速跟进。但是，大多数广告公司都不会接受这个建议和想法，因为在他们看来，这样做没有创意。或者会觉得诉求太理性而影响了品牌延展的空间。

【案例分析】

老板电器定位实例①

始创于 1979 年的老板电器，几十年来一直专注高端厨房电器，是迄今为止历史最悠久的专业厨房电器品牌。老板提供包括吸油烟机、家用灶具、消毒柜、烤箱、蒸汽炉、微波炉、洗碗机、净水器等厨房电器的整体解决方案。

老板和方太，作为中国厨房电器的两大领先品牌，长期以来，二者的销售额与销售量处于竞争胶着状态。为了进一步明确老板品牌在消费者心智中的差异化定位，以及拉开和竞争对手的差距，老板启动了新战略。

从功能与卖点看，老板电器多年来聚焦厨房电器，其中最显著的差异化产品品类是油烟机。在对消费者认知研究后发现：对于厨房油烟重的中国消费者来说，"吸力大不大"是选购吸油烟机时最重要的标准。

凭借在吸油烟机核心技术——大吸力方面的突破，老板创造出最适合中国厨房的大吸力油烟机。从而"大吸力"也成为消费者心智中对老板吸油烟机的最深刻的关键词。经过多年认知培育，老板油烟机在消费者中赢得了"大吸力"的口碑。大吸力油烟机在销售中也表现强劲：每卖出 10 台大吸力油烟机有 6 台是老板。由此老板品牌确立品牌定位：大吸力。

为推动定位执行，企业聚焦"老板"一个品牌，将"名气"作为特殊渠道品牌。在产品上，形成以吸油烟机品类为主导，推动吸油烟机和灶具成套购买。老板吸油烟机产品中的中式、欧式、近吸式、侧吸式、蝶形式等全线产品，全面告别"小吸力"，专做"大吸力"。为了使定位快速进入顾客心智，老板电器在终端演示大吸力试验。终端可视化演示使"大吸力"定位更易于被理解，强化认知，拉动了终端的销售。

经过近一年的战略调整与传播，2013 年，中怡康数据显示，老板电器在吸油烟机市场的零售量和零售额份额同时卫冕。吸油烟机销量冠军的光环效应也带动了灶具的销售，老板灶具也首次超越华帝，成为全国销量冠军。老板电器在《2013 年度报告》中提出三个目标（"三个30%"）。2014 年上半年，已经提前实现一个：吸油烟机销售量市场份额"超越主要竞争对手30%"的经营目标。

---

① 定位学习网，2018 年 5 月 16 日，《打造老板品牌大树》（有改动），作者：里斯品类战略.

通过聚焦"大吸力"，2015 年，老板电器共实现营业收入 45.43 亿元，同比增长 26.58%；净利润 8.3 亿元，同比增长 44.57%。公司主力产品零售量和零售额的增长均大幅超越行业平均增长幅度，吸油烟机全年出货量领先对手 30%。中怡康零售监测报告显示，截至 2015 年年底，公司主力产品吸油烟机零售量、零售额市场份额分别为 16.78%、24.84%，燃气灶零售量、零售额市场份额分别为 14.64%、21.61%，消毒柜零售额市场份额为 19.41%，均持续保持行业第一。

虽然老板品牌通过聚焦"大吸力"成为油烟机第一品牌，但由于老板品牌在灶具、消毒柜等厨房电器领域延伸，会透支老板品牌，也不利于灶具、消毒柜等独立品牌打造，给老板电器埋下品牌延伸隐患，应当采取多品牌战略，以促进企业长远发展。

第三节　计划

一、定义

在管理学中，计划具有两重含义，其一是计划工作，是指根据对组织外部环境与内部条件的分析，提出在未来一定时期内要达到的组织目标以及实现目标的方案途径。其二是计划形式，是指用文字和指标等形式所表述的组织以及组织内不同部门和不同成员，在未来一定时期内关于行动方向、内容和方式安排的管理事件。

6P 绩效管理体系的计划（P2）是基于定位（P1）理论或品类战略基础上的以公司年度聚焦的新品类或主导品类发展计划和发展目标为核心的公司年度计划目标。

二、计划的类型

计划的种类很多，可以按不同的标准进行分类。主要分类标准有计划的重要性、时间界限、明确性和抽象性等。但是依据这些分类标准进行划分，所得到的计划类型并不是相互独立的，而是密切联系的。比如，短期计划和长期计划，战略计划和作业计划等。

（一）按计划的重要性分

从计划的重要性程度上来看，可以将计划分为战略计划和作业计划。

应用于整体组织的，为组织设立总体目标和寻求组织在环境中的地位的计划，称为战略计划。规定总体目标如何实现的细节的计划称为作业计划。战略计划与作业计划在时间框架上、范围上和是否包含已知的一套组织目标方面是不同的。战略计划趋向于包含持久的时间间隔，通常为 5 年甚至更长，它们覆盖较宽的领域和不规定具体的细节。此外，战略计划的一个重要的任务是设立目标；而作业计划假定目标已经存在，只是提供实现目标的方法。

（二）按计划内容的明确性分

根据计划内容的明确性指标，可以将计划分具体性计划和指导性计划。

具体性计划具有明确规定的目标，不存在模棱两可的情况。比如，企业销售总监打算使企业销售额在未来 6 个月中增长 15%，他会制定明确的程序、预算方案以及日程进度表，这便是具体性计划。指导性计划只规定某些一般的方针和行动原则，给予行动者较大自由处置权，它指出重点但不把行动者限定在具体的目标上或特定的行动方案上。比如，一个增加销售额的具体计划可能规定未来 6 个月内销售额要增加 15%，而指导性计划则可能只规定未来 6 个月内销售额要增加 12% ~ 16%。相对于指导性计划而言，具体性计划虽然更易于执行、考核及控制，但缺少灵活性，它要求的明确性和可预见性条件往往很难满足。

（三）由抽象到具体分

哈罗德·孔茨（Harold Koontz）和海因·韦里克从抽象到具体，把计划划分为：目的或使命、目标、战略、政策、程序、规则、方案，以及预算。由于本书所讲的计划主要指公司层面的计划目标和计划任务，这里不再展开叙述。

三、计划程序

任何计划都要遵循一定的程序或步骤。一般来说小型计划比较简单，大型计划复杂些。本节所说的计划是在定位战略基础上的年度计划目标，其工作步骤包括以下内容：

（一）优选指标

在定位战略或中小企业未来几年聚焦的主导品类确立之后，为保证战略实施，中高层特别是董事会和高层要在内部运营上进行配称，特别是在绩效管理上要练内功。这就要求在公司高层在战略研究分析基础上，优选出达成战略目标所要关注的关键绩效指标，如上节中所述案例主导品类（大吸力油烟机）市场占有率，企业未来几年主导品类（大吸力油烟机）产量，大吸力油烟机品牌、研发及销售人员等关键人才的引进和流失率，大吸力油烟机品牌营销推广预算及其执行情况，非主导品类取舍情况以及为实现中长期战略需要完成的年度重点工作（全面预算、客户关系管理系统开发上线）等。

优选指标，对做好计划目标工作十分关键。企业未来几年战略定位及其愿景规划的达成是我们制订计划目标的前提。

（二）确定目标

计划的第二个步骤是在优选指标的基础上，为整个组织（中小企业）及其所属的下级单位确定年度目标（指标目标值），目标是指期望达到的成果，它为组织整体、各部门和各成员指明了方向，描绘了组织未来的状况，并且作为标准可用来衡量实际的绩效，具体到企业即是各关键指标的年度目标值。计划的主要任务，就是明确组织目标，并把目标进行层层分解，以便落实到各个部门、各个活动环节，形成组织的目标结构，包括目标的时间结构和空间结构。而中小企业计划则是在定位基础上更多地关注企业层面的目标及其有效分解到各部门和各岗位中去。

（三）确定前提条件

所谓计划（包括定量和定性目标任务）的前提条件就是计划工作的假设条件，简言之，即计划实施时的预期环境。负责计划制订和监督考核工作的人员对计划前提了解得越细、越透彻，并能始终如一地运用它，则计划目标和任务也将做得越协调，完成得越好。

按照组织的内外环境，可以将计划工作的前提条件分为外部前提条件和内部前提条件；还可以按可控程度，将计划工作前提条件分为不可控的、部分可控的和可控的三种前提条件。外部前提条件大多为不可控的和部分可控的，而内部前提条件大多数是可控的。不可控的前提条件越多，不肯定性越大，就越需要通过预测工作确定其发生的概率和影响程度的大小。

（四）评估计划

在计划目标、任务、前提条件初步明确以后，公司高层要组织有关人员对计划进行讨论，并把各方面意见及建议进行汇总，然后由公司中高层依据定位战略和使命愿景以及公司前三年计划目标完成情况，逐项进行讨论确定，特别是具体考核指标、年度目标值的确定，同时还要对完成计划目标的措施也要予以明确，保证评估后的计划目标具有较强的可操作性。

评估计划要注意考虑以下几点：第一，认真考察每一个计划的制约因素和隐患；第二，要用总体的效益观点来衡量计划；第三，既要考虑到每一个计划有形的可以用数量表示出来的因素，又要考虑到无形的、不能用数量表示出来的因素；第四，要动态地考察计划的效果，不仅要考虑计划执行所带来的利益，还要考虑计划执行所带来的损失，特别注意那些潜在的、间接的损失。

（五）计划的分解和实施

计划的第五步是计划的分解和实施。公司层面的计划需要层层分解到各岗位和对应的员工方为有效。比如，老板电器年初制订了"当年大吸力油烟机销售量比去年增长30%"的销售计划，与这一计划相连的有许多计划，如筹集资金计划、采购计划、生产计划、宣传推广计划、招聘培训计划等。这些派生计划涉及财务、采购、生产、储运、品牌推广、人力资源、后勤保障等部门，需要各部门做好相应的配套工作计划才能保证公司层面计划目标的实现。

计划经过讨论确定后，要把计划下达到各部门和岗位，并要组织宣贯，让公司全体员工了解熟悉公司年度计划的具体内容和各部门、各岗位所需承担的目标任务，并逐月分解到各部门、各岗位，同时要明确相应的计划目标监督考核部门和人员，实时了解掌握计划目标和任务完成进度，督促解决工作中存在的问题，并逐月对计划完成情况进行考核，确保计划圆满完成。

（六）计划的改进

在计划实施后，计划工作的最后一步就是通过考核发现计划工作的问题和差距，并根据考核结果对计划进行修正。年度计划在年初试运行1—3个月后，发现战略环境和内部条件发生变化时，要进行及时修订。随着时间推移，年度计划每年都要根据竞争对手状况和上一年度计划完成情况对计划内容和计划目标进行调整，确保定位战略目标的如期实现。

第四节　岗位职责

一、定义

岗位职责是指一个岗位所要求的需要去完成的工作内容以及应当承担的责任范围。岗位，是组织为完成某项任务而确立的，由工种、职务、职称和等级内容组成。职责，是职务与责任的统一，由授权范围和相应的责任两部分组成。岗位责任制定的主要依据是公司的定位战略和部门职责的分解。

二、制定原则

第一，与公司战略和部门职责一致性原则。要让员工自己真正明白岗位设置的真正目的是为了履行公司使命、愿景和定位战略。因此，公司每一个岗位的设置、职责的明确都是服务于履行公司使命、价值观和战略的。

第二，岗位职责制定要体现经济性和胜任力原则。特别是中小企业在岗位设置和制定岗位职责时，要考虑一个岗位尽可能包含多项工作内容，以便尽可能减少不必要的人工成本，发挥岗位上的员工由于长期从事单一型工作而被埋没了个人的其他才能。丰富的岗位职责内容，可以促使一个多面手的员工充分的发挥各种技能，也会收到激励员工主动积极工作的意愿的效果。但岗位职责的确定还要结合履行该岗位职责员工的能力来设定，过多的无法胜任的责任会给企业带来不必要的损失，也影响员工的积极性。

第三，在企业人力资源允许的情况下，可在有些岗位职责里设定针对在固定期间内出色完成既定任务之后，可以获得转换到其他岗位工作的权利。通过工作岗位转换，丰富了企业员工整体的知识领域和操作技能，同时也营造企业各岗位员工之间和谐融洽的企业文化氛围。

三、构建方法及步骤

需要说明的是，企业在构建岗位职责时，也要基于定位战略或打造新品类的基础上来进行，确保岗位职责履行的同时，实现打造品牌的目标。具体构建方法有如下两种：

（一）下行法

下行法是一种基于组织战略，并以流程为依托进行工作职责分解的系统方法。具体来说，就是通过战略分解得到职责的具体内容，然后通过流程分析来界定在这些职责中，该职位应该扮演什么样的角色，应该拥有什么样的权限。具体步骤有四步：第一步，确定职位目的；第二步，分解关键成果领域；第三步，确定职责目标；第四步，确定工作职责。

（二）上行法

上行法与下行法在分析思路上正好相反，它是一种自下而上的"归纳法"。具体说，就是从工作要素出发，通过对基础性的工作活动进行逻辑上的归类，形成工作任务，并进一步根据工作任务的归类，得到职责描述。虽然上行法较下行法来说不是一种特别系统的分解方法，但在实际工作中更为实用、更具操作性。具体步骤有五步：第一步，罗列和归并基础性的工作活动（工作要素），并据此明确列举出必须执行的任务；第二步，指出每项工作任务的目的或目标；第三步，分析工作任务并归并相关任务；第四步，简要描述各部分的主要职责；第五步，把各项职责对照职位的工作目的，完善职责描述。

第五节　薪酬设计

一、定义

薪酬是指员工因被雇用而获得的各种形式的经济收入、有形服务和福利。薪酬的实质是一种公平的交易或交换关系，是员工在向单位让渡其劳动或劳务使用权后获得的报偿。

薪酬设计是建立现代薪酬管理制度的前提和重要组成部分，是企业人力资源管理中最核心的内容之一，关系到企业的经营管理以及长远的发展。本节所说的薪酬设计是根据6P绩效管理体系的总要求，结合绩效考核的结果，对员工薪资结构、绩效挂钩比例和绩效兑现比例的重新调整和规定。

二、薪酬设计的原则

企业设计薪酬时必须遵循一定的原则，这些原则包括战略导向、经济性、体现员工价值、激励作用、相对公平、外部竞争性等。

（一）战略导向原则

战略导向原则强调企业设计薪酬时必须从企业定位战略的角度进行分析，制定的薪酬政策和制度必须体现企业定位战略的要求。企业的薪酬不仅仅只是一种制度，它更是一种机制，合理的薪酬制度驱动和鞭策那些有利于企业定位的战略因素成长和提高，同时使那些不利于企业定位的战略因素得到有效的遏制、消退和淘汰。因此，企业设计薪酬时，必须从战略的角度进行分析，哪些因素重要，哪些因素不重要，并通过一定的价值标准，给予这些因素一定的权重，同时确定它们的价值分配即薪酬标准。

（二）经济性原则

薪酬设计的经济性原则强调企业设计薪酬时必须充分考虑企业自身发展的特点和支付能力。它包括两个方面的含义，短期来看，企业特别是中小企业的销售收入扣除各项非人工（人力资源）费用和成本后，要能够支付起企业所有员工的薪酬；从长期来看，企业在支付所有员工的薪酬及补偿所用非人工费用和成本后，要有盈余，这样才能支撑企业追加和扩大投资，获得企业的可持续发展。

（三）体现员工价值原则

现代的人力资源管理必须解决企业的三大基本矛盾，即人力资源管理与企业战略之间的矛盾、企业发展与员工发展之间的矛盾和员工创造与员工待遇之间的矛盾。因此，企业在设计薪酬时，必须要能充分体现员工的价值，要使员工的发展与企业的发展充分协调起来，保持员工创造与员工待遇（价值创造与价值分配）之间短期和长期的平衡。这也间接体现绩效管理平衡原理。

（四）激励作用原则

在企业开展绩效管理设计薪酬时，同样是10万元薪酬，不同的部门、不同的市场、不同的企业发展阶段支付给不同的员工，一种方式是发4万元的工资和6万元的绩效奖金，另一种方式是发6万元的工资和4万元的绩效奖金，激励效果完全是不一样的。激励作用原则就是强调企业在设计薪酬时必须充分考虑薪酬的激励作用，即薪酬的激励效果。这里涉及企业薪酬（人力资源投入）与激励效果（产出）之间的比例代数关系，企业在设计薪酬策略时要充分考虑各种因素，使薪酬的支付获得最大的激励效果。

（五）相对公平（内部一致性）原则

内部一致性原则是斯密公平理论在薪酬设计中的运用，它强调企业在设计薪酬时要"一碗水端平"。内部一致性原则包含几个方面。一是横向公平，即企业所有员工之间的薪酬标准、尺度应该是一致的。二是纵向公平，即企业设计薪酬时必须考虑到历史的延续性，一个员工过去的投入产出比和现在乃至将来都应该基本上是一致的，而且还应该是有所增长的。这里涉及一个工资刚性的问题，即一个企业发给员工的工资水平在正常情况下只能看涨，不能看跌，否则会引起员工很大的不满。三是外部公平，即企业的薪酬设计与同行业的同类人才相比具有一致性。

（六）外部竞争性原则

外部竞争性原则前文已经提到过，它强调企业在开展绩效管理进而设计薪酬时必须考虑到同行业薪酬市场的薪酬水平和竞争对手的薪酬水平，保证企业的薪酬水平在市场上具有一定的竞争力，能充分地吸引和留住企业发展所需的战略、关键性人才。

三、薪酬设计的步骤

在做绩效管理时，薪酬设计的要点，在于战略目标的达成和"对内具有公平性，对外具有竞争力"。要使绩效管理不断深化，必须对薪酬体系进行重新设计。设计与绩效考核结果相匹配的薪酬体系和薪酬制度，一般要经历以下几个步骤：

第一步：职位分析

职位分析是确定薪酬的基础。结合公司定位战略和经营计划目标，公司管理层要在业务分析和人员分析的基础上，明确部门职能和职位关系，人力资源部和各部门主管合作编写岗位职责或职位说明书。

第二步：职位评价

职位评价（职位评估）重在解决薪酬的对内公平性问题。它有两个目的，一是比较企业内部各个职位的相对重要性（特别是对定位战略目标的实现），得出职位等级序列；二是为进行薪酬调查建立统一的职位评估标准，消除不同公司间由于职位名称不同、或即使职位名称相同但实际工作要求和工作内容不同所导致的职位难度差异，使不同职位之间具有可比性，为确保工资的公平性奠定基础。它是职位分析的自然结果，同时又以职位说明书为依据。

科学的职位评价体系是通过综合评价各方面因素得出工资级别，而不是简单地与职务挂钩。比如，高级研发工程师并不一定比技术研发部经理的等级低。前者注重于技术难度与创新能力，后者注重于管理难度与综合能力，二者各有所长。

大型企业的职位等级有的达到21级以上，中小企业多采用11~15级。国际上有一种趋势是减级增距（Broadbanding），即企业内的职位等级正逐渐减少，而工资级差变得更大。

第三步：薪酬调查

薪酬调查重在解决薪酬的对外竞争力问题。企业在确定工资水平时，需要参考劳动力市场的工资水平，特别是竞争对手的工资水平。公司可以委托比较专业的咨询公司进行这方面的调查。一些民营的薪酬调查机构正在兴起，但调查数据的取样和职位定义都还有待完善。

薪酬调查的对象，最好是选择与自己有竞争关系的公司或同行业的类似公司，重点考虑员工的流失去向和招聘来源。薪酬调查的数据，要有上年度的薪资增长状况、不同薪酬结构对比、不同职位和不同级别的职位薪酬数据、奖金和福利状况、长期激励措施以及未来薪酬走势分析等。

薪酬调查的结果，是根据调查数据绘制的薪酬曲线。在"职位等级—工资等级"坐标图上，首先标出所有被调查公司的员工所处的点，然后整理出各公司的工资曲线。从这个图上可以直观地反映某家公司的薪酬水平与同行业相比处于什么位置。

第四步：薪酬定位

在分析同行业的薪酬数据后，需要做的是根据企业状况选用不同的薪酬水平。

影响公司薪酬水平的因素有多种。从公司外部看，国家的宏观经济、通货膨胀、行业特点和行业竞争、人才供应状况甚至外币汇率的变化，都对薪酬定位和工资增长水平有不同程度的影响。在公司内部，盈利能力、支付能力、人员的素质要求是决定薪酬水平的关键因素。企业发展阶段、人才稀缺度、招聘难度、公司的市场品牌和综合实力，也是重要影响因素。

同产品定位相似的是，在薪酬定位上，企业可以选择领先策略或跟随策略。薪酬上的领头羊未必是品牌影响力大的公司，因为品牌影响力大的公司可以依靠其综合优势，不必花费最高的工资也可能找到最好的人才。往往是那些后起之秀最易采用高薪策略。它们多处在创业初期或快速上升期，投资者愿意用金钱买时间，希望通过挖到一流人才来快速拉近与巨头公司的差距。

第五步：薪酬结构设计

报酬观反映了企业的分配哲学，即依据什么原则确定员工的薪酬。不同的公司有不同的报酬观。有的甚至制定了"人才基本法"，把报酬观列入"公司宪法"中。新兴中小企业的薪酬措施往往不同于成熟的企业。

职位工资由职位等级决定，它是一个人工资高低的主要决定因素。职位工资是一个区间，而不是一个点。企业可以从薪酬调查中选择一些数据作为这个区间的中点，然后根据这个中点确定每一职位等级的上限和下限。例如，在某一职位等级中，上限可以高于中点 15%，下限可以低于中点 15%。

相同职位上不同的任职者由于在技能、经验、资源占有、工作效率、历史贡献等方面存在差异，导致他们对公司的贡献并不相同（由于绩效考核存在局限性，这种贡献不可能被完全量化体现出来），因此技能工资有差异。所以，同一等级内的任职者，基本工资未必相同。如上所述，在同一职位等级内，根据职位工资的中点设置一个上下的工资变化区间，就是用来体现技能工资的差异。这就增加了工资变动的灵活性，使员工在不变动职位的情况下，随着技能的提升、经验的增加而在同一职位等级内逐步提升工资等级。

绩效工资是对员工完成业务目标而进行的奖励，即薪酬必须与员工为企业所创造的经济价值相联系。绩效工资可以是短期性的，如销售奖金、项目浮动奖金、年度奖励，也可以是长期性的，如股份、期权等。此部分薪酬的确定与公司的绩效评估制度密切相关。

综合起来说，确定职位工资，需要对职位做评估；确定技能工资，需要对人员资历做评估；确定绩效工资，需要对工作表现做评估；确定公司的整体薪酬水平，需要对公司盈利能力、支付能力做评估。每一种评估都需要一套程序和办法。所以说，薪酬体系设计是一个系统工程。

不论工资结构设计得怎样完美，一般总会有少数人的工资低于最低限或高于最高限。对此可以在绩效考核以及年度薪酬调整时进行纠偏，如对前者加大提薪比例，而对后者则少调甚至不调等。

第六步：薪酬体系的实施和修正

在确定薪酬调整比例特别是绩效工资比例时，要对总体薪酬水平和绩效工资水平做出准确的预算。目前，大多数企业是财务部门在做此测算。笔者的建议是，为准确起见，最好同时由人力资源部协助做此测算。因为财务部门并不清楚具体工资数据和人员变动情况。人力资源部需要建好工资台账，并设计一套比较好的测算方法。

在制定和实施薪酬体系过程中，及时的沟通、必要的宣传或培训是保证薪酬改革成功的因素之一。从本质意义上讲，劳动报酬是对人力资源成本与员工需求之间进行权衡的结果。世界上不存在绝对公平的薪酬方式，只存在员工是否满意的薪酬制度。人力资源部可以利用薪酬设计问答、员工座谈会、满意度调查、内部刊物甚至 BBS 论坛等形式，充分介绍公司的薪酬设计和修订依据。

为提升公司绩效，保证绩效管理持续优化，中小企业都对薪酬的定期调整和优化做了规定。

第六节　晋升通道

一、定义

晋升是指企业员工由原来的岗位上升到另一个较高的岗位直至成为企业合伙人的过程。

晋升通道指企业员工从对应的最低岗位升到相应的最高岗位的整个路径。晋升通道，又称职业通道，指一个员工的职业发展计划。对企业来说，可以让企业更加了解员工的潜能；对员工来说，可以让员工更加专注于自身未来的发展方向并为之努力。这一职业发展计划要求员工、主管、人力资源部门以及老板共同参与制定。员工提出自身的兴趣与倾向，主管对员工的工作表现进行评估，人力资源部门则负责评估其未来的发展可能。

二、晋升通道的作用

就中小企业来看，晋升通道有以下四方面作用：

第一，作为员工职业发展的方向，对留住人才起到一定的积极作用；

第二，作为绩效考核结果应用的正激励的工具；

第三，可以激励员工开发自我，提升自我的绩效；

第四，可以使企业员工队伍保持活力。

三、晋升机制类别

国内外现有的三种晋升机制分别为：

（一）基于年资的晋升机制

基于年资（也称年功）的晋升是将工作人员参加工作的时间长短和资格的深浅作为晋升的主要标准。一个员工即便能力、绩效再好，如果年资不够或之前有更资深的人，也还是无法获得晋升，这在日本颇为普遍。其理论依据是工作人员的业务能力水平、技术熟练程度、对本单位所做的贡献都与工作年限成正比。因此，工资应逐年增加也越应该得到晋升的机会。在日本新员工进入企业后，在他以后的职业生涯中工资待遇是按照资历逐年上升，在干部提拔使用和晋升制度中也规定了必须具备的资历条件，达不到规定的资历就不具备成为晋升候选人的条件。

年资晋升制的优点是：标准明确，简单易行，可以避免由于领导者个人的好恶或亲疏而产生的晋升不当现象，给工作人员安全保障感。所以，现在仍有一些企业在采用这种方式。但是它也有缺点：其一，年资与工作成绩及能力并不一定成正比，资历只表明人的经历的一般自然情况，它只是一个时间指数的笼统概念。正常的情况是经历越长的，人生的经验越丰富，但归根到底，资历本身不是才能与贡献的象征，当然，它也就不能成为衡量才能大小、智慧高低的唯一标尺。因此，根据年资选拔的晋升者，不论从工作成绩上看，还是从能力上看，都未必是最佳人选；其二，年资晋升既不利于吸收外单位的人才，也无助于留住本单位的人才，它还会造成不求无功、但求无过、坐熬年头的消极心理。

（二）基于绩效的晋升机制

基于绩效的晋升是指将员工在现任岗位上的工作表现和绩效产出作为晋升的主要标准。它也是本书所重点关注的内容。"基于绩效的晋升"隐含的一个判断是一个人在目前的工作岗位上成绩突出，那么他一定会在更高的岗位上有所成就。应该说，如果工作责任、工作方式、工作内容不变，那么这一假设是有其合理性的。因为此时的成绩代表了他的知识水平、业务能力及工作态度，这是他未来取得成功的必备因素，技术领域尤为显著。但管理工作与一般技术性工作不同，职位的晋升意味着管理层次的升高，而不同层次的管理者处理问题的重点不同，对人的技能要求也不同。如基层管理者要求专业技术能力，中层管理者要求沟通能力，高层管理者强调决策能力。因此，当根据"基于绩效的晋升"的传统假设，将一位技术专家由基层管理者的位置提拔到高层管理岗位时，除了体现对成绩突出者的肯定和认可外，在为企业高职位配备合格人才方面却可能是无效率的。这种提升常常是以牺牲管理效率为代价的。基于绩效的晋升机制可能导致以下问题：

1. 导致员工出现短期行为

基于绩效的晋升机制可能导致短期和本位主义行为，实际上这是一个主要由绩效评估体系不完善所引发的问题。"基于绩效的晋升"本身要求绩效评价是全面、客观和科学的，但现有的绩效评估手段和方法却难以达到这一要求。特别是在对无形绩效和远期绩效的评估方面，更是存在明显不足，这就导致测得绩效与实际绩效之间存在较大差距。根据委托—代理关系，由于劳资双方存在明显的非对称信息，企业只能在事后观察才能获得员工的才能、知识、业绩及人品这些对晋升很重要的信息。在难以或无法对远期行为进行有效评估的情况下，晋升所基于的只能是观测到的已完成绩效，这样的制度安排常常不可避免地导致一系列后果，如组织成员只注重部门的短期成果，忽视长期发展；各部门只考虑部门内部利益，忽略了整体效益；部门与部门之间缺乏沟通和配合，组织成员个人自利化选择的结果将可能导致组织总体价值受损。

2. 晋升员工可能无法胜任高一层级的职位

根据赫兹伯格（Herzberg）的双因素理论，晋升属于激励因素，能使员工获得满意感，但"彼得陷阱"的存在使基于绩效的晋升激励作用会有所削减。彼得（Peter L.）发现，"在层级组织里，每个人都会由原本能胜任的职位，晋升到他无法胜任的职位，无论任何阶层中的任何人，或迟或早都将有同样的遭遇"。员工因为在原来的职位干得好而得以提升，并不表明他在高一层级的职位上同样可以成为出色的员工。若员工仍然占据不能胜任的职位，必然会出现失落感和压抑感增强，满意度下降的现象；而其下属面对一位即使品格高却领导素质提升无望的上司，同样会感到不满，工作缺乏动力，工作绩效下降；对整个组织来说，顾客不满，员工士气低落，生产率降低也是不可避免的。若员工放弃高一层级职位，即降职回归本位，那么员工的自尊心会受到极大伤害，没有人愿意体会降职的痛苦。所以，来自个人、下属和组织三方面的压力使员工通常选择离职，到市场上重新寻找合适的职位。

3. 与员工职业愿景相背离

根据马斯洛（Maslow）的需求层次理论，随着社会经济的发展人们不再将职业仅仅看作是生活保障的基础，而更多的期望是从自身的职业中，获得一种社交、自尊甚至是更高层次的自我实现的满足感，体会到工作中蕴涵的价值。每位员工都会对自己的职位有一个定位，都有心目中的职业通道，但晋升的现实情况往往与员工的职业愿景不符。如果一名技术人员拥有娴熟的技术，企业不考虑员工是否希望在技术领域内继续深入研究，而单方面将其调至管理系列职位上，这样就很容易出现背离员工职业愿景的情况。员工不能从企业提供的晋升职位中体会到工作的意义，对工作产生不满情绪，于是员工的离职动机就会产生。而员工对工作是否满意在很大程度上决定了员工是否流动。

（三）基于人际关系的晋升机制

人际关系是指晋升候选人与领导和同事的亲密程度。基于人际关系的晋升是指将员工与领导和同事的亲密程度作为晋升的主要标准。美国学者鲁德曼、奥勒特和克雷姆等人指出，企业内部关系网会影响企业的晋升决策。员工关系网中职位较高的成员会向晋升决策者传递各种对晋升候选人有利的信息。

与绩效评估、奖励或薪酬分配等管理决策相比，职务晋升通常不是企业的常规性决策，不少企业缺乏明确的职务晋升标准与规范的晋升制度，企业领导往往根据晋升候选人过去的工作业绩和能力，判断他们今后的业绩和能力。而这类判断往往是企业领导的一种主观判断，并没有明确的客观标准。因此，非制度因素成为影响企业晋升决策的主要因素。在非制度因素中，企业内部的人际关系因素往往会对企业的职务晋升决策工作产生极大的影响。企业领导往往会晋升自己的亲近者。于公，企业领导晋升自己亲近的员工，双方关系比较融洽，沟通比较容易，今后更能在工作中相互合作；于私，企业领导提拔自己亲近的员工，可进一步增强双方的关系，今后更可能得到对方的回报。此外，企业领导还会考虑晋升候选人与同事的关系，特别是在国有企业中晋升者有良好的群众基础，即良好的同事关系，以后就更容易开展工作。因此，员工的人际关系越好，就越可能晋升职务。

根据组织公正性理论，晋升决策中的交往公正性是指领导是否能公正地对待每个候选人，给每个人平等的竞争机会。如果员工觉得领导有意偏护自己亲近的员工，将自己亲近的员工升到管理岗位，那么这种晋升不仅公信力较低而且会引起员工的不满意和不公平感。

通过以上分析表明，现有的三种主要的晋升机制在一定程度上都无法客观、公正、公平地评价员工的综合素质，影响了晋升的准确性，使员工和企业都遭受了一定的损失。实践中，只有坚持基于绩效的晋升机制为主，参考员工的年功资历，综合评估员工胜任资格、能力等因素，来设计员工的晋升通道可能才是中小企业合理而又科学的晋升机制。

四、晋升程序

中小企业晋升程序一般有以下几个步骤：

第一，部门主管根据绩效考核结果提出晋升申请；

第二，人力资源管理部门根据晋升相关制度进行审核，平衡各部门提出的晋升申请；

第三，人力资源部门提交岗位空缺报告，并向决策层提交晋升报告；

第四，综合绩效、员工技能和任职资格要求，企业决策层（一般为晋升领导小组或总经理办公室）评估确定合适的晋升对象；

第五，人力资源部进行公示，公示无异议后正式实施。

第七节　绩效考核

一、定义

绩效考核指企业在既定的定位战略或品类战略目标下，运用特定的标准和指标，对员工的工作行为及取得的工作业绩进行评估，并运用评估的结果对员工将来的工作行为和工作业绩产生正面引导的过程和方法。

绩效考核是一个不断制订计划、执行、检查、处理的 PDCA 循环过程，体现在整个绩效管理环节，包括绩效目标设定、绩效要求达成、绩效实施修正、绩效面谈、绩效改进、再制定目标的循环，这也是一个不断地发现问题、改进问题的过程。

二、绩效考核的原则

（一）公平原则

公平是确立和推行人员考绩制度的前提。不公平，就不可能发挥考绩应有的作用。

（二）严格原则

考绩不严格，就会流于形式，形同虚设。考绩不严，不仅不能全面地反映工作人员的真实情况，而且还会产生消极的后果。考绩的严格性包括：要有明确的考核标准；要有严肃认真的考核态度；要有严格的考核制度与科学而严格的程序及方法等。

（三）单头考评的原则

对各级职工的考评，都必须由被考评者的"直接上级"进行。直接上级相对来说最了解被考评者的实际工作表现（成绩、能力、适应性），也最有可能反映真实情况。间接上级（即上级的上级）对直接上级做出的考评评语，不应当擅自修改。这并不排除间接上级对考评结果的调整修正作用。单头考评明确了考评责任所在，并且使考评系统与组织指挥系统取得一致，更有利于加强经营组织的指挥机能。

（四）结果公开原则

考绩的结论应对本人公开，这是保证考绩民主的重要手段。这样做，一方面，可以使被考核者了解自己的优点和缺点、长处和短处，从而使考核成绩好的人再接再厉，继续保持先进；也可以使考核成绩不好的人心悦诚服，奋起上进。另一方面，还有助于防止考绩中可能出现的偏见以及种种误差，以保证考核的公平与合理。

（五）结合奖惩原则

依据考绩的结果，应根据工作成绩的大小、好坏，有赏有罚，有升有降，而且这种赏罚、升降不仅与精神激励相联系，而且还必须通过绩效工资、奖金等方式同物质利益相联系，这样才能达到考绩的真正目的。

（六）客观考评的原则

绩效考评应当根据明确规定的考评标准，针对客观考评资料进行评价，尽量避免渗入主观性和感情色彩。

（七）反馈的原则

考评的结果（评语）一定要反馈给被考评者本人，否则就起不到考评的教育作用。在反馈考评结果的同时，应当向被考评者就评语进行说明解释，肯定成绩和进步，说明不足之处，提供今后努力的参考意见等。

（八）差别的原则

考核的等级之间应当有鲜明的差别界限，针对不同的考评评语在工资、晋升、使用等方面应体现明显差别，鼓励职工的上进心。

（九）信息对称的原则

凡是信息对称，容易被监督的工作，适合用绩效考核。凡是信息不对称，不容易被监督的工作，适合用股权激励。

三、绩效考核的内容

中小企业绩效考核具体包括四个方面：一是计划的考核；二是部门绩效考核；三是岗位职责考核；四是文化、态度、能力的综合评估。对小微企业来说，可以不对部门绩效进行考核，直接考核公司层面计划目标、关键岗位岗位职责，以及员工个人态度能力的综合评估三方面。

（一）计划考核内容

中小企业公司层面的计划考核，也称公司绩效考核或称组织绩效考核，主要考核关键绩效指标和年度重点工作完成情况，也可按照平衡计分卡的要求进行考核，财务方面考核利润、货款回笼率，客户方面考核满意度、主导品类产品市场占有率，内部运营考核主导品类产量、优等品率、客诉损失以及重点工作完成率，学习与成长方面考核培训计划完成率、关键岗位员工流失率等。也可在公司层面直接设计8—12个关键指标进行考核。

（二）部门绩效考核内容

部门绩效考核内容包括公司层面计划分解到本部门年度、月度计划目标工作完成情况、部门关键绩效指标完成情况。如销售部门考核年度、月度销售计划完成率、货款回笼及时率、主导品类产品老客户销售增长率、新客户开发个数、销售合同履约率、销售毛利率、费用控制率、培训计划完成率、大客户流失率等。

（三）岗位职责考核内容

岗位职责考核主要内容为公司及部门计划分解指标、岗位主要关键绩效指标、个人月度、周工作计划完成情况三个方面。岗位考核以岗位职责为重点，是中小企业绩效考核的重点之一。

（四）综合评估内容

综合评估包括对部门团队、岗位个人两个层次的评估。部门团队的综合评估既是对部门职责履行情况的尽可能全面反映，也是对各部门因指标设计和目标值设计不合理的平衡，因此，在实施考核前几年尤为必要，特别是职能参谋部门，考核指标难以量化，综合评估权重可适当加大，具体评估内容可包括跨部门工作配合、团队协作等。岗位个人的综合评估可从企业文化适应性、能力和态度三方面进行评估，考评人以直接上级为主，各级上级以及内部客户也可占一定的权重，以全面反映个人的综合绩效。

四、绩效考核的流程

中小企业在正式开展绩效考核前，一般需要对公司的定位战略进行梳理，明确公司的使命、价值观、愿景和定位，制订公司的品类发展规划和年度计划目标，一次分解到部门和各岗位，并进一步明确各部门及各岗位职责。在公司定位和职责明确后，绩效考核具体流程如下：

（1）根据公司战略定位，优化组织结构，必要时进行定岗定编；

（2）成立公司内部考核小组，协助咨询团队开展详细的部门及岗位职责描述及对职工的合理培训；

（3）提炼部门及岗位关键绩效指标，尽量将工作量化；

（4）优化薪酬设计，设计晋升通路，为考核兑现做准备，保证考核实施；

（5）对考核内容进行分类，明确计划、部门、岗位考核以及综合评估的目的和意义；

（6）明确工作目标和工作职责；

（7）给每项考核指标确定明确的评分标准，或给每项内容细化出一些具体的档次，每个档次对应一个分数，每个档次要给予文字的描述以统一标准；

（8）设计综合评估方案，从工作的态度、能力等几个方面进行评价；

（9）建立申诉机制，给员工申诉的机会。

本章小结

6P绩效管理体系是本书针对中小企业设计打造的一款科学的绩效产品。它是笔者在十几年中小企业管理咨询实践中总结提炼出来的行之有效的提升企业绩效的方法体系，是中小企业成长和成功的重要秘籍。"潘氏绩效亭"直观地体现了6P绩效管理六大工具（定位、计划、岗位职责、薪酬设计、晋升通道、绩效考核）之间的内在联系，它是中小企业6P绩效管理体系形象化的视觉再现，它对6P绩效管理体系在中小企业快速传播必将起到应有的促进作用。

第三篇 03

中小企业绩效
管理路径图

第六章

中小企业绩效管理路径图解析

第一节　中小企业绩效管理路径图图示

一、路径图背景

中小企业绩效管理路径图的绘制起源于中小企业在当前一段时间累积的影响企业绩效的八大问题：一是企业缺少拳头产品，产品同质化严重；二是好卖的产品没利润，有利润的产品没销量；三是企业和员工没计划没目标，公司领导无法监督；四是干部员工职责不明确，经常扯皮；五是员工流失率超10%，一年一换血；六是老板忙得团团转，干部闲得没事干；七是订单交货不及时，品质不稳定；八是干好干坏区别不大，员工没奔头。这八大问题的产生，既是中小企业管理不规范绩效管理缺失所致，也是媒体爆炸和信息爆炸给我国中小企业带来冲击的必然结果。

二、路径图内容

中小企业绩效管理八大问题的出现，为路径图的设计提供了依据、方法和原理。为解决绩效管理中出现的问题，笔者在多年的中小企业绩效管理实践中总结了中小企业绩效管理模型并设计了成功实施绩效管理的六大工具，以及推进绩效管理的七大步骤和需关注的五个环节。为确保6P绩效管理体系在中小企业成功实施，笔者又对6P绩效管理体系的四大特点进行了提炼总结，并进一步明确成功实施6P绩效管理体系的三大保障系统。而一大原理和两大定律，则是笔者在中小企业6P绩效管理体系多年成功实践中总结发现的绩效管理规律，它是指导我国中小企业开展绩效管理实践的制胜法宝。中小企业绩效管理路径图如下图6-1所示。

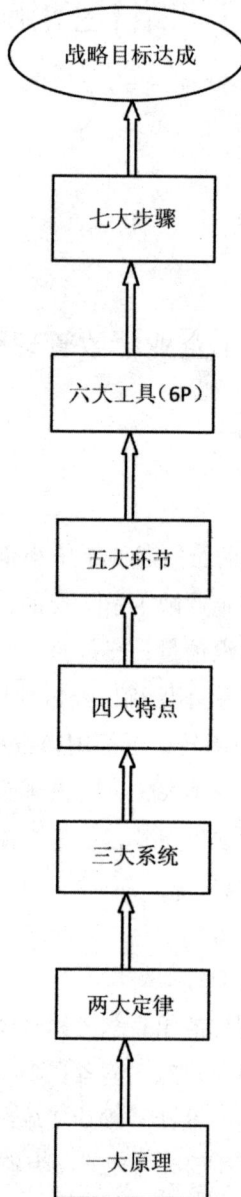

```
        ┌─────────────┐
        │  战略目标达成  │
        └─────────────┘
              ↑
        ┌─────────────┐
        │   七大步骤    │
        └─────────────┘
              ↑
        ┌─────────────┐
        │  六大工具(6P) │
        └─────────────┘
              ↑
        ┌─────────────┐
        │   五大环节    │
        └─────────────┘
              ↑
        ┌─────────────┐
        │   四大特点    │
        └─────────────┘
              ↑
        ┌─────────────┐
        │   三大系统    │
        └─────────────┘
              ↑
        ┌─────────────┐
        │   两大定律    │
        └─────────────┘
              ↑
        ┌─────────────┐
        │   一大原理    │
        └─────────────┘
```

图6-1　中小企业绩效管理路径图

中小企业绩效管理的七大步骤为：确立使命愿景，明确企业定位及其相应战略；优化组织结构，明确职责分工；结合年度计划目标，确定关键岗位和关键指标；加强指标目标沟通，确定评估标准和周期；绩效考核方案商讨制订，考核实施；明确绩效总体方案，设计薪酬和晋升方案；考核结果兑现。中小企业绩效管理六大工具分别为定位、计划、岗位职责、薪酬设计、晋升通道、绩效考核（详见第五章）。五大环节为明确定位、绩效计划、绩效沟通、绩效评估、绩效结果运用（详见第八章）；四大特点为战略性、协作性、差异性、系统性；三大系统为战略系统、预算系统、信息系统（详见第七章）；两大定律为品牌定律和员工定律；一大原理为平衡绩效管理原理。

第二节　中小企业绩效管理路径图剖析

一、一大原理

BPM 原理即平衡绩效管理原理，平衡绩效管理是企业利用有限的资源为实现预期的绩效目标而进行的以人为中心的协调活动。中小企业平衡绩效管理的三个层次分别由基于企业定位战略的平衡、基于企业 6P 绩效管理体系的平衡、基于绩效考核方法的平衡三个层次构成。基于企业定位战略的平衡就是中小企业产品品类的聚焦和取舍的过程，以聚焦的主导品类产品品牌的打造为关注焦点，适当兼顾利润较高的非主导品类产品品牌的打造，保证定位战略成功实施；基于企业 6P 绩效管理体系的平衡是指在中小企业绩效管理实践中，要平衡好六大工具之间的关系，不留短板，以形成一个相互作用相互依赖的整体——潘氏绩效亭；基于绩效考核方法的平衡则是指中小企业绩效考核四个方面（公司层面的计划考核、部门绩效考核、岗位职责考核、综合评估）要统筹兼顾，分配好四方面的权重，保证考核结果满足企业战略发展需要。

二、两大定律

（一）品牌定律

品牌定律是绩效管理第一定律。品牌一旦形成，企业的中长期绩效就有了保证。从定位理论来分析，一个企业如果在聚焦的细分品类上拥有了领先品牌，并在相当长一段时间内保持聚焦，不做品牌延伸，也不随意扩张品牌，企业的绩效一定很可观，在该细分品类的绩效始终处于领先水平。一般对于中国中小企业来说，品牌打造过程，一定是企业业务聚焦的过程，特别是在当下，市场发展处于心智时代，各行各业趋于饱和状态，唯有聚焦到市场空间中的某个细分的品类，才有可能打造出该品类的领先品牌。在心智时代，企业最大的资源并非所谓的人力资源，而是心智资源。只有凝聚顾客心智资源的品牌才是企业最大的无形资产，也是企业源源不断的利润源泉和长期绩效的保障。从绩效管理的目的来看，就是为了提升企业的绩效特别是企业中长期绩效，而企业中长期绩效的提升并保持的唯一法宝是拥有细分行业的领先品牌。因此，中小企业绩效管理的最终目标应是打造企业在某个细分行业或品类的第一品牌，并保持该品牌的领先地位。

对企业来说，品牌是某个品类的品牌，因此在聚焦品类打造品牌时，一定要分析把握品类的发展趋势，与时俱进，保证品牌长盛不衰。离开品牌谈绩效管理，是无稽之谈。

（二）员工定律

员工定律是绩效管理的第二定律。员工是绩效管理的直接对象和重点，是企业品牌的打造者，也是企业绩效的源泉。

从绩效的实现路径来分析，组织绩效的实现依靠的是团队，而团队是由一个个员工组合而成，因此，组织特别是中小企业绩效的达成最终还是靠员工个人通过提升自我的绩效来完成的。

就中小企业 6P 绩效管理体系来说，绩效管理的最终对象是员工。公司层面的计划目标考核、部门考核、岗位考核、综合评估最终都要落到员工头上，员工绩效是组织绩效的源泉。定位也好，晋升也罢，依靠的、面对的都是员工，岗位职责的履行也要相对应的员工来承担和实现。

从中小企业相关方来看，产品和服务质量直至顾客满意度的提升，依靠的是企业的员工，股东利润的创造，社会责任的履行，供方产品质量和服务满意度的提升，统统来自企业最重要的相关方——员工。品牌打造归根结底还是靠员工来实现。可以说，离开员工谈绩效，难以落地，是空谈。

三、四大特点

中小企业绩效管理体系（本书特指中小企业 6P 绩效管理体系）本质上属战

略性绩效管理体系，他与传统绩效管理体系有本质的区别，主要有以下四大特点。

（一）战略性

战略性是指中小企业绩效管理体系在纵向上确保各个层次的绩效能形成一个有机的整体，最大限度地助推组织定位战略目标的实现。6P战略性绩效管理体系涉及战略执行中与组织绩效相关的方方面面，该体系第一个管理工具就是定位（战略），首先就体现组织对定位战略的全面谋划，通过6P体系将整个组织绩效管理与组织定位战略融合在一起，并保持高度一致。组织定位战略调整了，围绕定位战略的其他五大工具（5P）也会跟着变动，与企业定位战略运营配称上去，确保个人的绩效目标与组织的战略目标紧密结合。而传统的组织由于没有明确的定位战略，他们的绩效管理体系也没有把组织的定位战略与绩效管理系统有机结合起来，导致绩效管理紧紧围绕年度预算和运营计划来进行，甚至与运营计划形成"两张皮"，鼓励的更多的是短期的、局部的行为，忽视了企业的定位战略实施对品牌的塑造和整体绩效的提升产生的影响和作用。由此可见，组织的绩效管理体系必须从组织的定位战略出发，通过个人绩效的提升来提升组织整体绩效，从而服务组织打造行业领先品牌的定位战略目标。当前我国很多中小企业绩效管理系统之所以失效，就在于企业绩效管理系统未能与企业的定位战略紧密地结合起来，甚至企业根本就没有明确的定位，更不用说制定定位战略。由于绩效管理体系的战略性缺失，失败也是必然的。因此，中小企业6P绩效管理体系是以定位战略为基础的战略性绩效管理体系，战略性是其固有属性。

（二）协作性

协作性是指通过推进中小企业6P绩效管理体系，实现组织内外部供应链之间的全面协作，形成合力，促进企业乃至整个供应链竞争力的形成。一个中小型企业通常由很多生产单位、业务部门和专业部门组成，为了实现定位战略目标和整体绩效大于部门或个人绩效总和即"1＋1＞2"的叠加效应，企业内部要打破部门职能壁垒，克服沟通障碍，企业外部也要打造精干高效供应链并根据供应链主定位战略要求，实现信息共享，相互协作。只有内外部供应链协作实现同步，企业的定位战略目标才能顺利实现，中长期绩效才能得到保证。在产品爆炸、媒体爆炸和信息爆炸的心智时代，中小企业产品同质性越来越强，企业硬实力差距越来越小，只有引入6P绩效管理体系，并在企业内外部形成协作协同效应，才能战胜竞争对手，打造企业的核心竞争力。

（三）差异性

中小企业 6P 绩效管理体系是为中小企业设计开发的一款绩效管理产品，因此具有差异性和独特性。根据定位理论，由于每一个中小企业定位的唯一性，决定了企业战略选择的差异和其他 5P 选择的差异性，因此从 6 大工具本身来说，每个中小企业的战略选择是唯一的，也是独一无二的。由于定位内容的不同，计划目标的选择制订、部门设置、岗位职责的具体内容都不一样，同时对于不同的岗位以及岗位对应的员工个人差异，决定了绩效考核内容也会有差异。当然，企业处于不同的发展阶段，市场竞争状况的不同，中小企业绩效管理的内容也会有差异，因此差异性是中小企业 6P 绩效管理体系又一个重要特征。

（四）系统性

中小企业 6P 绩效管理体系是一个完整的系统，不是一个简单的步骤，也不是六大工具的简单叠加，而是一个相互支持、相互依存的整体。无论是在理论阐述还是管理实践当中，都会遇到这样一个误区：绩效管理即是绩效考核，做绩效管理就是做绩效考核表。所以许多企业在操作绩效管理时，往往断章取义地认为绩效管理就是绩效考核，企业做了绩效考核表，量化了考核指标，年终实施了考核，就是做了绩效管理了。

这种误区使得许多企业在操作绩效管理时省略了极为重要的定位、计划目标制订，部门及岗位职责描述、薪酬及晋升方案设计等基础性工作及过程，忽略了绩效管理中需要掌握和使用的原理（平衡绩效管理原理）、定律（品牌定律和员工定律两大定律）、三大支持系统（战略系统、预算系统、信息系统）及相应的环节步骤和技巧与技能，在实施绩效管理中遇到了很多困难和障碍，企业的绩效管理的水平也在低层次徘徊。

四、路径图作用

中小企业要成功推进 6P 战略性绩效管理，必须绘制科学有效的路径图。中小企业绩效管理路径图是由一大原理、两大定律、三大系统、四大特点、五大环节、六大工具、七大步骤等七个方面构成的有机整体。该路径对于中小企业绩效管理的成功实施以及整体绩效特别是中长期绩效的提升和品牌的成功塑造具有决定性作用和深远的意义。该路径图具有以下五方面的作用。

（一）对中小企业推进绩效管理起指导作用

平衡绩效管理原理和品牌定律、员工定律即一大原理、两大定律属理念层次，特别是三层次平衡原理（基于定位战略的平衡、基于 6P 工具的平衡和基于绩效考核方法的平衡）对中小企业成功实施 6P 绩效管理具有很强的指导作用。

（二）可以作为各级主管和绩效管理员工培训的教材

各级主管和绩效管理人员作为绩效管理的直接责任人，要系统学习，融会贯通，既要学习原理，又要掌握 6P 绩效管理定律和 6P 体系精髓，并用学到的理念、知识和系统的方法传授给各级员工，让全体员工掌握必要的绩效管理原理理论、知识和方法，并积极参与到企业的绩效管理实践中来。

（三）可以作为中小企业绩效管理应用工具

路径图中的 6 大工具即 6P 绩效管理体系，具体内容为定位、计划、岗位职责、薪酬设计、晋升通道、绩效考核六大工具，每一个工具自成体系，根据路径图的大纲，按照这六个方面来设计中小企业绩效管理能够有效解决中小企业只关注当前利益、忽视长远利益，彻底解决中小企业中长期绩效增长不足的问题。

（四）可作为检验绩效管理是否有效的工具

大多数中小企业在绩效管理实践中存在思路和理念不清晰、操作原理不明确、方法不科学、关键环节把握不当、工具运用不系统、实施步骤不完整，从而导致实施信心不足、遇到困难逃避、实施效果不确定和半途而废等诸多问题。运用路径图可对企业绩效管理现状进行自我诊断，确保企业绩效管理朝着路径图的方向矫正。

（五）可以打造中小企业核心竞争力

以平衡绩效管理原理和品牌定律、员工定律为纲，以 6P 绩效管理六大工具为核心，以战略系统、预算系统、信息系统三大系统为保障，以四大特点和五大环节为抓手，以七大步骤为结果的中小企业绩效管理路径图能够协助企业打造有竞争力的产品品类、杰出的专家团队、行业领先的强势品牌和远高于行业平均利润率的企业中长期绩效，从而打造出企业的核心竞争力。

本章小结

中小企业绩效管理路径图的绘制为中小企业成功推进绩效管理提供了保障。

中小企业管理中存在的突出问题是设计绩效管理路径图的动力，一大原理和两大定律是中小企业成功开展绩效管理的纲，更是成功推进绩效管理的强大思想武器；中小企业绩效管理的四大特点有助于读者认识理解 6P 绩效管理体系，并把握其本质。路径图的五大作用加深了我们对本章节重要性的认识，引导读者自觉利用路径图成功开展绩效管理。

第七章

中小企业绩效管理体系的三大系统

中小企业 6P 绩效管理体系即"潘氏绩效亭"（简称绩效亭）的成功搭建，需要企业建立一套完整的系统来保证其实施。中小企业成功推进 6P 绩效管理体系的三大保障系统分别是战略系统、预算系统、信息系统。

第一节 战略系统

定位大师特劳特（Trout J.）指出，战略就是指企业如何在顾客心智中建立差异化定位，并由此来引领企业内部的运营。

这里讲的战略系统是指中小企业的定位战略系统或者说是品类战略系统，因为定位就是为了打造企业品牌，而打造品牌的方法是通过代表品牌的某一品类来实现的，因此品牌战略又称品类战略。

一、中小企业战略系统构成

中小企业定位战略有三个层次，分别是：传播战术层次、竞争战略层次、企业战略层次。战术导出战略，战略指导战术，先有战术，后有战略。三层次定位战略理论（系统）可用定位金字塔来形象表述，如图 7-1 所示。

第一层次即传播战术层面的定位是快速进入心智、建立优势认知的方法；而第二层次即竞争战略层面的定位是根据企业对自己和自己的竞争对手在顾客心智中的位置，结合自身企业的实力，确定你选择哪一种方式进行攻防；第三层次即企业战略层次的定位解决的问题是企业的运营围绕何种差异化来进行整合、配称。战略定位对外要能展示独特价值，对内要能提供资源整合的指引，否则只能是一个传播口号。

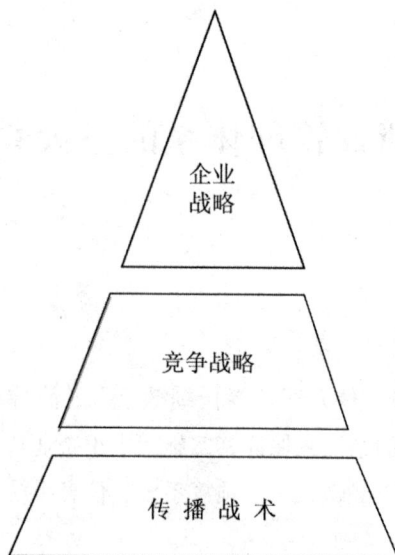

图 7 – 1　三层次定位金字塔

（一）传播战术层次

1. 传播定位的方法

传播定位的三种方法又称品牌定位的三大方法，即抢先定位、关联定位、对立定位。

方法一：抢先定位

抢先定位是指企业在进行品牌定位时，力争使自己的品牌第一个进入消费者心智，抢占市场第一的位置。经验证明，最先进入消费者心智的品牌，平均比第二的品牌在长期市场占有率方面要高很多。而且此种关系是不易改变的，高端厨电中的方太、可乐中的可口可乐等。现代企业营销已进入一个以品牌定位为主的大竞争时代。在这个时代，一定要把占据潜在顾客心目中第一的位置作为首要目标。

方法二：关联定位

关联定位的原理是发现某个品类阶梯上的首要位置已被其他企业占据，品牌可以努力与阶梯中的强势品牌或产品关联起来，使消费者在首选强势品牌或产品的同时，紧接着能联想到自己企业的品牌，作为第二选择。

关联定位其实是一种借力的品牌定位，借力于某品类的第一品牌进行攀附，实现企业品牌营销的目的。比如七喜，它发现美国的消费者在消费饮料时，三罐中有两罐是可乐，于是它说自己是"非可乐"饮料。当人们想喝饮料时，第一个马上会想到可乐，然后有一个说自己是"非可乐"的品牌与可乐靠在一起，那就是七喜。"非可乐"的定位使七喜在品牌营销上获得成功。但需要明确的是关联定位并不适用于所有情况，在品牌定位时以竞争者为参照物，通常基于以下理由。首先竞争对手是市场领导者，实力雄厚，无法正面与之竞争。如上例中，可口可乐和百事可乐是饮料业的双雄，七喜根本无法与之正面交锋。其次，竞争对手已树立了稳固的形象，关联竞争者，可以传递与之相关的信息。有时消费者并不在乎你的产品究竟如何，他们只关心你同某一特定竞争者比得怎么样。因为产品的价值和质量，消费者很难定量感知。此时，采用关联定位是合适的。

关联手法有三种：关联第一法、"非可乐关联法""俱乐部关联法"。关联第一法即采用各种方法与第一品牌发生关联借势从而进入心智的方法，如"坐奔驰开宝马"；"非可乐关联法"即有时候说自己不是什么比说自己是什么更有沟通效果，如"七喜：非可乐"；"俱乐部关联法"即通过把自己归入某个俱乐部中，能够借助俱乐部所属品类之势进入心智的方法，如"井波老樟木箱：樟木箱行业十大畅销品牌""鲁建华定位公司，中国三大独立定位咨询公司（与特劳特定位咨询公司、里斯伙伴公司并称三大独立定位公司）"。

任何企业都可以借助关联定位提高品牌沟通效率，让品牌顺利进入心智。

方法三：对立定位

对立定位，也称为竞争对手重新定位。重新定位竞争对手往往是在领导者企业的强势中找弱点，并进行攻击，从而建立自己的品牌定位。需要注意的是，这里指的就是在领导者的"强势"中找弱点，而不是不加分别的去找弱点。有时领导者会有一些弱点，有一种弱点，是由强势造成的。如安飞士（Avis）曾经的广告语："选择安飞士吧，我们柜台前的队伍更短。"赫兹（Herz）公司无法对这一战略做出反击，作为最大的租车公司，这是赫兹公司的固有缺点，也是多数品类领导者无法回避的缺点。

借助攻击强势品牌来重新定位的前提，是消费者心智中原有明显的首选品牌或品类，但又非常在乎新品类或新品牌提供的利益，并易于认可原品类或品牌缺点。

2. 传播定位的工具

传播定位的三大工具，也称三大武器，分别为公关、广告、视觉锤。

工具一：公关

公关即公共关系，是社会组织同构成其生存环境、影响其生存与发展的那部分公众的一种社会关系，是一个组织为了达到一种特定目标，在组织内外部员工之间、组织之间建立起一种良好关系的学问。根据爱德华·伯尼斯（Edward Bernays）定义，公共关系是一项管理功能，制定政策及程序来获得公众的谅解和接纳。它是一种有意识的管理活动。企业组织中建立一种良好的公共关系，需要良好的公共关系活动的策划来实施和实现。

定位理论认为，进入大竞争时代，公关是创建品牌的主要手段。公关具备广告所不具备的公信力，相对广告来说更容易获得公众信任。公关的角色和作用是帮助品牌借由第三方在顾客心目中刻下烙印，形成某种概念；广告的角色和作用是在一个品牌被公共关系建立起来后，用来强化、支持、维护品牌。公关策略指导广告策略，公关主题决定广告主题；先有公关后有广告；公关塑造品牌，广告维护品牌。公关成为打造品牌最重要的不可替代的工具。

工具二：广告

广告是为了某种特定的需要，通过一定形式的媒体，公开而广泛地向公众传递信息的宣传手段，广告有广义和狭义之分。广义广告包括非经济广告和经济广告，非经济广告指不以营利为目的的广告，又称效应广告，如政府行政部门、社会事业单位乃至个人的各种公告、启事、声明等，主要目的是推广；狭义广告仅指经济广告，又称商业广告，是指以盈利为目的的广告，通常是商品生产者、经营者和消费者之间沟通信息的重要手段，或企业占领市场、推销产品、提供劳务的重要形式，主要目的是扩大经济效益。

定位理论认为，在大竞争时代，品牌主要靠公关塑造，但广告也有无可替代的作用。一是品牌需要广告来巩固、维护（没有广告的巩固和维护，品牌易被颠覆）；二是在品牌化发展不足或泛品牌化发展的成熟品类中，广告起到第一个在顾客心智中抢先占位的作用。

定位广告不同于传统广告。好的定位广告能把定位的痛点和信息诉求出来，能够有效维护和巩固品牌。

工具三：视觉锤

定位就是在消费者心智中找到一个空位，然后植入一颗钉子。

视觉时代，抢占消费者心智的最好方法并非只用"语言的钉子"，还要运用强有力的"视觉锤"，视觉形象就像锤子，可以更快、更有力地建立定位并引起顾客共鸣。视觉形象和语言信息的关系好比锤子与钉子：要用视觉形象这把锤子，把你的语言钉子植入消费者的心智中。

视觉锤的提出者劳拉·里斯（Laura Ries）认为在视觉时代，最好的填补脑海空缺的方式不是语言，而是图像，视觉形象在营销中能起到比语言更重要的作用。

（二）竞争战略层次

竞争战略层次的定位解决的问题是在消费者对整个行业的品牌心智认知中如何让自己的品牌相对于竞争对手处于有利的位置。竞争战略有四种形式：防御战、进攻战、侧翼战、游击战。确定采取哪种战略形式，取决于你在战略格局中的位置，每个产品品类或行业都会形成这种战略格局。

1. 防御战

防御战仅适用于市场领导者。这里说的领导者，是顾客心智中的行业或品类的领导者，而不是企业自己标榜的。防御战必须遵守三条原则。

第一条原则：只有市场领先者才能打防御战。只有在顾客心智中建立的领导地位才具有强大的势能，这股力量并非源自实际市场上的领导地位，而是来自顾客认知上的领导地位。如在中国家用空调领域有许多领导者，但只有格力才是该领域用户和潜在用户心智中的真正领导者。

第二条原则：最佳的防御是有能力进攻自己。由于防御者处于领导地位，防御者在顾客心智中占有认知优势，所以提高地位的最佳途径是不断对这一优势发动进攻。也就是说，你要通过介绍新产品或新服务来取代现在的产品或服务，以此强化领导地位。吉列剃须刀就是一个例子，吉列公司以其"蓝吉列"和后来的"超级蓝吉列"新产品占领着剃须刀市场领先者位置。

第三条原则：强大的进攻必须加以封锁。面对挑战者发动的强大攻势，领先者必须在其地位确立之前迅速阻止它。对领先者来说，及时组织封锁会非常有效。如果领先者不对挑战者的强大进攻进行封杀，局面可能无法挽回。

2. 进攻战

进攻战适用于市场份额处于第二、第三位置的企业。如果公司有足够的力量，就应该发动进攻战。进攻战也应遵守三条原则。

第一条原则：领先者位置的强势是重要的考量因素。处于第二、第三位置的企业应该把精力放到研究领先者产品、价格、销售渠道和销售力量上，而不是自身。要记住，商战是场心理战，战场是顾客的心智。一切进攻都应以此为目标。

第二条的原则：要在领先者强势中寻找弱点，并向这些弱点发起攻击。领先者有它的弱点，但进攻战要寻找的弱点是与领先者强势相伴的、内在的、固有的弱点，而不是弱势中的弱点。如奔驰公司制造宽大、舒适尊贵、适合乘坐的轿车，所以宝马就用更小、终极驾驶、更便捷的车型与奔驰竞争，一击成功。

第三条原则：在尽可能狭窄的战线上发动攻击。进攻者尽可能专注于单一产品，尽可能收缩战线。集结兵力，在局部形成兵力优势，切忌在广阔的战线上发动全面进攻，唯有在狭窄的战线上发起进攻，才有可能获胜。

3. 侧翼战

侧翼战适合避开主战场的小企业或新企业。比起其他战略形式，侧翼战更需要掌握作战原则。进攻开始后，还要有预见战局发展的远见能力。侧翼战也要遵守三条原则。

第一条原则：最佳的侧翼行动应该在无争地带进行。发动侧翼战，并不需要生产出不同于市场上任何已有产品的新产品，但是你的产品中必须有创新或独特的部分，要让顾客把你的产品归为新品类。要想发动一次真正的侧翼战，你必须第一个抢占细分市场，否则就变成向严密防守的敌人发动单纯的进攻战。发动侧翼战需要独特、有远见的眼光。原因在于侧翼战中新产品或服务项目并没有现成的市场，顾客必须从侧翼包抄的竞争对手那里夺过来。

第二条原则：战术奇袭应该成为计划里的一个重要组成部分。从本质上说，侧翼战是一种奇袭。最成功的侧翼战是完全出乎预料的，奇袭因素越强，成功的把握越大。

第三条原则：追击与进攻同等重要。没有乘胜追击，胜利就不会有好效果。大多数企业规划的重点是保护企业避免失败，而不是巩固业已取得的成果。建立稳固地位的最佳时间是在开始阶段，那是产品刚上市，新颖诱人，所遇竞争对手甚少或弱小。

4. 游击战

游击战适合于区域企业或更小的企业。游击战也要遵循三条原则。

第一条原则：找一个细分市场，要小得足以守得住。这块领地的小，可以是地理意义上的，也可以是容量上的，还可以是其他概念上的，宗旨是小的让大公司难以找到进攻的点或不愿花时间去竞争。游击战的目的是，尽量缩小战场以赢得兵力优势。游击性公司要找到一个细分市场，小得足以让你成为领先者。

第二条原则：不管你多么成功，永远不要向领先者那样行动。游击战要想成功，需要不同的组织结构和不同的时间表。采用游击战竞争策略的公司要尽量把全部人员投入前线，不留任何非战斗人员。这样的公司要能利用规模小的特点，快速决策，赢得竞争优势。

第三条原则：一旦有失败迹象，随时准备撤退。公司只要存活下来，就可以来日继续战斗。采用这种策略的公司看准机会时应该运用其灵活性，适时地打入市场抢占市场。

（三）企业战略层次

企业战略层次的定位解决的问题是你的企业如何围绕定位来进行整合、配称。即如何在运营层面和营销组合等层面做实定位。主要在以下几个方面展开。

1. 聚焦经营

企业战略层次定位首先要求就是聚焦经营，走专业化而不是多元化的路子。在业务取舍中，要保留有前景、有机会打造强势品牌的业务，舍弃掉没前途、没利润的业务，把有限资源聚焦到已保留的主导品类上来。

2. 围绕定位进行营销整合

企业在找到定位聚焦经营后，在营销层面要围绕定位进行整合，把定位贯彻到产品、价格、分销和推广中去。如王老吉品牌围绕"防上火"的定位进行营销4P整合：在产品上重新界定王老吉凉茶为天然植物饮料（相对于可乐化学配方饮料）；在价格上比可乐贵；在分销渠道上选择易上火的餐饮场所（火锅店等）开展"诚意合作商"奖励计划，抢占餐饮核心渠道市场，后逐步扩展到便利店和超市等渠道；在推广上大面积发放"防火养生宝典"宣传王老吉品牌的防上火利养生的独特价值，直到后来拍摄电视广告，广告诉求精准有效。通过上述配称，从而一举占据消费者凉茶品类心智资源。

3. 围绕定位进行全方位运营配称

在对定位进行营销整合的同时，还要把定位与企业的人力资源开发与管理（如绩效管理）、供应链管理、产品开发、财务管理等结合起来，以把定位做实。如农夫山泉要尽快抢占千岛湖、长白山等水库以控制天然活水资源。其次，在人才开发上，要围绕定位战略加强关键岗位员工绩效考核，吸引聚焦品类研发人才，保证主导品类产品处于技术领先状态。同时，要加强财务预算管理，保证有充足资金用于定位的推广和传播。

二、战略步骤

中小企业定位战略的步骤主要有三步：找到定位、做实定位和传播定位。

找到定位有五步：界定中小企业的竞争领域；确定竞争对手；精准确立定位；找到并检验信任状；定位展开。做实定位即企业层面的战略定位。传播定位即战术层面的定位。

三、战略的作用

中小企业定位战略在绩效管理推进中有两方面作用。

第一，定位战略是中小企业制订计划目标的依据。在中小企业 6P 绩效管理体系中，公司层面年度计划目标的制订是由公司未来几年战略规划分解而来。没有企业定位战略，企业的计划目标往往是短期的。因此，定位战略是中小企业计划目标制订的依据。

第二，定位战略是中小企业绩效管理成功推进的前提。定位战略视为企业打造品牌服务的，战略是通过聚焦经营确保企业在某个行业或某个品类取得绝对的竞争优势，从而在未来几年内在该领域塑造领先品牌。有了领先品牌，企业就有了长期的经营绩效。因此，战略的目的也是围绕企业中长期绩效而展开的，这与企业开展绩效管理的目的是一脉相承的。绩效管理若没有定位战略支撑，企业的长期绩效难以保证。

第二节　预算系统

预算系统旨在帮助中小企业建立、完善、优化预算管理体制，在企业管理的基础上引入全面预算、责任中心、责任控制等管理理念、机制和方法，搭建企业管理控制、计划实施和业绩考核的平台，全面提升企业管理水平，确保企业战略的达成。预算管理系统可以针对各类中小企业运用预算管理方法，进行企业内部管理与控制。不同类型、不同管理形式的企业应根据其战略和自身需求来确定预算管理系统的解决方案。本节所说的预算系统主要是针对 6P 绩效管理体系的实施和深化特别是定位战略传播战术层次的展开而设计的预算管理系统，它为品牌的推广、打造和绩效管理的实施提供了有力保障。

一、绩效管理预算的必要性

（一）定位战略实施的需要

预算是保证绩效管理顺利推进的一大保障。中小企业在进行市场定位时，需要对现有的产品品类进行聚焦或取舍，并对未来若干年聚焦的主导品类产品进行产销规划，接下来还需每年对采购、生产、销售、人力资源等方面进行预算，如需要增加多少设备、增加多少生产人员、销售人员、研发人员、品牌推广人员以及广告等方面投资。一旦定位明确了，相应的预算没有跟上，战略的实施将是一句空话。

（二）薪酬方案设计调整的需要

中小企业绩效管理特别是开展绩效考核需要对传统的固定式薪资进行重新设计。从工资构成上可分为绩效工资和非绩效薪资，绩效薪资是根据考核结果按岗位级别分别发放的，不同的考核等级和岗位等级，绩效薪资会不同。但总的原则大多数员工通过考核薪酬应有一定程度的增长。因此，在实施绩效管理前要对员工薪酬有一个完整的预算来确保绩效考核的顺利实施。当然，随着战略推进，优秀员工的晋升都需要企业薪酬预算来做后盾。

二、预算流程

（一）预算编制

中小企业绩效管理预算编制要将预算目标通过数量体系体现出来，并将这些指标分解落实到每个下属单位，每个责任部门，甚至责任人，使预算的编制、执行达到责、权、利的统一。

（二）预算执行与监控

中小企业绩效管理预算特别是定位战略预算的执行与监控主要分为公司层面与下属单位或部门两个层面，公司层面主要实现对资金的管理，通过与资金管理系统的数据接口来实现。下属单位（或部门）层面则是对下属单位的具体业务如生产、采购等方面进行实时控制，主要通过与下属单位（或部门）的各个业务系统的数据接口来实现。所以预算执行的数据应该能够通过数据接口从相关业务系统中导入到预算管理系统。预算执行的功能包括：数据校验，数据保存，提供按不同维度查询预算执行数据，提供和其他系统集成接口。

尤其要注意的是，预算的控制时点应该是在业务发生前，也就是说预算的控制应该是针对业务事件的，而不应该是在业务发生后财务核算时由于财务预算指标的超标而无法入账时才进行监控。正如财务上所讲的，对于一个部门资金使用的控制应该是在申请款的时候进行，而不是在报销的时候。预算执行作为一种控制手段，并不是要通过预算目标把企业控制在某一个点上（收入、利润），而是把企业的运营和发展控制在一个区间或是一种趋势之中。

（三）预算调整

预算调整是在保留原有预算数据的基础上对局部数据进行调整。在实际的预算执行过程中，可能出现战略目标的调整和修正的需求。可能是定期的调整，也可能是根据实际做随时的调整。但无论何种情况，在预算开始执行之后，任何对预算数据的调整和修订，都应该是严谨的、受控的、保留痕迹并可追溯的。中小企业绩效管理预算系统支持以下功能：预算调整的申请，提供按不同维度查询预算调整数据，预算调整数据上报和预算调整的批复。调整流程首先进行预算调整申请，然后进行预算调整审批，最后是预算调整执行和预算调整分析。

（四）预算查询

预算报表要能提供用户对预算总额、预算余额、核算项目金额等预算数据根据不同角度、不同维度进行实时的查询。所有的预算报表应该可以按不同维度查询，并可以支持用护自定义个性化要求的报表。

（五）预算分析与考评

提供用户按责任部门查询公司及其下属单位经营活动的各个方面的预算数据与实际执行数据的对比分析。责任分析应按预算科目对应的预算数据及实际执行数据自动生成。

三、预算管理系统的目标

中小企业绩效管理预算系统必须实现对企业预算假设建立、预算体系搭建、预算编制、预算调整、预算控制、预算分析全过程的管理，并与其他业务系统紧密结合，为中小企业的事前计划、事中控制、事后分析提供有效的工具和必要的手段。中小企业绩效管理预算系统必须实现以下目标：

（一）为中小企业提供全面预算体系

从预算的纵深角度看，全面预算包括企业的长期战略规划、中期年度计划、短期预测，一般包括品牌推广预算、销售预算、生产预算、采购预算、库存预算、人力预算、设备预算、费用预算、资金预算、成本预算、专项预算、财务预算。它涵盖企业生产经营过程中的方方面面，从产、供、销到人、财、物的资源配置，一直到未来的经营成果和财务状况的描述。

从预算的具体内容看，将各种预算类型按照预算对象、预算项目和预算周期抽象为三维。例如，销售预算的预算对象可以为部门、地区、销售渠道、业务员、产品和产品大类，预算项目可以为销售数量、销售单价、销售收入、销售成本、成本单价、销售利润、销售毛利、回款金额，而预算周期可以为年、季、月、旬、周、日。

从预算的应用层面看，全面预算可以应用在单个小型企业，以责任部门作为考核依据，也可以应用在中型企业，实现企业的预算编制、汇总和分析。

（二）提供多种预算编制方法与预算数据生成方式

首先，要实现中小企业从上到下的预算分解过程以及支持自下而上的预算汇总过程，实现多版本、多周期预算。其次，要提供多种预算编制方法，要提供多种预算数据生成方式，如内置业务规则（如收付款协议等）、手工输入、公式定义、标准数据自动提取（如销售单价）、参照历史数据等。此外，要支持各种类型的预算编制过程，包括销售起点型、生产起点型、专项起点型等，系统应该提供按照行业设置的预算编制体系。

（三）实现预算控制以及预算执行分析功能

系统应能对财务与业务的执行情况实现动态控制，表现在对资金和费用预算的实时控制和对业务预算的动态查询。预算控制方式既要提供严格型控制、提示型控制、特批型控制，又应实现总额控制和单项控制；既包括事中控制，也应实现事前预警。

中小企业绩效管理预算系统一般分单一企业和中型集团企业两种应用模式。为了实现集团应用，系统必须具有预算的上报、下发、汇总、批复等功能，支持多单位的预算查询与预算分析功能，以及支持上级单位对下级单位的直接预算控制功能。

第三节　信息系统

信息系统是由计算机硬件、网络和通信设备、计算机软件、信息资源、信息用户和规章制度组成的以处理信息流为目的的人机一体化系统。

一、绩效管理信息系统构成

本节所说的信息系统主要是针对中小企业绩效管理体系的成功推进而在中小企业全面实施的管理信息系统，包括企业计划管理系统、企业薪酬管理系统和企业绩效评估信息系统。

（一）企业计划管理系统

企业计划管理系统是指建立在信息技术基础上，包含公司、部门和员工三方面计划，为企业员工及管理层提供计划制订、审核、批准及计划考核的一个平台。计划管理系统的建立对中小企业绩效管理特别是经营数据收集分析、计划目标下达、计划目标考核实施等起到了提高计划的准确性和及时性，提高工作效率和服务质量，从而提升企业绩效的效果。

（二）企业薪酬管理系统

企业薪酬管理系统是与绩效挂钩的薪酬管理信息系统，该系统包括薪酬核算、薪酬调整、薪酬的审批等内容。薪资的构成主要由岗位固定薪资、绩效浮动薪资和年终奖金三部分构成，岗位固定薪资与岗位等级挂钩，绩效浮动薪资与绩效考核成绩挂钩，年终奖金与考核及综合评估挂钩。

（三）企业绩效评估信息系统

企业绩效评估信息系统包括绩效考核系统和以文化、态度、能力为要素的员工综合素养评估系统。绩效考核系统由计划目标考核子系统、部门职责考核子系统和岗位职责考核子系统三个子系统构成。四者构成中小企业绩效评估信息系统的主要内容。

二、绩效管理信息系统的作用

第一，提供集成的系统，实现绩效管理业务数据和资料共享。

第二，理顺和规范业务流程，消除业务处理过程中的重复劳动，实现业务处理的标准化和规范化，使得 6P 绩效管理的基础工作得到加强，绩效工作的质量进一步得到保证。

第三，系统自动完成数据的处理，大大提高了绩效数据准确性与及时性，降低了工作强度，将绩效管理人员从烦琐的事务处理中解放出来，更多的时间研究绩效过程中存在的问题，研究并运用现代管理方法改进绩效，促进现代管理方法在企业绩效管理中的广泛应用。

第四，加强内部控制，在工作控制方面能够做到分工明确，适时控制，对每一环节所存在的问题都可以随时反映出来，并可以提供绩效评定所需要的数据。

第五，通过系统的应用自动协调各部门的业务，使企业的资源得到统一规划和运用，降低库存，加快资金周转的速度，将各部门联成一个富有团队精神的整体，协调运作，提升企业整体绩效。

第六，帮助决策，公司的决策层和绩效领导小组能适时得到企业动态的经营公司数据和6P绩效管理信息系统的模拟功能来协助进行正确的决策。

本章小结

战略系统、预算系统和信息系统是中小企业绩效管理成功实施的三大保障。三大系统的构成和作用，可以加深我们对6P绩效管理体系重要性的认识和理解，也便于读者在中小企业绩效管理实践中予以应用和推广。

第八章

中小企业绩效管理的五大环节

目前，国内绩效管理专家普遍认为，推行绩效管理只需要经过绩效计划、绩效考核、绩效反馈、绩效结果应用四个环节，就可以达到预定的效果。而现实中，大多数企业在推行绩效管理时，要么企业缺乏明确的战略，要么绩效管理与企业战略相互脱节，要么企业战略没有反应最新的营销趋势（即没有相应的品牌战略），导致绩效管理的科学性和有效性缺失，最终应了索尼公司前常务董事天外伺朗"绩效主义毁了索尼"那句话。随着产品爆炸、传播爆炸、信息爆炸时代的到来，竞争由市场时代进入心智时代，从而顾客心智成为企业营销制胜的关键。定位正是在此背景下诞生。有鉴于此，中小企业如果没有一个成功的定位战略，再好的绩效管理也无法实现其最大效用。因此，笔者认为中小企业成功推进绩效管理必须经历五大环节：战略定位（含组织结构梳理）、绩效计划、绩效沟通、绩效评估、绩效结果运用。

第一节　战略定位

战略定位是中小企业成功推进绩效管理的第一个环节，也是企业成功推进绩效管理的依据和前提。这里说的定位主要是对企业竞争对手的明确、产品聚焦取舍及主导品类（也称代表品类）的确定以及主导品类诉求（信任状）的提炼及传播，它不仅是一个概念，而是一个战略。

企业未来5—10年要往哪个方向发展？要达成什么目标？企业产品的主打产品（主导品类）是什么？要在哪几个方面做到差异化？在哪几个方面形成独具特色的竞争力？这是企业必须考虑清楚的，也是指导绩效管理工作、制定考核指标的指南针。

如果不做战略梳理会出现战略是战略，绩效管理是绩效管理，战略与绩效管理"两张皮"的现象。这个现象导致的最坏的结果是，绩效考核的指标不是高层关心的东西，高层关心的东西在绩效考核里没有得到体现。

最终的结果是，企业高层对绩效管理失去兴趣，绩效管理体系得不到高层的支持。如果绩效管理得不到高层的支持，中层就开始抵触，就会使人力资源部在做关绩效管理工作的安排时受阻，于是，导致绩效管理流于形式，实际上很多企业的绩效管理体系运行也是这样一个结局。

面对这样的结局，很多企业人力资源部门还表现出了不解和困惑。"为什么高层说一套做一套，嘴上说绩效考核重要，说绩效考核势在必行，要求各级经理认真对待，但是到了真正开始实施的时候，却又变卦了呢？为什么每次和老板汇报绩效考核工作的时候，都没有没有得到任何反馈？"

其实，原因很简单，就是绩效管理体系没有融入战略落地与企业运营体系当中，没有发挥落实战略的作用，也没有和员工职业发展结合起来。

有关战略定位的概念、寻找方法和具体步骤参见第二部分第五章第二节部分，这里不再赘述。值得一提的是，组织结构梳理是战略定位的重要内容之一，也是中小企业引入绩效管理需要重点关注的一个方面，需要予以明确。在进行中小企业定位和实施绩效管理之前，企业首先要做的一个工作就是要对公司的组织结构、部门职责、岗位设置和岗位职责进行梳理。中小企业组织管理中"职责重叠""职责空白""管理汇报关系混乱""岗位设置不清晰""岗位职责不明确"的现象非常普遍。

道理非常简单，如果某项工作没人做，那么在制定考核指标的时候，这个指标就无法落实到具体员工；如果管理汇报关系混乱，员工搞不清楚谁领导谁，谁对谁汇报，那么就无法明确考核到人；如果岗位设置不清晰，企业有哪些岗位，各岗位的职责是什么，那么考核指标也无从落实。

因此，在实施绩效管理体系之前，首先要做组织梳理和市场定位，这是基础。

【案例分析】

加多宝四次战略转型①

它有四个重要的节点：第一个节点，原来加多宝是一种药，它这一点和可口可乐出身是一样的，都是药房里的，2002 年加多宝把它变成了一款饮料，预防上火的饮料，这是加多宝战略第一个重点。凉茶作为一种药，北方人是很难以接受的，但是作为预防上火的饮料，顾客头脑里对于上火，几千年都有这个传统，都知道有很多情况会导致上火，作为预防上火的饮料大家接受度就高，这是一个关键的节点，就是走出了药房，加多宝把整个凉茶品类从药饮带向饮料。第二个节点，加多宝在 2006 年、2007 年，集中相当多的资源，把北京市场给做起来了，这意味着什么呢？2008 年北京奥运会，全世界的焦点都在北京，2006 年、2007 年、2008 年这几年把北京市场做得非常火，对这个品牌产生很大的影响力。北京是全国势能最高的市场，尤其对于北方市场，北京的影响非常重大，任何一个品牌要成功的话，如果能够把一些有很高势能的市场拿下来，这个品牌后劲就相当可观。所以 2006 年、2007 年这两年加多宝本来从南方广东一路逐渐北伐，凌空一跃把北京市场打得红红火火，这一下北方市场就被北京辐射，影响很大，随之就变成全国人民都很受欢迎的饮料，这一个节点也很重要。

第三个节点，2012 年加多宝被迫要启动自己全新的品牌，原来的品牌还在，又要跟它展开直接的竞争，媒体朋友把它形容成"换头术"。哈佛大学几位搞案例的教授笔者也向他们请教过，他们说在全世界最全案例库里面也没有找到一个这样的戏剧性的案例，从来没有过的案例。加多宝是创造了一个新的商业史的奇迹，这算是第三个重要的节点。

第四个节点，就是 2015 年推出的金罐，推出金罐不是重点，放弃红罐才是这个战略的重点，因为红罐竞争对手也有，就容易产生混淆。把这个做了 20 年的消费者不用动脑筋看到红罐就拿的东西放掉，不是那么容易的，推一个金罐很简单，谁都可以推，放掉红罐只推金罐，那就是一件高风险的大战略决策，是很不容易的。这一年走下来，这个节点又成功渡过了。所以这四个节点是笔者作为战略顾问这 15 年护航加多宝共同成长过程中见证的最重大的战略转折。

第一次战略升级是从众多的领域集中到在某一领域做到第一，这一步在中

---

① 《品牌管理》，2016 年 3 月第 1 版，《加多宝的品牌定位与整合传播》，作者：郭伟.

国70%、80%的企业做不到，当时加多宝有红茶、绿茶和其他业务，甚至还可以做可乐。当时可乐很红，做可乐是可以让企业获得收益，有现成的网络很容易就可以做。但是加多宝没有去做可乐、红茶、绿茶、乌龙茶和其他业务，选择了做凉茶。凉茶当时很少有企业去做，而且你去做市场调研的话，所有从市场调研公司得到的反馈是凉茶市场几乎等于零，没人要喝凉茶。企业找到一个市场上能做第一的领域，然后代表这个品类，去把这个定位做大，2002年加多宝做过一次供给侧改革，就把上述的这些业务全部放弃，把整个公司资源全部集中在凉茶，而且在凉茶里面只集中在做一个红罐凉茶，这一步相当了不起。当然还对它进行了重新定位，这个重新定位就是把它从一个地方药饮变成了一个主流饮料，这样使得凉茶就从传统凉茶铺走向非常方便现代人饮用、预防上火的饮料或者怕上火的饮料，这是第一步很了不起，值得很多企业学习。第二步，作为一款南方人喝的饮料，凉茶从药房走向了饮料，但是毕竟还是南方人在喝。2006年年底在北京做市场调研的时候，发现在北京卖出去的凉茶，消费者全是在北京工作的南方人，尤其那些广东村、福建村卖得很好，北方人说这个还是难以接受，感觉是南方人喝的东西。换句话说在我们专业上又有一个问题，大家把当时凉茶定位为是南方人喝的饮料，北方人不喝。要解决这个问题，就要把北京高势能市场做火做透，所以加多宝第二个战略节点就是集中公司大部分乃至绝大部分资源放在北京，人力、物力、财力集中在这里，花了两三年的时间通过借奥运会大势，把北京市场做得非常成功。所以北京市场一起来就带动黑龙江、吉林、辽宁、河南、河北、山西、内蒙古等北方省份。通过这样一个战略节点，扭转了广大消费者对该饮品的认知，变成全国消费者都很欢迎的一款饮品。

第三个战略重要性，那当然就是2012年，2012年前面我们也讨论过了，2012年被迫启动一个新品牌。可口可乐总裁讲过一句话："你把我所有的都可以烧掉，给我剩下可口可乐四个字，我一夜之间可以再造。"他这个话不假，如果真出现这种局面他完全能做到，他只要凭着可口可乐四个字，全世界投资银行、全世界优秀的MBA人才、500强CEO都愿意帮助他，帮他再造复兴。这说明品牌很重要。但加多宝恰恰出现一个完全相反、决然对立的一个情况，就是什么都有，就是被人拿走了那几个字，就是没有那几个字，这种情况出现了，很难找到，确实哈佛商学院的案例库里面都没有。加多宝做了一件前无古人的事情，比这个还残酷，不但把那几个字拿走了，你还得跟它竞争，原来的品牌还在，还很强大，你还要跟它竞争，那就更残酷了。还没完呢，加多宝还不想裁员，如果你这个时候我就过冬吧，裁员一半，下滑80%从头再来也行，加多宝还不想这么干。当时我去访谈好多经销商的时候，这些经销商都觉得顶不顶得住，靠不靠谱，是在观望之中的，经销商都在看着你行不行，这么大的风险靠不靠谱。加多宝没有裁掉一个人，上下游产业链所有合同完全如约，所有人都看着是不是我要把钱拿回来的时候，现在看它恐怕不行。加多宝顶着这三层巨大的压力，品牌被人拿走了，恰恰最有力量的部分拿走了，然后你还要跟它竞争，还要保持规模不变，甚至还想高速增长，这的确是一个天险。前面讲到的加多宝2012年，通过先把品牌分解为两部分，比如可口可乐，一部分是可口可乐四个字，另外一部分是可口可乐在顾客心中代表的位置，我们是一样的，我们也把它一分为二，前面这个品牌还有顾客头脑的位置，现在这个品牌没有了，我用加多宝这个新品牌对应到顾客心智中的位置。我们用虎符描述就是可以合二为一地对上去，2012年我们做了这样一个心智上的工作就是合二为一，成功了。前面我们讲这几个步骤全部达到了，我们没有裁员，也没有废除一个合同，但是我们还高速增长了，而且是在跟原有强大品牌竞争之中获得了一个高速增长。但是在学科上毕竟还有一步没完，是两个品牌共享顾客头脑里的一个位置，这是不得已而为之。

加多宝没有裁掉一个人，上下游产业链所有合同完全如约，所有人都看着是不是我要把钱拿回来的时候，现在看它恐怕不行。加多宝顶着这三层巨大的压力，品牌被人拿走了，恰恰最有力量的部分拿走了，然后你还要跟它竞争，还要保持规模不变，甚至还想高速增长，这的确是一个天险。前面讲到的加多宝2012年，通过先把品牌分解为两部分，比如可口可乐，一部分是可口可乐四个字，另外一部分是可口可乐在顾客心中代表的位置，我们是一样的，我们也把它一分为二，前面这个品牌还有顾客头脑的位置，现在这个品牌没有了，我用加多宝这个新品牌对应到顾客心智中的位置。我们用虎符描述就是可以合二为一地对上去，2012年我们做了这样一个心智上的工作就是合二为一，成功了。前面我们讲这几个步骤全部达到了，我们没有裁员，也没有废除一个合同，但是我们还高速增长了，而且是在跟原有强大品牌竞争之中获得了一个高速增长。但是在学科上毕竟还有一步没完，是两个品牌共享顾客头脑里的一个位置，这是不得已而为之。

越成功越同质化，越同质化对整个品类增长越不力。第四个重要节点就是

2015 年，2015 年我们果断地放掉红罐推出金罐，推出金罐不是重点，重点是放掉红罐，也就是说再次告别同质化，去做独一无二的事情。这个动作说起来很容易，实际意味着几十亿资金，意味着原来几十年辛辛苦苦培养消费者的习惯、行为要重新来。这 20 年工作要重新来极其不容易，这个战略决策相当了不起。但是我们今天一年走下来结果又一次成功了，第四个节点我们就是从原来的把它二合一，合在一起之后，又要一分为二，从原来品牌独立出来，我们今天又拿到领导者的定位。这四个节点都有这些背后的考量。

第二节　绩效计划

绩效计划是被评估者和评估者双方对员工应该实现的工作绩效进行沟通的过程，并将沟通的结果落实为订立正式书面协议即绩效计划和评估表，它是双方在明晰责、权、利的基础上签订的一个内部协议。绩效计划的设计从公司最高层开始，将绩效目标层层分解到各级子公司及部门，最终落实到岗位和个人。对于各子公司而言，这个步骤即为经营业绩计划过程，而对于员工而言，则为绩效计划过程。

一、制订绩效计划的原则

不论是制订公司绩效计划，还是部门、员工的绩效计划，应该遵循以下原则。

（1）战略性原则。要求在组织使命、核心价值观的指引下，依据定位战略和年度经营计划目标制订组织绩效计划，再层层分解制订出部门和个人绩效计划。

（2）流程系统化原则。与战略规划、资本计划、经营预算计划、人力资源管理等管理程序紧密相连，配套使用。

（3）价值驱动原则。要与提升公司价值和追求股东回报最大化的宗旨相一致，突出以价值创造为核心的企业文化。

（4）突出重点原则。员工担负的工作职责越多，所对应的相应工作成果也较多。但是在设定关键绩效指标和工作目标时，切忌面面俱到，而是要突出关键，突出重点，选择那些与公司价值关联度较大、与职位职责结合更紧密的绩效指标和工作目标，而不是整个工作过程的具体化。

（5）可行性原则。关键绩效指标与工作目标，一定是员工能够控制的，要界定在员工职责和权利控制的范围之内，也就是说要与员工的工作职责和权利相一致，否则就难以实现绩效计划所要求的目标任务。同时，确定的目标要有挑战性，有一定难度，但又可实现。目标过高，无法实现，不具激励性；目标过低，不利于公司绩效成长。另外，在整个绩效计划制订过程中，要认真学习先进的管理经验，结合公司的实际情况，解决好实施中遇到的障碍，使关键绩效指标与工作目标贴近实际，切实可行。

（6）全员参与原则。在绩效计划的设计过程中，一定积极争取并坚持员工、各级管理者和管理层多方参与。这种参与可以使各方的潜在利益冲突暴露出来，便于通过一些政策性程序来解决这些冲突，从而确保绩效计划制订得更加科学合理。

（7）充分激励原则。使考核结果与薪酬及其他非物质奖惩等激励机制紧密相连，打破分配上的平均主义，做到奖优罚劣、奖勤罚懒、激励先进、鞭策后进，营造一种突出绩效的企业文化。

（8）客观公正原则。要保持绩效透明性，实施坦率的、公平的、跨越组织等级的绩效审核和沟通，做到系统地、客观地评估绩效。对工作性质和难度基本一致的员工的绩效标准设定，应该保持大体相同，确保考核过程公正，考核结论准确无误，奖惩兑现公平合理。

（9）综合平衡原则。绩效计划是对职位整体工作职责的唯一考核手段，因此必须要通过合理分配关键绩效指标与工作目标完成效果评价的内容和权重，实现对职位全部重要职责的合理衡量。

（10）职位特色原则。与薪酬系统不同，绩效计划针对每个职位而设定，而薪酬体系的首要设计思想之一便是将不同职位划入有限的职级体系。因此，相似但不同的职位，其特色完全由绩效管理体系来反映。这要求绩效计划内容、形式的选择和目标的设定要充分考虑到不同业务、不同部门中类似职位各自的特色和共性。

二、绩效计划的制订流程

（一）绩效计划的准备

我们知道，绩效计划通常是通过管理人员与员工双向沟通的绩效计划会议得到的，那么为了使绩效计划会议取得预期的效果，事先必须准备好相应的信息。这些信息主要可以分为三种类型。

（1）关于企业的信息。为了使员工的绩效计划能够与企业的目标结合在一起，管理人员与员工将在绩效计划会议中就企业的品类战略目标、公司的年度经营计划进行沟通，并确保双方对此没有任何歧义。因此，在进行绩效计划会议之前，管理人员和员工都需要重新回顾企业的目标，保证在绩效计划会议之前双方都已经熟悉企业的目标。

（2）关于部门的信息。每个部门的目标是根据企业的整体目标逐渐分解而来的。经营的指标可以分解到生产、销售等业务部门，财务、人力资源部等业务支持性部门，其工作目标也与整个企业的经营目标紧密相连。公司的整体经营目标是：

将品类市场占有率扩展到60%；关键人才流失率小于10%；推行预算，降低管理成本。

那么，人力资源部作为一个业务支持性部门，在上述的整体经营目标之下，就可以将自己部门的工作目标设定为：建立激励机制，鼓励开发新品类客户，鼓励创新、降低成本的行为；在人员招聘方面，注重在定位管理、创新精神和关注成本方面的核心胜任素质；提供定位理论、提高创造力、预算管理和成本控制方面的培训。

（3）关于个人的信息。关于被评估者个人的信息中主要有两方面的信息，一是工作描述的信息，二是上一个绩效期间的评估结果。在员工的工作描述中，通常规定了员工的主要工作职责，以工作职责为出发点设定工作目标可以保证个人的工作目标与职位的要求联系起来。工作描述需要不断地修订，在设定绩效计划之前，对工作描述进行回顾，重新思考职位存在的目的，并根据变化了的环境调整工作描述。

（二）绩效计划的沟通

绩效计划是双向沟通的过程，绩效计划的沟通阶段也是整个绩效计划的核心阶段。在这个阶段，管理人员与员工必须经过充分的交流，对员工在本次绩效期间内的工作目标和计划达成共识。绩效计划会议是绩效计划制定过程中进行沟通的一种普遍方式。但是绩效计划的沟通过程并不是千篇一律的，在进行绩效计划会议时，要根据公司和员工的具体情况进行修改，主要把重点放在沟通上面。

　　管理人员和员工都应该确定一个专门的时间用于绩效计划的沟通，并且要保证在沟通的时候最好不要有其他事情干扰。在沟通的时候气氛要尽可能宽松，不要给人太大的压力，把焦点集中在开会的原因和应该取得的结果上。

　　在进行绩效计划会议时，首先往往需要回顾一下已经准备好的各种信息，在讨论具体的工作职责之前，管理人员和员工都应该知道公司的要求、发展方向以及对讨论具体工作职责有关系和有意义的其他信息，包括企业的经营计划信息，员工的工作描述和上一个绩效期间的评估结果等。

　　（三）绩效计划的审定和确认

　　在制订绩效计划的过程中，对计划的审定和确认是最后一个步骤。在这个过程中要注意以下两点。

　　第一，在绩效计划过程结束时，管理人员和员工应该能以同样的答案回答几个问题，以确认双方是否达成了共识。这些问题是：员工在本绩效期内的工作职责是什么？员工在本绩效期内所要完成的工作目标是什么？如何判断员工的工作目标完成得怎么样？员工应该在什么时候完成这些工作目标？各项工作职责以及工作目标的权重如何？哪些是最重要的，哪些是次重要的，哪些是次要的？员工的工作绩效好坏对整个企业或特定的部门有什么影响？员工在完成工作时可以拥有哪些权力？可以得到哪些资源？员工在达到目标的过程中会遇到哪些困难和障碍？管理人员会为员工提供哪些支持和帮助？员工在绩效期内会得到哪些培训？员工在完成工作的过程中，如何去获得有关他们工作情况的信息？在绩效期间内，管理人员将如何与员工进行沟通？

　　第二，当绩效计划结束时，应达到以下的结果：员工的工作目标与企业的总体目标紧密相连，并且员工清楚地知道自己的工作目标与企业的整体目标之间的关系；员工的工作职责和描述已经按照现有的企业环境进行了修改，可以反映本绩效期内主要的工作内容；管理人员和员工对员工的主要工作任务，各项工作任务的重要程度，完成任务的标准，员工在完成任务过程中享有的权限都已经达成了共识；管理人员和员工都十分清楚在完成工作目标的过程中可能遇到的困难和障碍，并且明确管理人员所能提供的支持和帮助；形成了一个经过双方协商讨论的文档，该文档中包括员工的工作目标，实现工作目标的主要工作结果，衡量工作结果的指标和标准，各项工作所占的权重，并且管理人员和员工双方要在该文档上签字确认。

第三节 绩效沟通

绩效沟通是绩效管理的核心，是指考核者与被考核者就绩效考评反映出的问题以及考核机制本身存在的问题展开实质性的沟通，并着力于寻求应对之策，服务于后一阶段企业与员工绩效改善和提高的一种管理方法。绩效沟通在整个人力资源管理中占据着相当重要的地位。

绩效沟通主要体现在四个方面：目标制订沟通、绩效实施沟通、绩效反馈沟通、绩效改进沟通。由此构建出绩效沟通四阶段模型（见图8-1）。四个方面相互配合，层层递进，共同构成了企业的沟通系统。事实上，通过绩效管理，员工可以清楚地知道公司希望他做什么，什么事可以自己说了算，工作要干到什么程度等。绩效管理实际上就是上下级间就绩效目标的设定及实现而进行的持续不断双向沟通的一个过程。

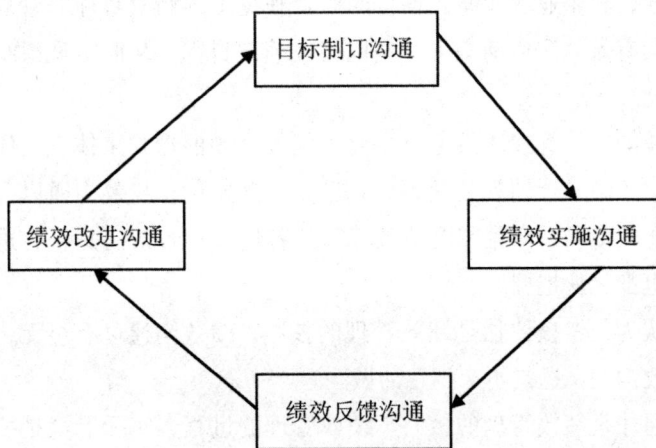

图8-1 绩效沟通四阶段模型

一、绩效沟通的地位

绩效沟通是绩效管理的关键环节，在整个人力资源管理中占据着相当重要的地位。可以说如果企业的绩效管理缺乏了有效的绩效沟通，那企业的绩效管理就不能称之为绩效管理，至少在某种程度上讲是不完整的绩效管理。通过妥善有效的绩效沟通将有助于及时了解企业内外部管理上存在的问题，并可为之采取应对之策，防患于未然，降低企业的管理风险。同时也有助于帮助员工优化后一阶段的工作绩效，提高工作满意度，从中推动企业整体战略目标的达成。而且和谐的企业文化的构建，优秀的人力资源品牌也离不开妥善有效的绩效沟通的助推作用。

（一）缺乏绩效沟通易使绩效管理流于形式

绩效管理体系运行一段时间后，因缺乏持续有效的绩效沟通，使部分企业的绩效管理渐渐粗犷化，有逐步向简单的绩效考核模式演变的趋势，即走"量化→考核→奖惩"的简单模式，在应用中忽视对运营计划与实际业务进展的动态跟踪，导致绩效管理流于形式，收效甚微。

（二）绩效沟通是绩效管理的核心

中小企业完整的绩效管理流程是按照"战略定位→绩效计划→绩效沟通→绩效评估→绩效结果运用"五个环节循环渐进的，同时，绩效沟通作为绩效管理的第一要素，是贯穿绩效管理的各个环节的。

绩效管理作为一个完整的系统，要求企业管理层和员工全部参与进来，通过沟通的方式，将企业的战略、各自的职责和员工的绩效目标等管理内容确定下来，在持续有效的沟通前提下，共同完成绩效目标，从而实现组织的经营目标和战略规划。

多数企业的绩效管理体系运行主要以绩效合约的形式来体现，体系的运行多数比较侧重于绩效计划和绩效评估环节，战略定位、绩效沟通以及绩效结果运用等环节比较薄弱，而且实施绩效管理的各层级和各部门是否有进行有效的绩效沟通，也都无从把握。

许多人认为，考核评估是绩效管理的核心，绩效沟通可有可无，于是淡化甚至取消绩效沟通，这是本末倒置的做法。

绩效沟通才是绩效管理的核心。绩效管理的过程，实际上就是绩效沟通的过程。

二、绩效沟通的过程

一般来讲，一个完备的绩效沟通全过程主要是由沟通前的准备阶段，沟通过程中操纵阶段和沟通后的跟踪阶段三部分构成。而且这三部分是紧密相连，构成了一个具有较强逻辑性的循环圈。

（一）绩效沟通准备工作阶段

事前沟通主要是事前培训宣贯工作，并预设绩效指标。通过事前培训，能够让全员学习绩效管理基本知识，全面了解绩效考核是一种有效的管理工具。员工参与到其中对自己绩效的提升和管理水平的持续改进会有很大的帮助，可以借助绩效考核这个工具实现部门和个人的目标。取得理想效果的绩效沟通是离不开前阶段的周密准备工作的。可以说，离开了周密的准备，那整个绩效沟通就失去了开展沟通的稳固基础。

具体来讲，准备阶段的工作主要由如下几方面：

第一，沟通对象的分类。实施沟通的人员第一步就应依据考评表和考评结果所反映出的信息将被考核者实施分类。将同一部门的考评表集中在一起，然后又从同一部门的考评表中依据考评结果分为好、中、差三类。那正规绩效考评表从横向层次就被归入了各部门，从纵向层次上则分为了好、中、差三类。将考评表分类的过程实际上也是一个对沟通对象快速解读的过程，这样做一方面既有利于从全局上了解和把握企业的整体绩效状况，也便于对员工进行有针对性地沟通，从而提高沟通的效率。

第二，绩效沟通的总目标和分目标的定位。任何沟通都离不开目标的导向。若是缺失了沟通目标，那整个沟通就有可能与沟通原定的功能和意义发生偏离。只有在正确的沟通目标的引导下，并围绕目标需求展开话题，获取支撑目标达成的信息，才能使沟通真正产生效果。就绩效沟通来讲，绩效沟通的总目标是通过与员工开展沟通来提高员工的工作绩效，从而带动企业品类战略目标的达成。我们在确定了这个绩效沟通的总目标后，当然也不能忽视了支持总目标的分目标的确立。从本质上说，总目标实际上就是各个分目标的提炼和汇总。确立绩效管理的分目标实际上也就是针对每次具体沟通所拟定的一个沟通期望。如通过这次沟通我要向员工传递什么信息，沟通之后要达成怎样的沟通效果等一些较为具体详细的目标。但要注意确立分目标一定要有针对性，要从评估表和工作分析表中提炼出依据信息。

第三，全面解读绩效考评结果。只有认真全面解读了绩效考评结果，真正获取结果所反映出的信息，才具有与沟通对象展开沟通的"共同语言"基础，否则彼此之间沟通将会存在不同程度的阻碍。解读绩效考评结果应完成四个问题：其一，沟通对象应该做什么；其二，沟通对象已经做了什么；其三，沟通对象为什么会得到这样的考评结果；其四，沟通对象应该朝什么方向改进。通过对这四个问题的思考，实施沟通的人员就会对沟通对象有了一个初步的了解，沟通也就会有的放矢地进行，沟通的语言基础也就具备了。

第四，合适的场所和时间的选择。所谓合适的场所和时间就是指进行绩效沟通时要注意时机和场所环境的选择，绝不能马虎了事。毕竟在不同的时间和沟通场所所进行的沟通产生的效果是不一样的。恰当的时机和舒悦的沟通环境将有助于使沟通达到"事半功倍"的效果。那么何谓恰当的沟通时机呢？企业的绩效沟通最好安排在绩效考评结果公布的第一时刻进行。如可以安排边进餐边沟通，这种沟通氛围容易让员工接受，沟通效果也较为明显。因为由于考评结果的差异性对每个考评对象的影响性不尽相同。同时也可能有些员工对绩效考评结果和考评机制本身存在异议，这些情况的存在也就使得绩效沟通应当快速展开。

至于舒悦的沟通环境应具备两个特征：其一，具有正规性和权威性。一般可以选择在会议室或专门的办公室进行，让沟通对象意识到企业对本次沟通的重视；其二，不具备干扰性因素的存在。舒悦的沟通环境应该使沟通能够不受干扰，如人员的进出、电话铃声等。这都需要工作人员妥善的准备和布置。

五是制定沟通提纲。如果将沟通目标当作指挥者，那沟通提纲就是向导。成功的绩效沟通是离不开沟通提纲的"向导作用"的。具体来讲，沟通提纲应分为两类，一类是沟通计划，其主要是对沟通全过程的一个事先安排，如什么时候开展沟通，在哪里进行沟通，沟通应由哪些人员参加等；另一类就是面谈提纲，其主要是细化到对一个具体沟通对象的沟通安排，如问什么样的问题，如何记录，首先问哪些问题等。制定沟通提纲要注意有针对性和有选择性，一方面要使绩效沟通达到好的效果，另一方面又要注意沟通的效率。

（二）绩效沟通操纵阶段

有了周密的准备，整个绩效沟通就成功了一半。但绩效沟通的实质性操纵阶段也不容忽视，否则会造成前功尽弃的局面出现。绩效执行中往往有关键控制点，并且员工在执行过程中可能会出现各种问题，如果能适时、及时地沟通，帮助员工对遇到的问题给予分析、对员工行为出现的偏差进行纠正，会收到事半功倍的效果。这种沟通可采取正式或非正式沟通；可以是定期或不定期的；也可以采用阶段质询会、汇报或检讨方式等。在沟通过程中应注意以下四方面的问题：

首先，站稳自己正确的立场。这实际上包含两方面的信息：第一，你要保证你的立场是正确的而非不公平或错误的。这就需要绩效管理人员从全局和整体方向上把握，冷静地分析考评表，理性对待每一位参与沟通的员工，并从中提炼出一个公平公正的立场，避免由于主观思维扩大化导致立场出现偏差；第二，在保证自己的立场正确的前提下就要稳固的坚持自身的立场。在绩效沟通中，有些员工可能对绩效结果的公正性、公平性持有怀疑的态度，甚至对抗的态度，不认同绩效管理人员的观点和立场。在面对这种情况出现时，作为企业的管理一方一方面要认真倾听员工的言论并认真记录，使员工感觉到企业对自己的重视，另一方面要稳住自己正确的立场，切忌出现立场不坚定或混乱，以保证此次沟通的有序性。毕竟员工所反映信息的真实性是值得事后核实的。

稳住自己的立场要注意两方面的问题：第一，通过稳住自己的立场，并将其传递给员工，使沟通能够顺利实现。第二，在面对员工反驳时，应充分给予员工机会，并认真做好记录。切忌粗暴地打断员工或与员工针锋相对的展开辩论。

其次，围绕已定目标展开沟通。在沟通的准备阶段，绩效管理人员就已经为沟通制定总目标和具体的分目标。在沟通的执行阶段就是如何完成这些目标的问题。相对于总目标的实现来讲，其关键之处就是要从总体和全局的观念上来把握，绝不能因为某个部分或局部出现了偏差而使总目标也人为的发生偏差。绩效管理的总目标是通过沟通来带动企业整体绩效的改善，那么在沟通中就要注意搜集和把握全局性和不同沟通对象反映的共性信息。至于具体的分目标的实现实际上就是完成已定的工作任务。如通过这次沟通我要获取哪些信息？我要向沟通对象传达哪些信息？既然确定这些任务和目标之后，那沟通也自然需要围绕这些任务展开沟通。

再次，灵活应对突发事件。在任何活动进行的过程中都有可能发生意料之外的突发事件。绩效沟通当然也不例外。如企业一方由于某种原因使沟通演变成了说教，员工完全成了一个"忠实"的听众。又如遇到内向型的员工，整个沟通根本就不能进展下去等一系列的突发事件。在面对这些突发事件时，作为代表企业的一方的人员首先就是要摆正心态，快速冷静思考，找出应对之策。如若遇到沟通演变成说教的突发事件，企业一方在意识到这一点之后就应及时将自己转换为倾听者，并适当延长原定的沟通时间，以避免由此带来的负面效果产生。其次，企业也可以主动地向员工"道歉"，拉近彼此之间的距离，防止突发危机扩大化。

最后，重在探讨解决问题的应对之策。如果说改善员工及企业的绩效是沟通的出发点，那么探讨解决问题的对策则是沟通的落脚点。与员工展开绩效沟通若是未能探讨出解决问题的对策，那从根本上说绩效沟通是失败的或称之为"无意义"。因此，在进行绩效沟通之时应重在探讨解决问题的对策。在开展绩效沟通时探讨应对之策有两方面的意义：其一，它可以借助企业一方的智慧帮助员工谋求应对之策；其二，它也集合了员工的智慧，使探讨出的应对之策更具有可操作性和现实性的意义。

（三）绩效沟通跟踪阶段

一个完善的绩效沟通机制当然也离不开沟通后的跟踪观察阶段。在完成了绩效沟通后，绩效管理人员应对沟通对象进行跟踪观察，及时了解沟通对象的工作动态，并从中提炼出沟通效果和沟通目标达成程度的信息，为后阶段"调试"企业沟通机制和绩效管理机制提供参考依据。具体可寻求沟通对象所在的相关部门和人员给予帮助和配合。工作流程如下：

结果审核。主管在事后沟通前要充分准备好资料，说明打分原因时应该提供合理的依据，同时需要听取员工本人的意见和想法，然后再根据沟通的实际情况对结果进行适当的修改。

分析原因。双方就结果进行充分沟通和修改后，需要对原因进行深入的分析，特别是对于没有完成的目标，分析是客观原因还是主观原因造成的，是企业内部管理还是外部环境发生了变化引起的，是员工的胜任能力不足还是经验不够等，最后对确定的原因进一步分析，提出解决的最好办法。

目标分析。对于完成或超前完成的目标也要进行分析，分析是如何顺利完成目标的，然后将员工所采取的有效方法和措施在内部进行分享，使大家共同进步。但更重要的一点是，对于不理想的目标下一步改进计划的沟通与制订，通过制订一个明确有效的下一阶段改进计划来实现员工业绩和能力的提升，是保证绩效持续改进的一个关键步骤，因为一个考核周期的结束就是下一阶段的开始，同时也需要对实现目标所采取的措施和资源支持形成共识。

绩效沟通在人力资源管理活动中既是一项重要的活动，而又是一项不易把握，较为复杂的活动。面对绩效沟通时，管理者务必要摆正心态，认真准备，灵活操控，妥善对待，切勿轻视了之。否则，极容易陷入绩效沟通的恶性循环的怪圈之中去。

第四节 绩效评估

所谓绩效评估，是指运用数理统计、运筹学原理和特定指标体系，对照统一的标准，按照一定的程序，通过定量、定性对比分析，对项目一定经营期间的经营效益和经营者业绩做出客观、公正和准确的综合评判。

绩效评估（Performance Evaluation），又称绩效评价、绩效考核。绩效评估的原则、内容、流程详见第五章第七节，这里不再重述。

第五节 绩效结果运用

绩效结果运用是指通过对绩效优异者的奖励和绩效较差者的惩罚，可以鼓励企业内部的正确行为，激励企业员工为达到企业目标而共同努力；同时，对企业内部运作中出现的问题进行指导和纠正，以达到企业的整体进步。一般来说，绩效结果会运用到五个方面：薪资报酬、职级升降、岗位调整、培训、管理改善。但绩效结果的运用虽对过去的绩效进行奖惩，但更强调将来绩效的进一步提高。这一次阻碍绩效的因素，会成为下一绩效管理周期的绩效目标与计划。这时绩效管理又回到了起点。

第一，薪资调整。对于绩效不良的员工，要降低绩效工资，促进绩效改善。绩效优秀的员工根据绩效标准（公司薪酬方案）进行合理的调整。绩效结果运用于薪资调整能起到提高内部公平感的作用。

第二，奖金分配。奖金分配的形势多种多样，但由于很多企业由于没有客观的绩效考核标准，导致增加了内部矛盾，严重的还导致员工离职。如果有公开透明的奖金兑现标准，员工根据考核结果都能自己算出该拿多少奖金，使矛盾会大大减少。

第三，培训需求分析。管理者可根据员工绩效考核结果及相关记录，发现员工与岗位工作标准的差距，进行培训需求分析，进而判断是否需要培训，需要哪方面的培训。绩效考核的目的是帮助员工提高和改善绩效，帮助员工成长。

第四，岗位调整。对于连续考核优秀的员工，要予以晋升；对于连续绩效不良的员工，要降级、调岗或解除劳动合同。

第五，员工职业发展计划。企业在实现战略目标的同时，员工也在实现自己的职业目标。通过绩效考核结果运用，可以使员工职业生涯实现有序发展，而员工职业生涯的发展，也促进了企业的发展，可以说是相辅相成，相得益彰。

本章小结

中小企业绩效管理的五大环节分别为战略定位、绩效计划、绩效沟通、绩效评估、绩效结果运用。成功推进绩效管理，五大环节缺一不可。战略定位是绩效管理成功的前提；绩效计划是绩效管理的基础；绩效沟通贯通绩效管理的整个过程，是关键；绩效评估是绩效管理的核心；绩效结果运用是绩效管理的目的。五大环节相互作用、相互依赖、相得益彰。

第九章

中小企业绩效管理的七大步骤

绩效管理的最终目标是实现企业战略目标和愿景，践行企业使命和核心价值观。为保证绩效管理系统具有战略导向性，确保公司定位战略的实现，成功

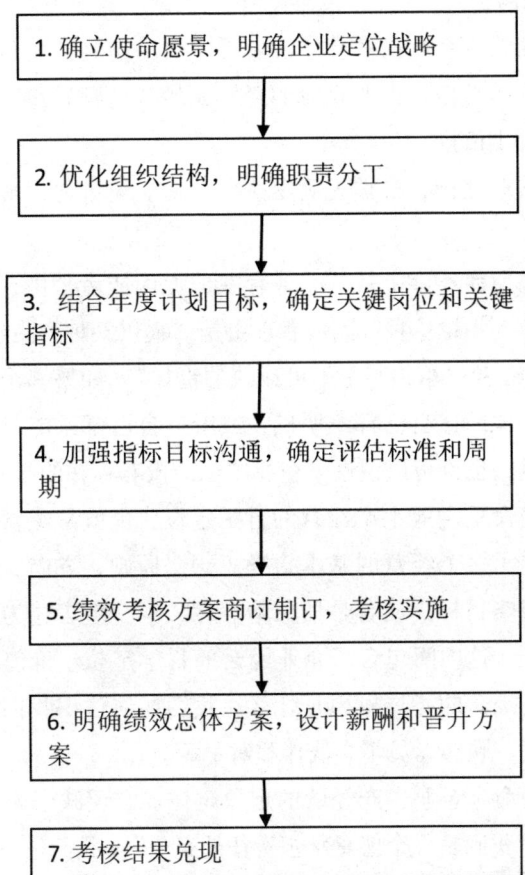

```
┌──────────────────────────────────────────┐
│ 1. 确立使命愿景，明确企业定位战略           │
└──────────────────────────────────────────┘
                      │
                      ▼
┌──────────────────────────────────────────┐
│ 2. 优化组织结构，明确职责分工               │
└──────────────────────────────────────────┘
                      │
                      ▼
┌──────────────────────────────────────────┐
│ 3. 结合年度计划目标，确定关键岗位和关键     │
│    指标                                    │
└──────────────────────────────────────────┘
                      │
                      ▼
┌──────────────────────────────────────────┐
│ 4. 加强指标目标沟通，确定评估标准和周       │
│    期                                      │
└──────────────────────────────────────────┘
                      │
                      ▼
┌──────────────────────────────────────────┐
│ 5. 绩效考核方案商讨制订，考核实施           │
└──────────────────────────────────────────┘
                      │
                      ▼
┌──────────────────────────────────────────┐
│ 6. 明确绩效总体方案，设计薪酬和晋升方       │
│    案                                      │
└──────────────────────────────────────────┘
                      │
                      ▼
┌──────────────────────────────────────────┐
│ 7. 考核结果兑现                             │
└──────────────────────────────────────────┘
```

图 9-1　中小企业成功推行绩效管理的七大步骤

实施绩效管理应当先从确立和重申企业使命、核心价值观、愿景和定位战略开始，在结合组织结构梳理，部门及岗位职责明确基础上，再制订公司年度计划目标和关键绩效指标，并层层分解到各岗位或个人，直至考核实施和结果兑现。一般来说，成功实施绩效管理一般要经历七大步骤。其流程图如图 9 – 1。

第一节 确立使命愿景，明确企业定位战略

一、确立企业使命

（一）使命的内涵

所谓企业使命是指企业在社会经济发展中所应担当的角色和责任，是企业的根本性质和存在的理由，说明企业的经营领域、经营思想，为企业目标的确立与战略的制定提供依据。

企业在制定战略之前，必须先确定企业使命。简单地理解，企业使命应该包含以下的含义：

第一，企业的使命实际上就是企业存在的原因或者理由，也就是说，是企业生存的目的定位。不论这种原因或者理由是"提供某种产品或者服务"，还是"满足某种需要"或者"承担某个不可或缺的责任"，如果一个企业找不到合理的原因或者存在的原因连自己都不明确，或者连自己都不能有效说服，企业的经营就会出现问题，也许可以说这个企业"已经没有存在的必要了"。

第二，企业使命是企业生产经营的哲学定位，也就是经营观念。企业确定的使命为企业确立了一个经营的基本指导思想、原则、方向、经营哲学等，它不是企业具体的战略目标，或者是抽象地存在，不一定表述为文字，但影响经营者的决策和思维。这中间包含了企业经营的哲学定位、价值观凸显以及企业的形象定位：我们经营的指导思想是什么？我们如何认识我们的事业？我们如何看待和评价市场、顾客、员工、伙伴和对手等。

第三，企业使命是企业生产经营的形象定位。它反映了企业试图为自己树立的形象，诸如"我们是一个愿意承担责任的企业""我们是一个在技术上卓有成就的企业"等。在明确的形象定位指导下，企业的经营活动就会始终向公众昭示这一点，而不会"朝三暮四"。

　　企业使命是企业存在的目的和理由。明确企业的使命，就是要确定企业实现远景目标必须承担的责任或义务。

　　20世纪20年代，AT&T的创始人提出"要让美国的每个家庭和每间办公室都安上电话"。80年代，比尔·盖茨如法炮制："让美国的每个家庭和每间办公室桌上都有一台PC"。到今天AT&T和微软都基本实现了他们的使命。

　　使命足以影响一个企业的成败。彼得·德鲁克基金会主席、著名领导力大师弗兰西斯（Frances）女士认为一个强有力的组织必须要靠使命驱动。企业的使命不仅回答企业是做什么的，更重要的是为什么做，是企业终极意义的目标。崇高、明确、富有感召力的使命不仅为企业指明了方向，而且使企业的每一位成员明确了工作的真正意义，激发出内心深处的动机。试想"让世界更加欢乐"的使命令多少迪士尼的员工对企业、对顾客、对社会倾注更多的热情和心血。

　　（二）确立企业使命及其方法

　　使命的重要性是毋庸置疑的。但不是每个公司都真正理解并身体力行了。使命就是公司存在的理由。使命是公司事业的价值取向和事业定位，指明了公司对经济和社会应做出什么贡献。使命代表着公司的目的、方向、责任，规定着公司的发展目的、发展方向、奋斗目标、基本任务和指导原则。

　　德鲁克对管理所下的经典定义就是："管理就是界定企业的使命，并激励和组织人力资源去实现这个使命。界定使命是企业家的任务，而激励与组织人力资源是领导力的范畴，二者的结合就是管理。"

　　使命感和责任感是个人和组织建功立业的强大动力，也是古往今来能成就伟大事业的共同特征。很多公司都有自己的使命陈述，可同样很多公司的使命并没有转化为公司的自觉行为，没有成为凝聚公司全体成员的感召力和动力。原因是多方面的，其中有两个主要方面，一是公司使命的合理性，另一个是公司的使命是否真诚。

　　公司使命的合理性问题。使命不是随便任意写的，看看大多数公司的使命，大部分都是些主观口号性的东西。使命的确立有其方法，但现在的管理书在谈到公司使命的重要性时，都只谈使命的重要性，或举一些公司的使命陈述作为案例，没有讲述如何去确定适合公司的正确而合理的使命。

　　使命的形成是在主体和环境之间展开的，是要解决主体意愿和环境可能之间的矛盾，解决其可能性的问题，包括机会利用的可能性和机会实现的可能性。机会利用的可能涉及环境的供需情况，机会实现的可能性涉及主体的利益包容情况。通过对各类信息的综合分析，了解需求的允许范畴，并对其做出可用与否、能用与否的检验，明确什么时间、什么空间、哪部分人群、干什么事最有意义、最符合客观环境的核心条件。只有既可用（物质性）又能用（能动性）的机会，才是切实的，由此形成的客体使命才有实际意义。使命反映的是组织应当而且可以负有重大社会的责任。只有能被组织胜任而又能被环境所接纳的重大社会责任才有可能成为组织的使命。使命要有针对性，使命不是一成不变的，使命是一个历史的范畴、动态的概念，在不同时期有不同的内涵。

使命是否真诚的问题。使命是发自组织内心的，是一种自觉的意识。而现在很多公司的使命是写给客户、员工和社会看的，只是为了装饰，不是老板或高层自觉的意识和行为，是虚假的使命，所以起不到应有的作用。

一个公司的使命必须是组织能胜任而又能被环境所接纳的责任才是合理的，使命要符合所选择事业发展的趋势，而且使命的确立本身是自觉的、真诚的，并且公司所有的行为都是围绕公司的使命在进行，才能被客户、员工和社会所认可、接纳，才能激励公司的员工为实现其使命而奋斗。

具体操作时，可从职责和价值两个方面对组织的使命进行陈述。明确职责就是确定组织到底是做什么的，即为何存在；明确价值就是要表明做好这些事给社会带来什么益处，即存在的理由。这需要组织成员采用追问的方式不断挖掘组织存在的深层次原因，从而确定使命陈述的准确性和清晰度。使命的陈述，在语言上力求精练、准确；在传播中，必须易于理解与沟通。如麦肯锡公司的使命"帮助杰出的企业和政府更加成功"，其职责是"帮助杰出的企业和政府"，其价值是"杰出的企业和政府更加成功"。

二、描述企业愿景

（一）企业愿景内涵

企业愿景体现了企业家的立场和信仰，是企业最高管理者头脑中的一种概念，是这些最高管理者对企业未来的设想。是对"我们代表什么"以及"我们希望成为怎样的企业"的持久性回答和承诺。企业愿景也不断地激励着企业奋勇向前，拼搏向上。何谓企业愿景？是指企业的长期愿望及未来状况，组织发展的蓝图，体现组织永恒的追求。

卡普兰和诺顿认为，愿景应该表明企业最高层面的宏伟战略目标，并认为陈述愿景应该包括挑战性目标、市场定位、时间期限三个要素。其中，挑战性目标是指愿景应该与企业当前的定位有所区别。领导者最重要的作用是为组织和所有员工设定挑战性的目标，并规定具体的时间期限和评估标准。市场定位是指愿景应该以市场为导向，对业务、顾客、竞争者、资源和能力做出综合分析判断，明确组织想要参与的竞争领域和预期的市场表现。清晰、准确的市场定位实际上表明了组织想要如何创造价值，能够为战略分析和决策提供指引。时间期限是指愿景表达的是企业的中长期目标，应具有明确的完成期限，其时间跨度一般为3—10年。

（二）愿景构思

德鲁克认为企业要思考三个问题：第一个问题，我们的企业是什么？第二个问题，我们的企业将是什么？第三个问题，我们的企业应该是什么？这也是思考我们企业文化的三个原点，精神动力。

——我们要到哪里去？

——我们未来是什么样的？

——目标是什么？

德鲁克三个问题为我们陈述愿景提供了依据。柯林斯和波勒斯强调对目标进行大胆生动的描述，强调愿景的激励性。卡普兰和诺顿更加侧重在使命、核心价值观和战略层面去理解愿景，注重操作性和实效性。

两种代表性观点相比较，卡普兰和诺顿对愿景的陈述框架更为科学，再加入对目标的生动描述，愿景的陈述就更加完整、有效。

对愿景的准确陈述特别是精准的市场定位有助于其企业获得竞争优势。对使命和愿景的成功描述，为企业提供强大的精神动力。

组织对愿景的陈述除了有一个清晰的、具有说服力的生动的宏伟目标外，通常还包括三个关键因素：挑战性目标、市场定位、时间期限，例如，观定绩效管理咨询公司愿景——到2026年，成为中国中小企业战略性绩效管理领域最值得信赖和推崇的合作伙伴和咨询公司。

三、明确企业的定位战略

企业的定位战略必须以企业的使命、愿景为指导。为保证定位战略的成功实施，简化定位战略，在本书我们以中小企业为例，来简述中小企业定位步骤。中小企业定位战略主要包括三个步骤：一是找到定位或聚焦的品类；二是做实定位；三是传播定位。

（一）找到定位的品类

前面已经叙述，找到定位有三种方法：聚焦、对立、分化。

要找到企业定位的品类，需要做以下几方面的事：其一，明确竞争领域和竞争对手；其二，调研企业消费者产品品类的认知度；其三，结合国际、国内两个市场调研分析各品类产品的市场容量特别是增长空间；其四，分析各产品品类当前的竞争状况和利润空间（一般竞争越激烈，利润空间越小，相反，竞争越小，利润空间越大）。一般来说，通过聚焦到认知度高且国内竞争较弱，而从趋势上看国际市场增长空间大的品类是首选。假如该品类客户认知度高且该品类市场增长空间大，但该品类竞争状况异常激烈，且该品类强势品牌已经形成，那就要通过对立（寻找强势品牌战略性弱势定位）或者分化来找企业的定位。长城汽车正是通过聚焦经济型 SUV 多功能车而获得市场认可（虽然在 2009 年定位之初，国内 SUV 市场销量并不大，但从国际市场来看 SUV 乘用车市场空间巨大，市场份额占比高），短短几年成为国内乘用车行业第一品牌。而农夫山泉通过对立找到娃哈哈纯净饮用水的弱势，再通过天然水聚焦，定位山泉饮用水，一举击败娃哈哈，成为饮用水品类第一品牌。从国内外大量成功定位的实践来看，找到定位可分三步走：一是找对竞争对手（包含竞争领域界定或界定品类宗属，这个竞争对手应是所属领域品牌最强势的）；二是精准确立定位（避开竞争对手的强势，利用其战略性弱势或避开战略性强势开辟一块市场）；三是找到并检验信任状（信任状是品牌沟通的重要一环，被认为是品牌在消费者心智中的担保物，品牌通过强调自己的信任状，来提高品牌的可信度，为消费者提供了选择品牌的理由）。

（二）做实定位

做实定位就是把战术层面定位上升到战略的高度，即定位战略化。把沟通层面定位落实到营销组合和企业管理特别是绩效管理的方方面面。具体到实践中，我们可以在如下几个方面开展工作：第一，对现有产品品类进行取舍，逐步放弃消费者认知度、低利润空间小的品类，把主要资源聚焦到定位的主导品类上，打造该品类的强势品牌。第二，围绕定位的品类，对营销组合（产品、价格、渠道、推广 4P 组合）进行整合，先在产品、价格两个方面与竞争对手区别开。在渠道选择上，也要锁定在主导品类目标顾客集中的地方，锁定在竞争对手的陈列地旁。第三，在企业管理中要围绕定位战略展开，如在培训中要加强全员定位知识和企业定位战略的培训，在组织结构上，设置相应的品牌管理部，负责定位战略的跟进和品牌的推广；在绩效管理上，要加大品类战略性指标，如推广预算、品类市场占有率等的权重，保证定位战略的达成。第四，围绕定位战略，识别和控制关键资源，如品类产品核心技术人才、专利配方、关键原料资源（红木家具的原料红木、农夫山泉的天然水库资源）、研究机构等，可通过合伙制以及配股和控股等方式来实现对关键资源的控制。

（三）传播定位

传播定位是战术层面的定位，是让定位概念快速进入心智占有一席之地。抢先占位、关联定位、对立定位是传播定位的三种方法，是快速顺利进入心智的三种方法。公关和广告是传播定位的两大战略武器，视觉锤和语言钉相互配合相互作用，是成功传播定位的两大法宝。

总之，抢先占位、关联定位、对立定位是传播定位的三种方法，而聚焦、对立、分化是开创新品类的三种方法。前者属于战术层面，后者属于战略定位层面，两者有机结合，保证定位战略的成功实施。

第二节　优化组织结构，明确职责分工

组织结构的概念有广义和狭义之分。狭义的组织结构，是指为了实现组织的目标，在组织理论指导下，经过组织设计形成的组织内部各个部门、各个层次之间固定的排列方式，即组织内部的构成方式。广义的组织结构，除了包含狭义的组织结构内容外，还包括组织之间的相互关系类型，如专业化协作、经济联合体、企业集团等。针对中小企业，广义的组织结构不在考虑之列，本书所谈的组织结构指的是狭义的组织结构。

一、中小企业组织结构形式

就中小企业来说，我们主要介绍直线制、职能制和直线—职能制三种典型的中小企业组织结构模式，其他诸如事业部制、矩阵制、模拟分权制就不再一一陈述。

（一）直线制

直线制是一种最早也是最简单的组织形式。它的特点是企业各级行政单位从上到下实行垂直领导，下属部门只接受一个上级的指令，各级主管负责人对

所属单位的一切问题负责，厂部不另设职能机构（可设职能人员协助主管工作），一切管理职能基本上都由行政主管自己执行。直线制组织结构的优点是结构比较简单，责任分明，命令统一。缺点是它要求行政负责人通晓多种知识和技能，亲自处理各种业务。这在业务比较复杂、企业规模比较大的情况下，把所有管理职能都集中到最高主管一人身上，显然是难以胜任的。因此，直线制只适用于规模较小，生产技术比较简单的企业，对生产技术和经营管理比较复杂的企业并不适宜。

（二）职能制

职能制组织结构，是各级行政单位除主管负责人外，还相应地设立一些职能机构。如在厂长下面设立职能机构和人员，协助厂长从事职能管理工作。这种结构要求行政主管把相应的管理职责和权力交给相关的职能机构，各职能机构就有权在自己业务范围内向下级行政单位下达工作任务。因此，下级行政负责人除了接受上级行政主管人员指挥外，还必须接受上级各职能机构的领导。

职能制的优点是能适应现代化工业企业生产技术比较复杂、管理工作比较精细的特点；能充分发挥职能机构的专业管理作用，减轻直线领导人员的工作负担。但缺点也很明显：它妨碍了必要的集中领导和统一指挥，形成了多头领导的局面；不利于建立和健全各级行政负责人和职能科室的责任制，在中间管理层往往会出现有功大家抢，有过大家推的现象；另外，在上级行政领导和职能机构的指导和命令发生矛盾时，下级就无所适从，影响工作的正常进行，容易造成纪律松弛，生产管理秩序混乱的后果。由于这种组织结构形式明显的缺陷，现代企业一般都不采用职能制。

（三）直线—职能制

直线—职能制，也叫生产区域制，或直线参谋制。它是在直线制和职能制的基础上，取长补短，吸取这两种形式的优点而建立起来的。目前，我们绝大多数企业都采用这种组织结构形式。这种组织结构形式是把企业管理机构和人员分为两类，一类是直线领导机构和相关人员，按命令统一原则对各级组织行使指挥权；另一类是职能机构和相关人员，按专业化原则，从事组织的各项职能管理工作。直线领导机构和相关人员在自己的职责范围内有一定的决定权和对所属下级的指挥权，并对自己部门的工作负全部责任。而职能机构和相关人员，则是直线指挥人员的参谋，不能对直接部门发号施令，只能进行业务指导。

直线—职能制的优点是既保证了企业管理体系的集中统一，又可以在各级行政负责人的领导下，充分发挥各专业管理机构的作用。其缺点是职能部门之间的协作和配合性较差，职能部门的许多工作要直接向上级领导报告请示才能处理，这一方面加重了上层领导的工作负担；另一方面也造成办事效率低。为了克服这些缺点，可以设立各种综合委员会，或建立各种会议制度，以协调各方面的工作，起到沟通作用，帮助高层领导出谋划策。

二、优化组织结构，明确岗位职责

在中小企业咨询过程中，发现很多中小企业存在组织结构不清晰，部门设计不合理，员工职责不明确等现象，难以适应中小企业规范化管理的需要。

（一）对于小微企业，建议采用直线制组织结构形式，直线制组织结构形式

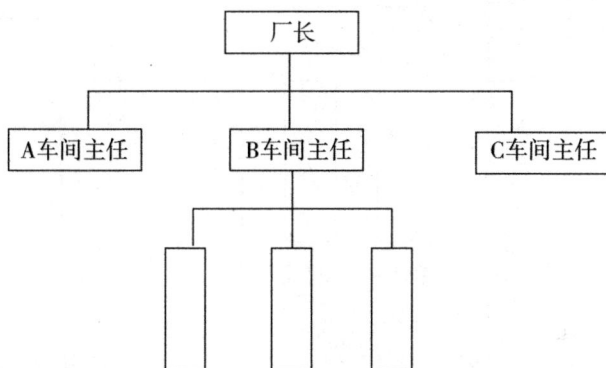

图9-1　XX厂直线制

在图9-1中，各车间分别从事不同的生产作业职能，在车间内生产作业职能进一步分解到工段以及班组。车间主任、工段长、班组长对所管辖领域（部门）的生产作业活动拥有完全职权。因此，在直线型组织结构下，作业职能存在水平分工。

车间主任、工段长、班组长均负责生产作业的管理，但其职权范围是不同的。他们的职权范围在纵向维度上经过逐层分解而趋向缩小。

厂长（或经理）通常将采购、销售、财务、人事等经营活动的决策权、指挥权和监督权集中在自己手中，并行使对生产经营活动的监督权。因此，在直线型组织结构下，经营管理职能只存在垂直分工（职权范围大小）而不存在水平分工（采购、销售、财务、人事、安全等）。这种组织形式在某种意义上类似

逐级承包体制，是一种集权式的组织结构形式。

（二）对大多数有一定规模的中小企业，建议采用直线—职能制组织结构形式

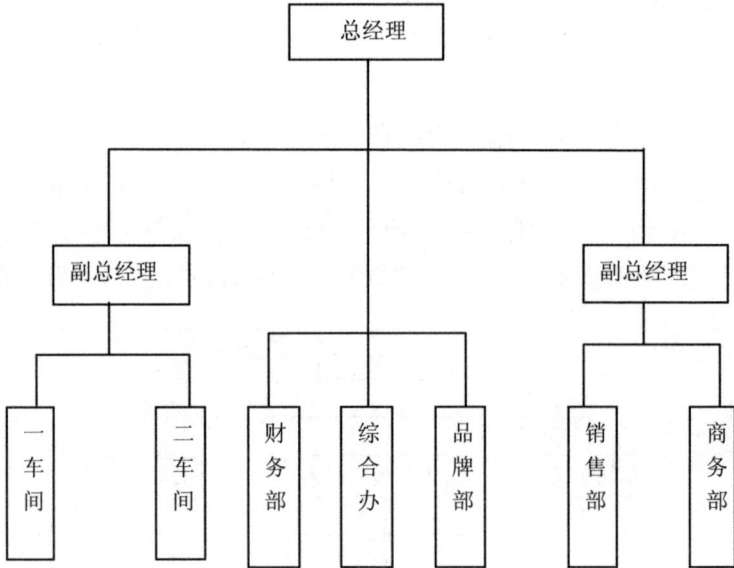

图 9 - 2　直线—职能制

在图 9 - 2 这种结构中，除了直线人员外，还需要职能参谋人员提供服务——他们与直线人员共同工作。直线人员直接参与组织目标的实现，而职能参谋人员则是间接参与，他们为组织目标的实现提供服务。对于生产性企业，它的主要目标有两个：生产和销售。作为组织目标实现的直接参与者，生产与市场人员构成了直线人员。区分组织中谁是直线人员和职能参谋人员的一个方法就是根据组织的目标，看谁直接为其做出贡献，谁间接为其做出贡献。在一个组织中，人事、后勤、法规、财务及品牌部门往往被认为是职能参谋部门，尽管在整个组织中这些部门是职能部门。

职能参谋部门拟订的计划、方案以及有关指令，由直线主管批准下达；职能部门参谋只起业务指导作用，无权直接下达命令。因此，职能参谋人员的服务本质上是建议性的，他们不能对直线人员行使职权。例如，人力资源主管只能向生产部门（车间）建议聘用新员工，他没有职权强迫车间主任接受他的建议。在组织最高层，职能参谋人员参与决策制定。除了这些特殊的职能参谋人

员外，在组织中还有服务性质的职能参谋人员，包括综合办后勤管理员、维修人员以及其他类似人员。

（三）明确职责分工

在组织结构优化后，我们在明确部门职责的同时，还要根据公司定位战略进一步对各部门必要的岗位进行设计和分析，为关键岗位的绩效考核做准备。

1. 岗位设计

岗位设计指确定新企业的机构、岗位及流程。对于老企业而言，则应根据企业发展状况对现有的岗位和流程进行优化。岗位设计一般包括三部分：岗位设置、岗位填充、岗位优化。

（1）岗位设置

岗位管理首要的工作是岗位设置，它是设置岗位并赋予各个岗位特定功能的过程。岗位设置须以管理科学的原理、所在行业和企业本身的特点、生产流程的特点以及职能部门的职能为依据，它体现企业的经营管理理念和整体管理水平，反映企业或部门机构的人员素质和生产技术水平等。

因事设岗是岗位设置的基本原则。具体体现在以下方面：最低数量原则。岗位设置的数量方面要符合最低数量原则，即以尽可能少的岗位设置来承担尽可能多的任务。为了追求效益最大化，其岗位数量应限制在有效地完成任务所需岗位的最低数。一般来说，企业生产任务和经营管理活动的存在和发展，需要多少岗位，就应该设多少岗位，需要什么样的岗位就设什么样的岗位。

目标—任务原则。岗位设置必须以企业的战略目标和任务为主要依据。岗位设置是为企业目标服务的，它是完成生产经营任务的手段。因此，岗位设置应根据企业的目标、任务等的需要来进行，既要保证组织所必需的功能，又要保证组织的高效与灵活。

责权相等原则。有权无责，必滥用职权；有责无权，必难尽其责。整个组织中的每一个岗位的责权是对等的，必须严格保障组织中的每一个岗位拥有的权力与其承担的责任相称，责权相等是发挥组织成员能力与积极性的必要条件。

有效配合原则。所有岗位要在组织中发挥积极作用，每一个岗位与上下左右岗位之间要实现有效配合，以保证组织目标的实现。岗位的能级之间、层次之间都要相互协调，组成一个有机的系统，发挥出整体大于部分的功能。

（2）岗位填充

设置岗位后，只是搭起了一个框架，还需要规范性地填充人员到相应的岗位上去，只有这样，才能使岗位发挥应有的作用。

在填充人员到岗位时，必须遵守双向选择和公平公正原则，选择那些有能力又有兴趣到本岗位任职的合适的人员，力争做到人尽其才、用其所长和职得其人，达到组织整体效益的最优化。在充填人员到岗位时，还必须遵循招聘的流程，采取科学的招聘方法，运用先进的选拔技术。要采取内部竞聘和外部招聘的方法，主要方式有：发布广告法、社会性公开招聘、借助中介法、主管推荐法、档案法等运用心理测验、评价中心等先进的技术。

（3）岗位优化

经过考核，将会发现岗位设置是否科学、是否协调的问题或岗位人员称职与否的问题。对于不能发挥作用或作用发挥不到位的岗位，必须进行调整和优化，如对于性质相同的重复岗位要进行合并，对于遗漏的岗位要重新增设，对于含糊不清的岗位要重新界定和确定其职责和权力。优化岗位还包括理清岗位与岗位之间的关系，以保证统一领导、分工协作和分级管理。在调整和优化中，也包括对现任岗位人员的优化，如对于能力远远超过岗位要求的人员，要采取晋升、调整岗位工作内容等方法，达到人与岗位的匹配；对于不能胜任岗位的人员，要采取培训提高、调整岗位、调整岗位工作内容等方法，达到人与岗位的匹配。

2. 岗位分析

规范性实施岗位管理，其目的是通过科学有效地利用好和管好各个岗位，使岗位功能得以有效地发挥，以保证各部门职能或机构职能的实现，最终保证企业定位战略和企业目标的实现。企业进行岗位分析的核心是建立关键岗位的岗位说明书（或称岗位描述），关键岗位的确定标准是在业务流程中起到关键作用或重要的辅助作用，对企业的绩效产生较直接、重大的影响，岗位相对固定，难以被其他岗位替代，或是专业性较强、责任重大、技能要求高、难以招募到合适人才的岗位。

岗位说明书内容包括岗位的基本情况、岗位职责、职权和任职资格条件四项内容。其中，岗位职责是岗位说明书的重点。

第三节　结合年度计划目标，确定关键岗位和关键指标

一、制订年度计划目标

年度计划目标是指根据公司战略定位，结合当前国内外行业发展趋势，并在对组织外部环境与内部条件的分析基础上，提出在未来一年内公司主要工作计划和要达到的组织目标以及实现目标的方案途径。公司年度计划目标要包括品类定位战略年度计划目标分解或战略执行率（如年度品类产量、产销率、品类推广预算完成率、品类产品优等品率）、关键人才流失率、年度培训计划完成率、重点工作计划完成及时性（如绩效考核、薪酬方案完成及时性等）。

公司年度计划目标确定后，再层层分解到各组织、部门、岗位及个人。进行计划目标分解时要遵循以下要求：

第一，计划目标分解应按整分合原则进行，也就是将总体目标分解为不同层次、不同部门的分目标，各个分目标的综合又体现总体目标，并保证总体目标的实现。

第二，分目标要保持与总体目标方向一致，内容上下贯通，保证总体目标的实现。

第三，目标分解中，要注意到各分目标所需要的条件及其限制因素，如人力、物力、财力和协作条件、技术保障等。

第四，各分目标之间在内容与时间上要协调、平衡，并同步的发展，不影响总体目标的实现。

第五，各分目标的表达也要简明、扼要、明确，有具体的目标值和完成时限要求。

二、确定关键岗位和关键指标

（一）岗位评估

岗位评估，就是通过对某个岗位（非个人）多方面的分析，评定其对企业价值（特别是对企业定位战略实现的价值）的大小和重要性的高低。岗位评估一般由岗位评估小组通过因素评分法来评定。岗位评定小组由公司内熟悉业务

的主要领导、相关部门的负责人和人力资源部相关人员组成。根据平衡绩效管理原理，岗位评估一般考虑三个平衡：

第一，外部平衡，企业给员工的工资与同行业的市场价格相比，具有合理的可比性；

第二，内部平衡，企业给员工的工资与岗位的相对内在价值相符合；

第三，个体平衡，企业给员工的工资对于从事同一岗位的员工，须体现人的特质性不同创造的价值不同，即胜任力强的员工工资比胜任力弱的员工工资要高。一般情况下，个体平衡主要是通过调薪来实现的。

明确岗位之间的相对价值。在一个企业中，岗位名称很多，人们常常需要确定一个岗位的价值，如想知道一个财务人员与一名营销人员相比，究竟谁对企业的价值更大，谁应该获得更好的报酬。为了协调各类岗位之间的关系，进行科学规范的管理，就必须进行岗位评价，使岗位级别明确。通过评价，可以明确各个岗位的门类、系统、等级的高低，使工作性质、工作职责一致，把工作上所需资格条件相当的岗位都归于同一等级。这样就能保证企业对员工进行招聘、考核、晋升、奖惩等管理时，具有统一尺度和标准。

岗位评估还可以使员工与员工之间、管理者与员工之间对报酬的看法趋于一致的满意，各类工作与企业对应的报酬相适应，使企业内部建立一些连续的等级，从而使员工明确自己的职业发展和晋升途径，便于员工理解企业的价值标准，引导员工朝更高的效率和更高的职位发展。

岗位评估是岗位工资的重要基础，可以更好地体现同工同酬和按劳分配的原则。虽然有人认为网络时代的企业组织变化越来越快，企业内部的组织结构、岗位构成也在不断发生变化，所以认为岗位评价和以岗位为基础的付酬方式不合时宜，应代之以技能为基础的付酬方式、以能力为基础的付酬方式或以绩效为基础的付酬方式。但从实际看，目前最常见的薪酬形式仍然是结构工资制，它包括基本工资、岗位工资、工龄工资、学历工资和绩效工资等。岗位工资是其中的重要组成部分，也是技术难度最大的部分。因此，岗位评价依然有它存在的价值，如果在设计薪酬体系时，把岗位评价与技能评价、绩效评价有效地结合使用，就可以取得更好的效果。

（二）确定关键岗位

岗位评估的重要依据应该是对公司的定位战略和公司业绩影响程度划分出岗位等级：A. 关键岗位、B. 一般岗位、C. 辅助岗位共三级岗位，一般比例为

关键岗位占比 15% 、一般岗位占比 70% 、辅助岗位占比 15% 。也可以根据中小
企业实际，采用二分法，即关键岗位（比例不超过 25%）和一般岗位。如在 A
公司咨询中，为了减少矛盾，我们把总经理、营销副总、生产副总、销售经理、
品牌主管、分厂厂长、车间主任、财务经理、绩效主管、质检主管等 10 个岗位
作为关键岗位，纳入第一批关键岗位的考核试点。

（三）确定关键绩效指标

企业关键绩效指标（KPI）是通过对组织内部流程的输入端、输出端的关键
参数进行设置、取样、计算、分析，衡量流程绩效的一种目标式量化管理指标，
是把企业的定位战略目标分解为可操作的工作目标的工具，是企业绩效管理的
基础。KPI 可以使部门主管明确部门的主要责任，并以此为基础，明确部门人员
的业绩衡量指标。建立明确的切实可行的 KPI 体系，是做好绩效管理的关键。
关键绩效指标是用于衡量工作人员工作绩效表现的量化指标，是绩效计划的重
要组成部分。

中小企业关键绩效指标包括三个层面：一是公司层面的关键绩效指标；二
是分厂（车间）、部门层面关键绩效指标；三是岗位关键绩效指标。

公司层面的关键绩效指标与公司的年度计划目标的确定是一致的，一般可
以等同采用公司的年度目标计划，也可略有不同，这里不再重述。

部门层面的关键绩效指标的确定依据来源于两个方面：一是来自对公司战
略目标的分解特别是公司年度计划目标的分解；二是来自部门的主要职责。如
A 公司一分厂的关键绩效指标：所定位品类的产量、产品优等品率、单位产品
综合消耗、废品率、一线员工流失率、客诉、安全事故等。

岗位关键绩效指标高层（总经理、副总经理）岗位的关键绩效指标可参照
公司年度计划目标指标，并结合分管部门职责设置；部门经理或分厂厂长（车
间主任）岗位的关键绩效指标可参照部门或分厂关键绩效指标设置；其他关键
岗位关键绩效指标可由部门或分厂关键绩效指标分解而来，如绩效主管关键绩
效指标可设置为考核及时性、考核准确性、考核结果月度分析报告及时性、完
整性、绩效方案修订及时性、投诉处理及时性及次数等。

第四节　加强绩效沟通，确定评估标准

绩效沟通是绩效管理的灵魂和核心，是整个绩效管理过程中耗时最长、最关键、最能产生效果的环节，它包括绩效目标沟通、绩效辅导沟通、绩效反馈沟通和绩效改进沟通。这里的绩效沟通主要指绩效目标沟通和绩效辅导沟通。

绩效评估标准，也称绩效考评标准；是指考评者通过测量或通过与被考评者约定所得到的衡量各项考评指标得分的基准。

一、绩效目标沟通

绩效目标是指由关键绩效指标（KPI）及相应的考核目标值两部分构成。公司层面的绩效目标（计划目标）确定后，再分解到各部门，然后再由各部门负责人将上级分解下来的目标在部门内部各岗位和人员之间进行分解和落实。例如，需要下属部门和员工做什么、改进什么、朝哪个方向努力，然后将这些要求转化为相应的指标与目标。其中指标一般用 KPI 来进行设置，但是要结合不同的人员能力设计不同的目标值和权重，才能真正起到激励的作用，这就要求每个管理人员清楚下属人员的能力和不足。同时要注意指标不仅要关注结果（产出），也关注流程（过程），不仅关注收益增长，也要关注潜力增长。可从以下几个方面考虑 KPI：

（1）来源于职位应承担的责任；

（2）来源于部门总目标，体现出该职位对总目标的贡献；

（3）来源于业务流程最终目标，体现出该职位对流程终点的支持。

KPI 要根据组织层级与职位要求体现分层、分类的原则，要符合 SMART 原则，即"具体的、可衡量的、可达到的、相关的、基于时间的"五项标准。

还要明确的一点，绩效目标一定是直接管理者和下属员工共同确定的，人力资源管理者代替不了这个工作，每个团队（部门、班组、项目组）都是一个具体的绩效管理单位，直接管理者就是这个单位的第一绩效负责人。

绩效目标设定的一个重要环节是让员工根据绩效目标制定绩效周期内各项工作任务和目标实现的具体工作计划，这些工作计划是未来进行工作跟进检查和总结的依据。工作计划的使用会使绩效管理过程数据收集和资料积累变得自

然而简单。

二、历史数据收集

绩效指标目标值的选择制定，主要是来源于企业历年收集的历史数据，结合公司的战略目标和团队成员的素质来确定。企业历年的各类人机料法环测等业务信息在财务部等归口管理部门可查找，如人力资源的相关信息可在人力资源部或相应归口部门索取，设备信息可在设备部或设备管理归口部门查找，销售额、产销率、货款回笼率等信息可在财务部查询，若公司管理信息系统或ERP系统健全，也可在系统中直接调取。总之，考核指标的目标值确定的最主要依据应是企业历年的历史数据。

三、绩效目标辅导

绩效目标设定以后，管理者的主要工作就是跟进员工工作并对员工进行辅导，实现绩效目标。绩效辅导是绩效管理的一个关键环节，绩效辅导应从绩效目标的设定开始到绩效考核结果反馈结束，它贯穿于绩效管理过程的始终。

绩效辅导过程中，管理者需要做以下几项工作：

第一，根据工作计划跟踪了解每个员工的工作进展情况；

第二，了解员工工作过程中遇到的障碍与问题；

第三，帮助员工扫清工作的障碍；

第四，提供员工所需要的专业知识和技能培训；

第五，提供必要的资源支持和智力帮助；

第六，定期将员工的工作表现反馈给员工，包括正面的和负面的。

绩效辅导沟通时管理者可采取以下方式：

第一，每月或每周同每名员工进行一次简短的工作交谈；

第二，定期（一般一周）召开工作例会，让每位员工汇报他完成任务和工作的情况；

第三，收集和记录员工行为或结果的关键事件或数据；

第四，设计各类工作模板，督促每位员工定期按照模板进行简短的书面报告；

第五，非正式的沟通；

第六，当出现问题时，根据员工的要求进行专门的沟通。

绩效辅导最关键的环节就是及时和员工进行沟通。在员工表现优秀的时候给予及时的表扬和鼓励，以扩大正面行为所带来的积极影响，强化员工的积极表现。在员工表现不佳，没有完成好工作的时候，也应及时真诚地予以指出，以提醒员工如何进行调整和改进。这个时候，管理者不能不管不问，否则最终结果只能是害了员工，对于团队绩效的提高和员工个人的能力提高和职业发展毫无益处。

需要注意的是，沟通是贯穿于绩效管理的整个过程，需要持续不断地进行。因此，绩效辅导也是贯穿整个绩效目标达成的始终。这对管理者来说是一个挑战，很多管理者可能不太愿意做，但习惯成自然。帮助下属改进业绩应是每位管理者所必须具备的职业素养。当然它更是一种责任，一个优秀的管理者首先是一个负责任的人。所以，沟通贵在坚持。

四、确定评分标准

绩效目标确定后，直接管理者还要与员工沟通，明确每一项考核指标的评分标准。

绩效评分标准，又称绩效考评标准，是考评者通过测量或通过与被考评者约定所得到的衡量各项考评指标得分的基准。依据组织的战略，就可制订个人或群体的工作行为和工作成果标准，标准虽然有多项，每一项也有很明细的要求，但衡量绩效的总的原则只有两条：是否使工作成果（特别是中长期）最大化；是否有助于提高组织效率。

在绩效考评中，各种内容、标度和属性的标准之间存在着密切的内在联系，它们相互依存，相互补充，相互制约，组成一个有机整体，这就是考评标准体系。

以销售部经理岗位为例，关键绩效指标可分为销售计划完成率、主导（聚焦）品类客户开发计划完成率、主导品类市场占有率、货款回笼率、销售毛利率、员工流失率、销售费用率、合同履约率、部门培训计划完成率。详见销售经理岗位考核量表9-1。

表 9 – 1　销售部经理考核量表

序号	KPI 指标	分值	绩效目标	评分标准	得分
1	销售计划完成率	35	100%	聚焦品类每降低 1% 扣 1.5 分，其他品类每降低 1% 扣 0.5 分，扣完为止	
2	聚焦品类客户开发计划完成率	10	100%	每降低 5% 扣 1 分，每增加 5% 加 0.5 分，最多加 2 分	
3	聚焦品类市场占有率	10	X%	年度达到目标值得满分，每降低 1% 扣 1 分，每增加 1% 加 0.5 分，最多加 2 分	
4	货款回笼率	10	Y%	每降低 0.1% 扣 0.5 分，扣完为止	
5	聚焦品类产品销售毛利率	10	Z%	每降低 0.5% 扣 0.5 分，扣完为止	
6	销售费用率	5	A%	每增加 0.1% 扣 0.5 分，扣完为止	
7	员工流失率	5	B%	每增加 5% 扣 1 分，扣完为止	
8	部门培训计划完成率	5	C%	每降低 5% 扣 1 分，扣完为止	
9	合同履约率（不含口头订单）	10	100%	每出现一单合同我方原因未履行扣 2 分，客户原因扣 1 分，造成损失的加倍扣分，扣完为止。	

第五节　绩效考核方案制订，考核实施

一、绩效考核方案内容

绩效考核一般包括计划目标考核、部门绩效考核、岗位职责考核、综合评估四个方面。一般地，根据企业的不同发展阶段和具体要求，可选择实施，如对小企业可进行计划目标考核、岗位职责考核和综合评估三方面实施即可达到目的。下面从四个层次分别予以阐述。

（一）计划目标考核方案

公司层面计划目标考核结果可与中高层管理技术人员的绩效挂钩，分别占中高层岗位的比例为中层20% ~ 30%，高层40% ~ 50%，也可与全体管理技术人员绩效挂钩，中层以下一律占10% ~ 15%。计划目标考核一般为年考核项，与年度绩效工资挂钩。如果按月考核，可把年度计划目标按月进行合理分解，月考核结果可作为相应人员月度绩效工资发放依据之一。

（二）部门绩效考核方案

对小型企业可直接考核到岗位或关键岗位，对部门可不考核。但对组织架构比较完善，部门职责比较清晰，人员配备比较到位的组织可以考核到部门，部门绩效考核结果既可作为分管高层绩效的一个输入，如占20% ~ 30%比例；也可作为部门负责人岗位职责考核结果，是其绩效的重要组成部分，如占40% ~ 70%比例（此时，部门负责人可不再进行岗位职责考核）；还可作为部门其他管理技术岗位绩效的一个输入，如占20% ~ 30%比例。

（三）岗位职责考核

高层岗位职责考核可由分管部门绩效考核加权结果来取代，也可根据各自的岗位职责拟订考核方案单独进行考核。中层岗位绩效考核可由部门绩效考核结果直接取代或由岗位职责考核来得到。其他员工岗位职责考核可根据其岗位职责，结合部门和公司计划目标，来确定岗位绩效关键指标，拟订岗位职责考核方案实施考核。

（四）综合评估

综合评估由对组织或团队的综合评估及对员工个人的综合评估两部分。根据绩效管理平衡原理，综合评估是全面考核的重要组成部分，是调节被考核对象的平衡项，是保证考核结果有效实施的必要工具。个人的评估主要包括价值观、态度和履行相应职责（现有和前瞻性职责）的必要技能；组织或团队的综合评估主要包括团队精神、团队战斗力、跨部门或组织的沟通协作主动性、大局意识等。需要说明的是，对中小企业来说综合评估只针对岗位个人，不针对组织或团队。

二、绩效考核方案

绩效考核方案可分中型企业和小型企业两类分别制订，对小型企业可直接

用计划目标考核和岗位关键绩效指标考核、综合评估方式来体现，如下表9-2
所示。对中型企业还可结合部门绩效考核来确定各岗位最终考核得分，如表9-
3所示。

表9-2　小型企业绩效考核得分表

项目权重 岗位	计划目标 权重得分	岗位关键指标 考核权重得分	综合评估 权重得分	最终得分
高层岗位	X1% A	Y1% B1	Z1% C1	三者相加
中层及其他关键岗位	X2% A	Y2% B2	Z2% C2	三者相加
中层以下其他岗位	X3% A	——	Z3% C3	两者相加

中层以下非关键岗位管理技术人员考核以综合评估为主，以公司层面计划目标年度考核
作为补充，月度可不考核；其他关键岗位月度只考核岗位职责（以关键绩效指标为
主），年度考核由公司年计划目标、岗位关键指标考核、综合评估加权得出最终考核
结果

表9-3　中型企业绩效考核得分表

项目权重 岗位	计划目标 权重、得分	部门绩效考 核权重得分	岗位关键指标 考核权重得分	综合评估 权重得分	最终得分
高层岗位	X1% A	——	Z1% B1	U1% C1	三者相加
中层及其他 关键岗位	X2% A	Y2% D2	Z2% B2	U2% C2	四者相加
中层以下 其他岗位	X3% A	Y3% D3	Z3% B3	U3% C3	三者相加

中层以下非关键岗位管理技术人员月度得分可参照部门得分；高层岗位月度只考核岗位
关键绩效指标（也可以分管部门绩效考核结果加权取代）；其他关键岗位月度考核按部
门得分、岗位职责考核得分加权得到；所有岗位年度考核由公司年计划目标、部门绩
效、岗位关键指标考核、综合评估加权得出最终考核结果

三、绩效考核实施

（一）实施步骤

在方案反复讨论明确后，绩效考核方案实施包括三个步骤：第一发布宣讲

解读绩效考核方案，对被考核对象和相关人员进行培训，确保所有相关人员理解考核方案；第二，明确1—3个月试运行期，在试运行中收集方案操作中存在的问题和建议；第三，对试运行中收集到的问题和建议进行分析整理，在反复讨论的基础上进行修订，并报最高管理者审批后正式实施。

（二）实施方法

高层管理人员考核结果是由计划目标考核、岗位职责考核（或分管部门绩效考核加权）和综合评估得分三部分构成，其中计划目标考核和岗位职责考核结果占80%左右，综合评估占20%左右。

中层管理技术人员考核结果是由计划目标考核、所在部门绩效考核、岗位职责考核和综合评估得分四部分构成，其中前三部分考核结果占70%左右，综合评估占30%左右；对于小型企业，可不对部门进行考核，取三项考核结果加权即可。

中层以下管理技术人员考核由计划目标考核、部门绩效考核、岗位职责考核以及综合评估四部分构成，其比例分别建议为10%、20～40%、0～30%、40～60%。小型企业为方便操作，可简化为计划目标考核和综合评估两项即可。

第六节 明确绩效总体方案，确定薪资、晋升方案

绩效总体方案，是针对参与考核的所有管理、技术和销售等人员关于绩效考核最终结果与绩效工资、奖金、转岗、淘汰、培训、晋升和评选各类先进挂钩的总规定和一系列具体操作办法统称。针对具体考核分值，统一设置相应的绩效工资和奖金，并设置相对应的转岗、培训、降职、离职、晋升和评选先进的得分标准；也可根据不同类别岗位，设置个性化的标准。结合中小企业实际，本节重点关注绩效薪资方案和晋升通道的设计。

一、明确绩效总体方案的目的

——为绩效工资和奖金发放提供依据；

——为员工的培训、晋升、降职、转岗和离职提供依据；

——为公司加强各级管理人员开展绩效管理工作提供指导和监督，确保绩效管理工作落到实处。

二、职责

（一）绩效领导小组职责

——负责绩效考核结果的评审工作，保证考核结果的公平公正；

——负责公司年度计划目标的制定、修订和考核方案审批工作；

——负责绩效薪资方案、培训方案、奖金分配方案、晋升方案以及绩效总体方案的审批；

——负责对考核过程中重大突发事件处理和争议裁决；

——负责绩效工资、奖金发放和员工晋升等的审批。

（二）绩效考核归口部门职责

——负责绩效总体方案及绩效薪资方案、晋升方案等的拟订、修订和报批工作；

——负责组织绩效考核方案、细则（含职责）的制修订工作；

——负责计划目标、岗位、部门考核的组织和具体执行工作；

——负责组织各岗位综合评估方案制订并实施；

——负责日常考核结果的发布和争议处理，确保考核结果公平公正。

（三）各相关部门

——负责配合绩效领导小组和归口部门做好考核证据收集传递工作；

——负责根据考核方案和细则做好本部门员工的绩效考核工作或配合工作；

——负责把公司的计划目标分解到部门和岗位，把部门职责和考核指标分解到个人。

（四）各岗位职责

——负责配合公司和本部门做好年度、月度和周计划工作；

——负责绩效考核具体任务指标落实工作；

——负责考核数据的汇总报送工作。

三、绩效总体方案的内容

总体方案包括绩效考核方案、薪资方案、岗位晋升（含降职）方案，并对员工培训、转岗、离岗离职、评先等与考核结果挂钩的相关内容也要作明确规定。

（一）薪资方案

一般来说，岗位等级越高，考核工资挂钩比例越高，高层挂钩比例一般在20%~50%，中层及关键岗位一般在15%~40%，中层以下10%~30%；对关键岗位都要进行月考核，与月绩效工资挂钩。本章第五节按中小企业类型（分小型和中型）分别对考核对象、考核方式和内容进行明确，尽可能保证考核结果的公平公正和可操作。就考核对象的选择上主要考核全体管理技术人员（含销售人员），而对一线普工可按月度岗位积分考核方式挂钩月度绩效工资，但比例不应过大，本书对一线普工考核不予详细探讨。下面按得分区间探讨中小企业绩效薪资挂钩方式，不再分月度考核和年度考核两种挂钩方式，统一见表9-4。

表9-4　绩效考核分值系数对照表

分值 系数	(0, 60)	(60, 80)	(80, 90)	(90, 95)	95（含）以上
绩效系数	A1	A2	A3	A4	A5

分值区间越大，系数越大，一般系数在0和2之间。

（二）奖金兑现方案

奖金是公司为调动全体管理技术人员（普工之外的所有员工）积极性和创造性去实现公司年度计划目标而设立的奖励基金。年度奖金兑现依据是公司层面计划目标的完成情况（考核得分）确定奖金发放等级，具体见表9-5所示。

表9-5　计划目标考核分值奖金等级对照表

分值 系数	(0, 80)	(80, 85)	(85, 90)	(90, 95)	95（含）以上
奖金等级	1	2	3	4	5

奖金等级越高，奖金越多，一般奖金范围在员工年度工资总额0~X%之间（X≤20）。

（三）岗位晋升方案

岗位晋升针对所有管理和技术（含销售）人员设计的一条晋升通道，包括管理人员晋升通道、技术人员晋升通道和销售业务员晋升通道，必要时也设计一套一线普工晋升通道（本书暂不考虑），管理人员从科员（办事员）、班长、科长（主任）、经理，一直到总经理，直至成为企业合伙人，技术人员从技术员、初级师、中级师、高级师、总师，直至成为企业合伙人，销售业务员从初级业务员、中级业务员、高级业务员、团队主管/银牌业务员、部门经理/金牌业务员、营销副总/钻石业务员，直至成为企业合伙人。每一岗位对应若干等级，每一等级对应不同的薪资标准和福利。岗位晋升的主要依据应是绩效考核的最终结果。一般要设置晋升的下限分值，低于该分值不得晋升，保证晋升结果的公平公正。

（四）其他内容

除上述内容外，总体方案还可根据公司战略需要，对培训、转岗、离职等与考核结果挂钩事项予以明确，确保绩效管理结果能够充分合理运用。

第七节　考核结果兑现

绩效总体方案及其分方案的制定发布，为考核结果兑现提供制度保障。

一、月绩效工资发放

对于纳入绩效考核的关键岗位和对应的员工，根据员工考核结果，按照表9-3绩效考核分值系数对照表，确定绩效系数 A_i，再拿绩效系数乘以月考核工资 B，即得出员工月绩效工资。

二、年绩效工资发放

对于纳入年度绩效考核的员工，参照表9-2绩效考核得分表计算出员工年度绩效考核最终得分，再根据最终分值对应的区间以及区间对应的绩效系数 A_i，拿绩效系数 A_i 乘以年考核工资 B1，即得出该员工年度绩效工资。

三、年度奖金发放

年度奖金一般是针对管理技术人员按照公司层面计划目标考核结果发放的额外收入。年度奖金的下限为0，上限一般不高于工资总额的10%，详见表9－5计划目标考核分值奖金等级对照表，具体标准由各企业根据年度计划目标完成情况、竞争对手绩效状况和年度通货膨胀等情况来确定。

四、晋升方案兑现

对于绩效考核或综合评估优良等级的各级员工，原则上应对照晋升方案和晋升通道给予晋升，如从员级晋升到班长级或助师级，对应的工资也相应调整，而对于无上升空间的管理技术人员，可根据同岗位薪资标准等级的差异，向上一级薪资标准晋级，如副总三级向副总二级晋级，对于确无晋级空间的岗位也可考虑企业合伙人方案，确保绩效优秀员工晋升晋级空间。

五、转岗离职及其他

按绩效总体方案要求，对于考核分值较低的员工，符合转岗要求的予以转岗，暂时无法转岗的要进行相关培训，培训后仍无法达到要求的员工原则上予以解除劳动合同，并给予相应的补偿。

绩效总体方案在兑现过程中发现有不合理的条款，应在下一年度予以讨论修订。

本章小结

本章主要探讨中小企业开展6P绩效管理的七大步骤，结合使命、愿景和组织结构设计及薪酬、晋升、绩效考核等方案，来阐述中小企业绩效管理的具体做法和经验。本章针对中小企业规模和需求的差异，分别介绍小微企业和中型企业绩效考核的不同做法，以满足不同企业的绩效管理需求。

第四篇 04

| 案例篇 |

第十章

XH 公司 6P 绩效管理体系建立

第一节　绩效管理诊断

一、XH 公司基本情况

XH 公司是一家拥有 30 台涤纶化纤加弹机、产销超 5 亿元的工业品公司。公司成立于 2003 年，是一家专业生产涤纶纤维的中小型加弹厂，年产各类粗中细旦涤纶加弹丝 5 万吨，年出口量近 1 万吨。作为一家专业的加弹企业，竞争优势比较突出。公司配置了当今世界先进的进口加弹机 30 台，其中德国原装进口巴马格机台 20 台和日本 33H 机台 10 台，可以生产各种规格的涤纶高、低弹丝。尤其是每一台机器都配置了在线张力监控系统，一旦张力波动异常就能自动切断丝，对品质有很大的保证，可满足高质量要求的客户。

公司设有总经办、销售部、生产部、物检化验室和一个生产车间共三部一室一车间，设总经理、副总经理各 1 名，总经理助理 1 名，部门经理 3 名、室主任和车间主任各 1 名；拥有员工 300 余人（其中大专学历以上的管理技术人员 40 余人），同时聘请台湾化纤专家担任生产部经理，带领生产管理技术团队，开展企业的产品项目创新和精益化生产。产品主要包括柔软舒适的中高档服装面料及运动系列和家纺相关原料；同时开发超细纤维、各种规格复合丝等高附加值的功能性特殊化纤产品。

二、问题诊断

经过咨询专家诊断，公司在绩效管理方面存在如下几方面问题：第一，公司没有明确的使命愿景和市场定位；第二，公司产品规格较多长丝范围，从用途有服装用丝、家纺用丝和工业用丝三大类；第三，没有明确的组织结构图和岗位职责的描述，管理层非常忙，有的员工无所事事；第四，公司只有比较粗的业务员的提成考核，没有其他岗位或部门的绩效考核；第五，公司熟练工和管理技术人员流失严重；第六，产品品质不稳定，订单交货不及时，客诉较多；第七，员工干多干少一个样，缺乏工作热情和积极性。

针对上述问题，观定咨询项目组在和公司高层特别是总经理充分沟通同意后，决定引入 6P 绩效管理体系对 XH 公司进行改造。

第二节　XH 公司 6P 绩效管理体系实施要点

一、提炼公司使命、愿景

通过对行业竞争对手的调研，并与高层特别是领导层反复沟通，我们确定XH 公司的使命愿景分别为：

XH 公司使命：为高端家纺产业的丰富和繁荣做出不懈的努力；

XH 公司愿景：到 2026 年，打造出国内高端家纺用涤纶超细旦低弹丝领先品牌。

二、明确竞争对手，找到公司定位

作为超细旦最大的加弹企业 SH 化工化纤一体化企业，企业加弹设备达到1500 台，产能是 XH 公司的 50 倍，且产品覆盖服装、业业、家纺三大类涤纶低弹丝。在国际市场，超细旦涤纶低弹丝发展前景非常广阔，利润率比中粗旦丝平均高 2%－10%。鉴于竞争对手和国内外市场分析，我们建议 XH 公司（服装用丝占 55%、家纺用丝占 45%，其中中粗旦丝占比 35%，细旦丝占比 20%，超细旦丝占比 45%）聚焦到 50D 以下超细旦高端家纺类涤纶低弹丝的品类，暂时保留高端运动服装用超细旦丝品类，减少服装用细旦丝和家纺用细旦丝两个品类的份额，砍掉中粗旦丝（占产品的比例为 35%），最终聚焦到高端家纺用超细旦低弹丝，从而打造该品类领先品牌。

在找到定位后，项目组为公司设置未来五年的聚焦品类发展目标，第一年的主打家纺用细旦丝品类的份额达到55%（超细旦丝比例不低于40%），第二年的主打家纺用细旦丝品类的份额达到65%（超细旦丝比例不低于50%），第三年的主打家纺用细旦丝品类的份额达到70%（超细旦丝比例不低于55%），第四年的主打家纺用细旦丝品类的份额达到75%（超细旦丝比例不低于60%），第五年的主打家纺用细旦丝品类的份额达到80%（超细旦丝比例不低于70%）。

为实现XH公司使命愿景和品类五年发展目标，项目组在与公司中高层管理团队多次沟通并达成共识后，提出实现定位战略并做实定位的营销组合策略和运营配称措施：一是在聚焦高端家纺用丝同时，添置设备集中人力（与高校科研机构等）开发抗静电、防蛀等功能性产品，提高产品的服用性能和附加值；二是在提高产品附加值同时，在五年内要逐步提高产品价格，建议主打品类产品每年提高2%～5%（附加值越高，提价比例越高），非主打产品价格根据市场价定价，为吸引客户可适度降价1%～5%；三是根据工业品分销特点，通过技术开发、围绕主打品类扩大产能，增加业务员和经销商培训，加快国际纺织品生态认证和拓展代理商渠道等多种形式，与国内外高端家纺品类大客户建立战略合作关系，拓展销售渠道；四是根据公司定位战略，建议请专业机构设计主导品类商标和广告词（起初建议"高端家纺用超细旦丝专家"），在国内纺织品特别是家纺专业市场、网络上做推广，同时优化自有的中英文网站和企业宣传手册或宣传折页，强化公司使命愿景和定位战略宣传，并到国内外家纺展会进行推广，必要时每年举办一次客户推介会，推广公司主打品类和品牌；五是每年招聘培养管理技术人员，购置设备，逐步扩大产能，五年内每年产能增加30%。同时逐步建立信息、预算系统，建立健全各类营销制度，完善绩效考核等措施，确保定位战略的实施。

三、组织结构完善，岗位设置

在企业内部调研和高层沟通基础上，项目组对HX公司组织结构进行设计优化，拟由原来的三部一室一车间调整为四个部门、两个科、两个车间，分别为品牌市场部、综合部、生产管理部、销售部、质检科、财务科、家纺用丝车间（一车间）、运动服装用丝车间（二车间），见图10-1。

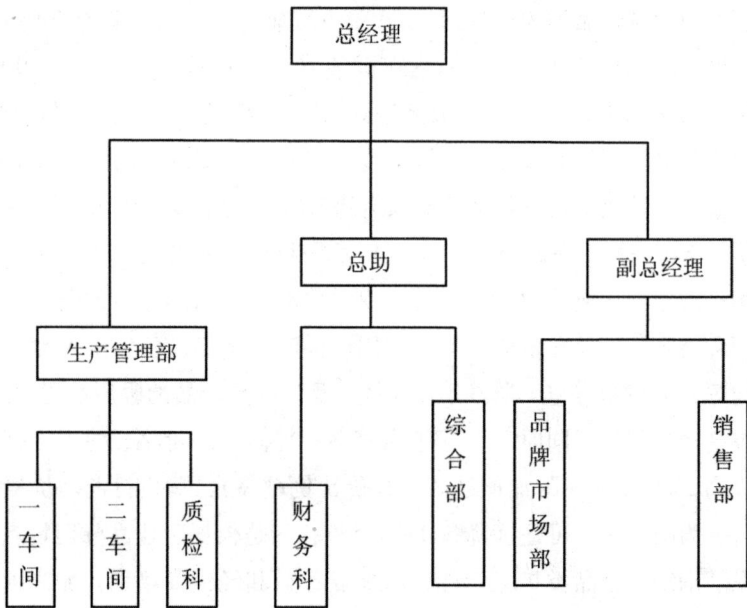

图 10 – 1 XH 公司组织结构图

　　在组织结构优化设计基础上，项目组对岗位进行设置，高层岗位设置不动，即为总经理、营销副总、总助三个岗位，中层由原来的生产管理部经理、总经办主任、销售部经理以及物检化验室主任、车间主任五个岗位增加为生产管理部经理、综合部经理、销售部经理、品牌市场部经理以及财务科科长、质检科科长、一车间主任、二车间主任共八个岗位，并对中层以下岗位也进行了明确。生产管理部下设经理、设备工程师、电仪工程师、工艺工程师以及工艺员、安全员等岗位；综合部设置经理、后勤主管、薪酬社保主管、信息主管、安保主管、制度体系员、采购业务员、招聘培训员等岗位；品牌市场部设置经理、品牌主管、绩效主管、客服主管、市场调研员等岗位；销售部设置经理、销售团队主管、销售业务员、单证员、商务员等岗位；财务科设置科长、成本核算主管、融资预算主管、收款开票员、出纳员等岗位；质检科设置科长、检验班班长、办事员、物检工、化验工等岗位；车间设置主任、生产班长（含储运主管）、办事员、组长、各类操作工、仓管工等岗位。

四、公司计划目标设计

　　根据 XH 公司五年品类发展规划，在组织结构设计优化基础上，制订 XH 公司年度计划目标如下表10-1所示。

表10-1 XH公司年度计划目标

项目	年度主导品类产量(万吨)	主导品类产销率	预算系统	信息系统	总产量(万吨)	推广计划完成率	客诉赔偿	AA率	培训计划完成率	主导品类产品毛利率
目标值	2.75	100%	完成成本费用预算编制	完成进销存系统	5	100%	比上年下降5%	比上年提升1%	100%	比上年度提高1%

五、部门职责明确，岗位职责描述

一、各部门职责

1. 生产管理部职责

（1）负责根据公司年度计划目标，制订本部门年度、月度生产工作计划，经批准后组织实施；

（2）负责编制生产计划，按订单组织生产，确保按时保质交货；

（3）负责组织加弹、质检、公用、储运设备、仪表的日常维护保养和大修工作；

（4）负责公用水、电、气和锅炉等产品的归口管理工作；

（5）负责组织做好产品开发和工艺调整工作；

（6）负责所属一、二车间及质检等科室的日常监督管理和协调工作；

（7）负责车间各类产品产量、质量以及各类消耗等统计分析，及时报送总经理和营销副总；

（8）负责生产采购计划制订工作，加强沟通，督促采购物资及时准确到位；

（9）协助品牌市场部做好客诉处理工作；

（10）负责功能性新产品试制牵头，并指导车间批量试产；

（11）负责牵头重要设备和重要备件采购选型，设备及备件报废审核把关；

（12）负责会同品牌市场部做好生产绩效考核指标目标值的制定修订及完善

工作；

（13）负责协助综合部做好生产相关的安全和环保事故的调查取证和处理工作；

（14）负责协助综合部做好各类新产品、技术项目申报工作；

（15）负责建立健全与本部门职责相关的制度和管理体系，保证部门运行规范、高效。

2. 综合部主要职责

（1）负责起草公司年度计划目标，讨论确定后分解到本部门年度、月度工作计划目标，经批准后组织实施；

（2）负责经营层会议人员召集以及各类会议管理归口工作；

（3）负责公司办公楼及食宿等后勤管理；

（4）负责办公用品、文件档案归口管理；

（5）负责做好项目申报和对外联络工作；

（6）负责公司对内、对外各类公文的发文审核工作；

（7）负责各类小车和商务车车辆管理和统一调度工作；

（8）负责来访人员安排接待工作；

（9）负责协助总经理助理做好各类物资采购工作；

（10）负责信息系统建立、维护工作；

（11）负责人员招聘、培训、劳资、社保等工作；

（12）负责安全环保归口管理工作；

（13）负责建立健全与本部门职责相关的制度和管理体系，保证部门运行规范、高效。

3. 品牌市场部职责

（1）负责根据公司年度计划目标，制订本部门年度、月度工作计划，经批准后组织实施；

（2）负责公司内外宣传策划工作，会同集团办公室做好媒体接待工作；

（3）负责配合综合部做好公司网站建设及维护工作；

（4）负责公司 CIS 系统的建立完善工作；

（5）负责在专业市场和专业网站做好品牌推广工作；

（6）负责竞争对手和行业趋势研究，做好定位战略实施的牵头、监督和完善工作；

（7）负责协助销售部门做好各类展会的宣传推广工作；

（8）负责协助分管领导做好产品适时定价、促销等工作；

（9）负责牵头组织做好产品售后服务工作；

（10）负责媒体定期走访工作，并做好客户、行业协会、媒体的公关工作；

（11）负责绩效考核归口管理工作；

（12）负责建立健全与本部门职责相关的制度和管理体系，保证部门运行规范、高效。

4. 销售部职责

（1）负责根据公司年度计划，制订本部门年度、月度工作计划，经批准后组织实施；

（2）负责组织参加各类展会，做好国内、国外市场的拓展工作；

（3）负责协助品牌市场部做好市场调查、市场信息收集工作，定期形成调查报告，供领导决策参考；

（4）负责组织定期走访客户，深入了解客户需求，协助做好客诉处理，提高客户响应速度，不断提高客户满意度；

（5）负责做好单证、报关报检等工作，加强合同评审，规范销售过程管理；

（6）负责拓展销售渠道，加大网销力度，提高网销份额，不断降低销售成本，提高公司营销竞争力；

（7）负责协助做好各类体系认证和本部门的体系规范管理工作；

（8）负责协助财务部门做好开票、收款、客户对账和应收账款的回收等工作；

（9）负责协助品牌市场部做好定价和品牌推广工作；

（10）协助分管领导组织召开产销对接会议，确保订单及时交货，并满足顾客需求；

（11）负责建立健全与本部门职责相关的制度，保证部门运行规范、高效。

5. 一、二车间职责

（1）根据公司和生产管理部年度计划目标，制订本车间年度、月度生产（产量、质量、消耗、安全、客诉）计划目标，经批准后组织实施；

（2）做好安全、生产、环境卫生工作：

（3）优化、组织、协调各种资源，有步骤的完成公司下达的计划目标，保证公司计划目标的达成；

（4）贯彻执行公司的质量环境方针和目标，保证质量管理工作正常开展；

（5）负责本车间的作业标准书、程序书和相关制度的制定、修订与执行；

（6）优化生产工艺条件，组织解决生产中各种生产及产品质量问题；

（7）监督 POY 供应质量及反馈产品信息，服务 DTY 客户，对客户提出的产品质量问题进行监督和改善；

（8）监督核查本部门生产效率、产品质量、生产成本及节能降耗的统计分析。

（9）做好机、电、仪设备的保养计划的执行以及机、电、仪设备正常使用性和安全性。

（10）参与公司的新产品开发工作，与生产管理部、质检科进行功能性新产品的开发与测试；

（11）负责制度规定范围内采购料件的验收及使用后的评估、验收；

（12）负责建立健全与本车间职责相关的制度，保证部门运行规范、高效。

6. 质检科职责

（1）负责根据公司年度计划，制订本部门年度、月度工作计划，经批准后组织实施；

（2）贯彻执行公司的质量环境方针和目标，保证公司和科内质量管理工作正常开展和质量环境体系文件的持续有效；

（3）负责原辅料、包装材料等的进厂检验，产品质量异常的追踪改善。

（4）参加公司的生产、质量、产销例会，并准备相关会议资料，认真执行、推动会议决议事项；

（5）协助生产管理部做好各类检查、检测设备的保养计划的执行；

（6）负责组织制度规定范围内采购料件的检验及使用后的评估、验收；

（7）负责各类成品的物性指标检测检验，并根据外观检测结果进行判等，保证监测结果的准确性；

（8）负责统计上报各类检测结果，并形成质检报告定期报直接上级和总经理；

（9）负责建立健全各项质检制度和管理体系，并组织贯彻落实。

7. 财务科职责

（1）负责根据公司年度计划，制订本科年度、月度工作计划，经批准后组织实施；

（2）负责做好产品的成本核算工作；

（3）负责做好公司预算管理工作；

（4）负责做好产品销售的收款和结算工作；

（5）负责做好定期财务报表（含总账）及其统计分析并报分管领导和总经理，供决策参考；

（6）负责根据公司战略规划和年度经营计划，做好资金的统筹管理和融资工作，保障资金供给和资金的安全性；

（7）负责印章管理和盖章审核工作；

（8）负责做好现金管理和正常的工资发放等工作；

（9）负责做好税务筹划、合理避税和纳税工作；

（10）负责根据财务制度做好采购物资付款审核和各类票据、费用报销审核工作；

（11）负责建立健全各项财务制度和管理体系，并组织贯彻落实。

（二）各岗位职责

1. 总经理职责

总经理主要职责见表 10 - 2。

表 10 - 2　总经理主要职责

总经理主要职责
（1）根据公司董事会提出的战略构想，组织制定公司的定位战略和中长期规划及年度计划目标，报董事会批准后组织实施
（2）负责公司的全面经营管理工作，组织实施公司董事会决议
（3）处理重大突发事件
（4）负责各项经营指标及各项规划任务的落实
（5）负责组织拟订公司的基本管理制度和规章体系，并组织实施
（6）负责召集管理层会议和部门经理例会等重要会议，总结工作、听取汇报，检查、督促和协调各部门的工作进展
（7）打造公司的核心团队，不断提高公司团队的凝聚力和战斗力
（8）负责推进公司企业文化建设工作
（9）负责组织实施绩效管理，不断提升组织和员工绩效

2. 营销副总经理职责

营销副总经理主要职责见表 10 – 3。

表 10 – 3　营销副总经理主要职责

营销副总经理主要职责
（1）协助总经理制定公司战略规划、经营计划目标
（2）根据公司的定位战略和年度计划目标，制订详细的品牌发展和业务开拓计划，落实相应的市场营销政策，并监督实施
（3）负责组织对公司竞争对手的分析、研究工作，确保主导品类产品市场份额不断扩大
（4）制订公司主导品类产品潜在大客户集中开拓计划，并监督落实开展相关事宜
（5）协助总经理参与公司的质量管理工作，贯彻执行公司的质量方针和目标，参与制定公司的发展规划、决定重大决策事项
（6）组织和协调开展市场营销网络和队伍的策划、建设及相关监督管理事务
（7）协助总经理定期组织开好产销工作会议和部门经理例会，准备相关会议材料，为会议决议提供相关证据和合理建议，认真执行、推动会议决议事项
（8）组织有关人员做好客户信用评估、应收款回收、往来账核对工作，规避企业债权风险
（9）负责分管部门的岗位设置、人员配置，并组织制定营销制度和规范
（10）协助总经理推进企业文化落地工作

3. 总经理助理职责

总经理助理主要职责见表 10 – 4。

表 10 – 4　总经理助理主要职责

总经理助理主要职责
（1）协助总经理制定公司战略规划、经营计划目标
（2）根据公司的定位战略和年度计划目标，制订投融资计划和预算管理体系，制定和完善财务管理制度，并监督实施
（3）根据公司的定位战略，统筹制定人力资源规划以及招聘、培训计划，并监督实施
（4）根据公司年度经营计划，制订采购计划，制定和完善采购制度，并监督实施
（5）作为公司安全管理的分管领导，制定公司的安全制度，制订公司的生产计划和措施，并监督实施

续表

总经理助理主要职责
（6）组织起草公司阶段工作总结和下一阶段计划及其他重要文件
（7）就分管领域的工作向总经理提供有价值的建议
（8）协助总经理开好产销工作会议和部门经理例会等重要会议，准备相关会议材料，为会议决议提供相关证据和合理建议，认真执行、推动会议决议事项
（9）负责指导综合部做好来访接待和后勤保障工作
（10）负责组织实施分管部门及员工绩效考核，不断提升分管部门和员工绩效
（11）协助总经理推进企业文化落地工作

4. 生产管理部经理职责

生产管理部经理主要职责见表10－5。

表10－5　生产管理部经理主要职责

生产管理部经理主要职责
（1）参与制定公司战略规划、年度经营计划和预算方案
（2）组织制定并实施生产规划和年度生产计划，经批准后组织实施
（3）研究主导品类产品的技术发展方向，组织制定、实施重大技术决策和技术方案
（4）协调解决生产、技术、质检、储运、公用工程中出现的重大问题
（5）负责组织对基础设备和设施进行维护，使设备设施处于良好运作状态
（6）建立和完善与生产有关的质量管理体系和职能范围内的各项制度，保证生产正常运行
（7）加强与采购、营销、财务等部门的沟通，确保与生产有关的职能范围内的计划目标实现
（8）协助总经理开好产销工作会议和部门经理例会等重要会议，准备相关会议材料，为会议决议提供相关证据和合理建议，认真执行、推动会议决议事项
（9）制订生产、技术、检验、储运、公用人员的培训计划，并监督实施
（10）协助总经理推进企业文化落地工作

5. 综合部经理职责

综合部经理主要职责见表10－6。

表 10 - 6　综合部经理主要职责

综合部经理主要职责
(1) 负责组织起草公司年度计划目标，讨论确定后协助分解到本部门年度、月度工作计划目标，经批准后组织实施
(2) 负责经营层会议人员召集以及各类会议管理归口工作
(3) 负责公司后勤（宿舍、食堂、车辆、绿化等）、文件档案和印章管理
(4) 负责组织做好项目申报和对外联络工作
(5) 负责公司对内对外各类公文、发文审核工作
(6) 负责来访人员安排接待工作
(7) 负责牵头信息系统建立、维护工作
(8) 负责组织做好人员招聘、培训、劳资、社保等工作
(9) 负责组织做好安全环保日常监督和定期检查评比工作
(10) 组织人员做好各类会议的筹备工作，准备相关会议材料，为会议决议提供相关证据和合理建议，认真执行、推动会议决议事项
(11) 负责建立健全与本部门职责相关的制度和管理体系，保证部门运行规范、高效

6. 品牌市场部经理职责

品牌市场部经理主要职责见表 10 - 7。

表 10 - 7　品牌市场部经理主要职责

品牌市场部经理主要职责
(1) 负责根据公司年度计划目标，组织制订本部门年度、月度工作计划，经批准后组织实施
(2) 负责组织做好公司内外宣传策划工作，会同综合部做好媒体接待工作
(3) 负责配合综合部组织做好公司网站建设及维护工作
(4) 负责公司 CIS 系统的建立完善工作
(5) 负责在专业市场和专业网站做好品牌推广工作
(6) 负责竞争对手和行业趋势研究，做好定位战略实施的牵头、监督和完善工作
(7) 负责协助销售部门做好各类展会的宣传推广工作
(8) 负责协助分管领导组织做好产品适时定价、促销等工作
(9) 负责牵头组织做好产品售后服务工作

品牌市场部经理主要职责
(10) 负责媒体、客户走访工作，并组织做好客户、媒体的公关工作
(11) 负责组织绩效考核方案拟订、修订、发布以及方案实施等工作
(12) 负责建立健全与本部门职责相关的制度和管理体系，保证部门运行规范、高效

7. 销售部经理职责

销售部经理主要职责见表 10-8。

表 10-8 销售部经理主要职责

销售部经理主要职责
(1) 负责根据公司年度计划，组织制订本部门年度、月度工作计划，经批准后组织实施
(2) 负责组织参加各类展会，做好国内、国外市场的拓展工作
(3) 负责协助品牌市场部做好市场调查、市场信息收集工作，定期形成调查报告，供领导决策参考
(4) 负责组织业务员定期走访客户，深入了解客户需求，协助做好客诉处理，提高客户响应速度，不断提高客户满意度
(5) 负责组织做好外贸单证、报关报检等工作，加强合同评审，规范销售过程管理
(6) 负责拓展销售渠道，加大网销力度，提高网销份额，不断降低销售成本，提高公司营销竞争力
(7) 负责协助做好各类体系认证和本部门的体系规范管理工作
(8) 负责协助财务部门做好开票、收款、客户对账和应收账款的回收等工作
(9) 负责协助品牌市场部做好定价和品牌推广工作
(10) 协助分管领导组织召开产销对接会议，确保订单及时交货，并满足顾客需求
(11) 负责建立健全与职责相关的制度，保证部门运行规范、高效

8. 车间主任职责

车间主任主要职责见表 10-9。

表 10 -9 车间主任主要职责

车间主任主要职责
(1) 负责根据公司和生产管理部年度计划目标，组织制订本车间年度、月度生产（产量、质量、消耗、安全、客诉）计划目标，经批准后组织实施
(2) 负责组织做好本车间的安全、生产、环境卫生工作
(3) 优化、组织、协调各种资源，有步骤的完成公司下达的计划目标，保证车间计划目标的达成
(4) 贯彻执行公司的质量环境方针和目标，组织做好本车间的作业标准书、程序书和相关制度的制定、修订与执行工作，保证本车间质量管理工作正常开展
(5) 优化生产工艺条件，组织解决生产中各种生产及产品质量问题
(6) 监督 POY 供应质量及反馈产品信息，服务 DTY 客户，对客户提出的产品质量问题进行监督改善
(7) 参加公司的生产、质量、产销例会及部门主管例会，并准备相关会议资料，认真执行、推动会议决议事项
(8) 监督核查本车间生产效率、产品质量、生产成本及节能降耗的统计分析
(9) 负责组织做好机、电、仪设备的保养计划的执行以及机、电、仪设备正常使用性和安全性
(10) 负责本部门绩效考核
(11) 参与公司的新产品开发工作，与生产管理部、质检科进行功能性新产品的开发与测试
(12) 负责制度规定范围内采购料件的验收及使用后的评估、验收
(13) 负责建立健全与本车间职责相关的制度，保证部门运行规范、高效

9. 质检科科长职责

质检科科长主要职责见表 10 - 10。

表 10 - 10 质检科科长主要职责

质检科科长主要职责
(1) 负责根据公司年度计划，制订本部门年度、月度工作计划，经批准后组织实施
(2) 贯彻执行公司的质量环境方针和目标，保证公司和科内质量管理工作正常开展和质量环境体系文件的持续有效

质检科科长主要职责
（3）负责原辅料、包装材料等的进厂检验，产品质量异常的追踪改善
（4）参加公司的生产、质量、产销例会，并准备相关会议资料，认真执行、推动会议决议事项
（5）协助生产管理部做好各类检查、检测设备的保养计划的执行
（6）负责组织制度规定范围内采购料件的检验及使用后的评估、验收
（7）负责各类成品的物性指标的检测、检验，并结合外观检测结果进行判等，保证监测结果的准确性
（8）负责统计上报各类检测结果，并形成质检报告定期报直接上级和总经理
（9）负责建立健全各项质检制度和管理体系，并组织贯彻落实

10. 财务科科长职责

财务科科长主要职责见表 10 – 11。

表 10 – 11　财务科科长主要职责

财务科科长主要职责
（1）负责根据公司战略及年度计划，组织制订本科年度、月度工作计划，经批准后组织实施
（2）负责组织做好产品的成本核算工作
（3）负责组织做好公司预算、决算管理工作
（4）负责做好产品销售的收款和结算工作
（5）负责组织做好财务报表（含总账）及其统计分析并报分管领导和总经理，供决策参考
（6）负责根据公司战略规划和年度经营计划，组织做好资金的统筹管理和融资工作，保障资金供给和资金的安全性
（7）负责印章管理和盖章审核工作
（8）负责组织做好现金管理和正常的工资发放、社保缴纳等工作
（9）负责做好税务筹划、合理避税和纳税工作
（10）负责根据财务制度组织做好采购物资付款审核和各类票据、费用报销审核和及时付款工作

财务科科长主要职责
（11）根据预算管理制度要求和权限，对预算内费用报销进行审批
（12）负责建立健全各项财务制度和管理体系，并组织贯彻落实

11. 电仪工程师职责

电仪工程师主要职责见表10－12。

表10－12　电仪工程师主要职责

电仪工程师主要职责
（1）协助总经理制定公司战略规划、经营计划目标
（2）根据公司年度经营目标和生产计划，制订本岗位详细的年度计划和年度电气产品质量目标，经批准后实施
（3）编制电气设备的安装、检修计划，经批准后组织实施
（4）优化、组织、协调各种资源，做好水、电、气设备的日常管理，有步骤的完成公用工程计划，保证公司经营目标的达成
（5）组织对生产区外的公用电气设备、线路及基建电气设备线路等进行定期检查、维护，确保其正常、安全供电、供气
（6）加强与各车间协调沟通，满足车间生产用电、用气、用水等的需求
（7）协助综合部安保主管做好公用特种设备和各类仪表年审和操作人员培训工作
（8）拟订公用设备和各类仪表管理制度和作业标准，经批准后实施

12. 储运主管职责

储运主管主要职责见表10－13。

表10－13　储运主管主要职责

储运主管主要职责
（1）组织做好仓库库存量的筹划与控制，根据企业的生产和销售能力，确定原辅料、备品备件和成品的标准库存量
（2）及时与车间、综合部、销售部沟通，保证生产用物料的正常供应，提醒销售部及时处理滞销产品

储运主管主要职责

（3）组织做好仓库内物料和产成品的出入库工作，并监督库管工按规定手续做好物料和产品的收发工作

（4）组织编制物料和产品的出入库台账，并与生产、采购、财务、销售等部门共享库存信息

（5）会同综合部建立库存条码管理信息系统，确保原辅料和产成品先进先出

（6）加强在库物料和产品的防火、防盗、防霉变监督管理，确保在库物资安全

（7）组织做好下属员工培训和考核工作，提高员工操作技能和绩效

（8）分析物料和成品仓库的空间、设备状况，拟订完善的在库物资管理方案与作业标准

（9）制订、完善与储运有关的制度，经批准后组织实施

13. 绩效主管职责

绩效主管主要职责见表10-14。

表10-14　绩效主管主要职责

绩效主管主要职责

（1）根据公司及部门年度、月度工作计划，制订本岗位年度和月工作计划，经批准后实施

（2）根据公司战略要求，协助各部门制修订公司绩效考核制度和细则

（3）负责实施年度、月度具体绩效考核工作

（4）负责监督考核制度实施工作

（5）负责按月核算、汇总上报绩效考核结果，并提交相应的分析报告

（6）协助制订绩效薪酬方案，并做好宣贯解释工作

（7）根据考核实施过程中发现的问题，及时做好沟通解释工作

（8）负责协助组织实施绩效考核面谈工作

（9）负责协助综合部做好绩效考核方案、细则等制度培训工作

（10）定期参加公司层面绩效会议，准备会议的汇报材料

14. 融资预算主管职责

融资预算主管主要职责见表10-15。

表 10 – 15　融资预算主管主要职责

融资预算主管主要职责
（1）根据公司战略规划和年度经营计划，协助财务科科长编制公司融资计划和预算方案
（2）加强与金融单位和综合部、销售部等的沟通，及时融资，满足经营和投资对资金的需求
（3）协助财务科长，做好预算方案的沟通、修订和报批工作
（4）加强预算方案的监督审核，确保公司各部门执行预算
（5）协助预算委员会和财务科、品牌市场部等部门主管做好预算执行情况的考核工作
（6）定期提交融资使用状况报告和预算执行结果的分析报告
（7）协助召开预算工作会议，总结工作，制定措施，持续改进预算管理体系
（8）协助科长制订、完善预算管理制度和流程，监督其实施

15. 工艺工程师职责

工艺工程师主要职责见表 10 – 16。

表 10 – 16　工艺工程师主要职责

工艺工程师主要职责
（1）协助总经理制定公司战略规划、经营计划目标
（2）根据生产管理部年度计划，制订工艺技术改进计划，经批准后实施
（3）负责工艺技术文件和作业指导书的编写和修订工作
（4）围绕公司产品开发和技术革新，做好工艺技术服务工作
（5）加强技术攻关，解决产品生产中的工艺技术难题
（6）负责做好工艺员、生产人员、质控人员技术规范培训工作
（7）加强工艺巡查，确保产品质量稳定
（8）做好工艺员绩效考核工作

16. 设备工程师职责

设备工程师主要职责见表 10 – 17。

表 10 - 17 设备工程师主要职责

设备工程师主要职责
(1) 根据生产管理部年度计划,制订机械设备维修保养计划,经批准后实施
(2) 负责机械设备操作、维修保养作业指导书的编写和修订工作
(3) 围绕公司产品开发和技术革新,做好机械设备改造工作
(4) 加强公关,解决产品生产中的机械设备运转中出现的故障
(5) 加强机械设备巡查,确保机械正常运转
(6) 制订备件采购计划,并组织备件入库验收和使用验收
(7) 负责做好生产设备操作人员、维修人员操作规范培训工作

17. 品牌主管职责

品牌主管主要职责见表10 - 18。

表 10 - 18 品牌主管主要职责

品牌主管主要职责
(1) 根据行业市场竞争状况和竞争对手的策略,负责协助品牌战略的制定、修订和完善工作
(2) 负责品牌战略的具体实施和跟踪落实工作
(3) 负责年度品牌推广计划和具体活动的实施工作
(4) 负责企业形象识别系统的策划和宣传工作
(5) 维护与政府、行业协会、媒体等外部合作单位的良好关系
(6) 加强品牌宣传和公关工作,提高品牌知名度、认知度
(7) 做好自有网站的宣传推广和维护工作

18. 客服主管职责

客服主管主要职责见表10 - 19。

表 10 - 19 客服主管主要职责

客服主管主要职责
(1) 协助部门经理制订客户服务计划,并实施
(2) 组织生产、技术、销售人员做好客诉处理和售后服务工作

客服主管主要职责
（3）定期走访客户，维护与客户良好的合作关系
（4）协助部门经理制订和完善客户服务制度和流程，并实施
（5）不断提高服务效率和服务质量，提高客户满意度
（6）及时将客户信息反馈至公司相关部门和相关人员
（7）组织发放客户满意度调查表，统计客户满意度，并反馈公司领导和有关人员

19. 后勤主管职责

后勤主管主要职责见表10－20。

表10－20　后勤主管主要职责

后勤主管主要职责
（1）负责组织做好公共区域的卫生清洁工作
（2）加强食堂管理，保证员工用餐及时、安全
（3）负责对员工宿舍安全、卫生、整洁状况进行定期检查、评比
（4）组织人员做好厂区、宿舍区内外部绿化工作，合理控制绿化成本
（5）组织制订食堂、宿舍卫生及安全标准和厂区绿化作业指导书
（6）加强小车调度管理，合理安排车辆，控制车辆成本
（7）定期开展员工培训，保证食堂、宿舍、绿化、小车管理等后勤工作有条不紊

20. 安保主管职责

安保主管主要职责见表10－21。

表10－21　安保主管主要职责

安保主管主要职责
（1）协助部门经理制订安全生产检查计划，并贯彻落实
（2）制订和完善公司安全保卫制度，建立健全安保体系
（3）定期组织安保巡查，对发现的安全隐患要及时督促整改
（4）负责按计划组织安全培训，培养全员安全意识
（5）协助部门经理和分管领导及时处理安保事故，并对各部门进行安全考核

续表

安保主管主要职责
(6) 每月对安保事故进行统计分析，提交分析报告
(7) 定期对专职、兼职安全员进行考核

21. 信息主管职责

信息主管主要职责见表 10 – 22。

表 10 – 22　信息主管主要职责

信息主管主要职责
(1) 根据公司品牌战略，制订公司信息规划和年度计划，并实施
(2) 负责公司软硬件维修或送修，确保网站、电脑正常运营
(3) 负责组织开发各类管理信息系统和 OA 系统，并确保上线稳定运营
(4) 做好系统的日常维护，负责信息系统升级和故障处理工作
(5) 配合部门经理做好计算机应用和系统操作培训工作
(6) 协助综合部经理做好信息预算工作，降低成本
(7) 配合信息系统软硬件采购和验收工作
(8) 协助综合部经理制订和完善信息管理制度，并监督实施

22. 制度体系员职责

制度体系员主要职责见表 10 – 23。

表 10 – 23　制度体系员主要职责

制度体系员主要职责
(1) 协助分管领导和部门经理制订质量、环境和职业健康安全等体系的贯标计划
(2) 组织制定、修订各项规章制度和体系文件
(3) 定期组织体系内审员培训，并按文件要求开展体系内审和监督检查工作
(4) 会同相关部门做好制度执行情况检查工作，确保制度落地
(5) 配合相关人员做好相关员工体系文件和制度的培训工作
(6) 配合外审团队，做好体系外审、换证工作
(7) 会同质检科做好企业产品标准备案工作

23. 市场调研员职责

市场调研员主要职责见表 10 – 24。

表 10 – 24　市场调研员主要职责

市场调研员主要职责
（1）根据定位战略，制订竞争对手调研计划，并实施
（2）定期走访客户，收集客户意见和建议，并反馈生产、销售部门
（3）协助部门经理和品牌主管做好主导品类产品宣传推广工作
（4）加强竞争对手和行业研究，协助部门经理做好产品定价工作
（5）会同客服主管做好客户满意度调查、统计分析和改进工作
（6）在调研基础上，撰写调研报告，提交领导决策参考
（7）协助做好主导品类产品创新的研究和定义工作
（8）协助做好主导品类产品营销组合策略的制订，并实施

24. 薪酬社保主管职责

薪酬社保主管主要职责见表 10 – 25。

表 10 – 25　薪酬社保主管主要职责

薪酬社保主管主要职责
（1）根据公司战略要求，加强行业竞争对手研究，制定薪酬规划
（2）按照绩效管理要求，设计配套的薪酬调整方案
（3）负责协助部门经理建立健全科学公平的薪酬体系
（4）按月核算员工薪酬，经审批后送财务科发放
（5）根据绩效考核结果，按时核算绩效工资和奖金，经审批后送财务科发放
（6）负责向当地社保部门及时准确申缴社保金
（7）定期提交薪酬调查报告

25. 成本核算主管职责

成本核算主管主要职责见 10 – 26。

表 10 – 26 成本核算主管主要职责

成本核算主管主要职责
（1）及时对各规格产品进行成本核算
（2）定期召开成本分析会，加强各环节成本控制
（3）负责制订和完善成本核算方法、成本管理制度，经批准后实施
（4）审核公司各项成本支出，定期编制成本报表
（5）参与公司的资产盘点，审核盘点报表，并及时报送总经理
（6）监督预算执行，提出成本控制措施

26. 工艺员职责

工艺员主要职责见 10 – 27。

表 10 – 27 工艺员主要职责

工艺员主要职责
（1）根据工艺方案、工艺流程的设计，组织车间工艺审核
（2）参与新产品的设计开发，协助车间制订新产品的试制工作计划，对准备工作和修改工作实行管理，并检查设备及工装生产要求符合生产规定
（3）协助车间按计划组织生产，对与工艺有关的问题提供解决方法，及时妥善处理生产现场出现的质量、技术问题
（4）审核车间工艺方案，按工艺流程设计填写生产和装配工艺卡，对现场管理、工艺改进和成本控制进行调研，收集工艺数据
（5）协助工艺工程师编制工艺手册、质量控制点指导书等工艺文件，培训操作人员正确地维护并操作已有的和新购设备、工装，配备工位器具，指导员工严格按工艺流程程进行生产
（6）协助车间按规定制定、编写、修订岗位安全操作规程，监督、检查各工序员工严格执行
（7）参加生产过程中的技术质量事故及设备事故的分析调查工作，积极开展技术进步和合理化建议活动，并组织纠正和预防措施的实施
（8）负责建立车间工序控制点，并严格检查执行情况，使产品生产处于受控状态
（9）负责组织技术分析工作，重点是质量、效率、定额等方面，每月分析各技术经济指标波动的原因并对各岗位进行考核

27. 采购业务员职责

采购业务员主要职责见 10－28。

表 10－28　采购业务员主要职责

采购业务员主要职责
（1）根据公司生产经营计划，编制采购计划，经审批后实施
（2）协助编制部门预算，报批后实施
（3）参与合格供方评审，建立供方档案，加强合格供方管理
（4）负责分管的采购物资合同洽谈、签订和执行，保证采购物资按要求采购到位
（5）协助部门经理制订采购制度，建立健全供应商管理体系
（6）按财务制度要求，及时付款并报销发票
（7）协助财务、综合部门建立健全采购管理信息系统
（8）会同生产车间和储运主管，编制在库物资安全库存，并按要求做好安全库存物资采购工作

28. 招聘培训员职责

招聘培训员主要职责见 10－29。

表 10－29　招聘培训员主要职责

招聘培训员主要职责
（1）根据公司人力资源规划和用人需求，结合市场状况，制订招聘计划
（2）负责招聘渠道的开发维护工作，及时发布招聘信息，实施招聘
（3）对应聘人信息进行初步核实后，安排相关人员面试、复试
（4）负责对复试通过人员，在合适时间办理入职手续
（5）做好新入职员工培训、沟通和转正工作
（6）根据公司战略规划和年度经营计划，结合各部门需求，编制培训计划
（7）负责协助培训课件和岗位测评题的编写工作
（8）负责岗位职责的修订和岗位说明书的编制
（9）负责培训计划实施和培训效果分析总结工作

29. 销售团队主管职责

销售团队主管主要职责见 10－30。

表 10 - 30　销售团队主管主要职责

销售团队主管主要职责
（1）根据公司战略定位和部门销售计划目标，结合所在区域市场状况，制订团队年度、月度业务开拓计划和销售计划目标，经批准后实施
（2）把团队计划分解到各业务员，并指导帮助完成各项销售任务
（3）组织做好本区域的市场调查与分析预测工作，开发新客户，为客户提供周到的服务
（4）负责与客户签订销售合同，督促合同正常履行，并催讨所欠应收销售款项
（5）组织填写有关销售表格，提交销售分析和总结报告
（6）按预算要求督促做好销售费用支出控制
（7）扩大本区域的销售网络，熟悉本区域的市场特点、营销特点，与本区域大客户建立长期稳定的合作关系
（8）组织开展业务员团队培训、考核，提高业务员业务水平和绩效

30. 销售业务员职责

销售业务员主要职责见 10 - 31。

表 10 - 31　销售业务员主要职责

销售业务员主要职责
（1）根据公司战略定位和部门、团队销售计划目标，结合所在区域市场状况，制订年度、月度业务开拓计划和销售计划目标，经批准后实施
（2）开拓业务，完成各项销售任务
（3）做好本区域的市场调查与分析预测工作，开发新客户，为客户提供周到的服务
（4）协助团队主管与客户签订销售合同，协助商务员履行合同，并催讨所欠应收销售款项
（5）按要求填写有关销售表格，提交销售分析和总结报告
（6）按预算要求做好销售费用支出控制
（7）扩大本区域的销售网络，熟悉本区域的市场特点、营销特点，与本区域大客户建立长期稳定的合作关系
（8）加强学习，参加团队培训，提高自身业务水平和绩效

31. 商务员职责

商务员主要职责见 10 - 32。

表 10 - 32　商务员主要职责

商务员主要职责
（1）做好合同正常履行（收款、开单、装货等），督促业务员及时回笼账款
（2）负责公司销售合同及其他营销文件资料的管理、归类、整理、建档和保管
（3）负责收集、整理、归纳市场行情、价格，以及新产品、替代品、客源等信息资料，提出分析报告，为部门业务人员、领导决策提供参考
（4）协助销售人员做好上门客户的接待和电话来访工作，做好客户的投诉记录，在销售人员缺席时，及时转告客户信息，妥善处理
（5）按要求协助业务员整理有关销售表格，提交销售分析和总结报告
（6）统计做好销售业务员的绩效考核，（信息量、业绩量、考勤、差旅费用等）负责做好销售报价，组织标书制作
（7）负责各类销售指标的日报、月度、季度、年度统计报表和报告制作、编写
（8）加强学习，参加团队培训，提高自身业务水平和绩效

32. 单证员职责

单证员主要职责见 10 - 33。

表 10 - 33　单证员主要职责

单证员主要职责
（1）协助总经理制定公司战略规划、经营计划目标
（2）与业务部及时沟通，跟进订单进度以便及时有效与业务员合作，确保订单的顺利进行
（3）负责公司外贸合同及其他单证文件资料的管理、归类、整理、建档和保管
（4）负责做好出口商品报检工作
（5）根据订单及时安排订舱、拖车、装箱、单证制作、货物跟踪、报关、保险购买、费用结算等事宜
（6）制作海运及进出口业务单证等其他相关文件
（7）开发新的优质货代，管理好现有货代的合作关系

单证员主要职责
（8）配合财务做好核销，外销对账工作
（9）协助客户投诉、纠纷的处理及上级交办的其他相关工作
（10）加强学习，参加团队培训，提高自身业务水平和绩效

33. 生产班班长职责

生产班班长主要职责见 10－34。

表 10－34　生产班班长主要职责

生产班班长主要职责
（1）负责本班生产任务及质量指标的完成
（2）组织本班人员做好生产设备的维护与保养工作
（3）按照公司及部门要求，积极推进 5S、ISO9000 等体系的实施
（4）加强安全巡查，杜绝安全事故
（5）组织做好班组人员培训，督促员工严格执行工艺规程和岗位操作安全规程
（6）做好班组交接班记录，保证交接班工作的顺利进行
（7）组织人员编写、修订、完善岗位操作规程和相关规定
（8）协调解决生产中出现的问题，保证产品质量和进度
（9）做好本班员工的考核工作

34. 检验班班长职责

检验班班长主要职责见 10－35。

表 10－35　检验班班长主要职责

检验班班长主要职责
（1）根据生产计划，制订原辅料和产成品检验计划，经批准后实施
（2）组织完成所有原辅料、产成品各项指标的检验
（3）负责对出具的检验报告及数据进行初审，对异常数据进行分析，保证检验结果真实性
（4）对本班检验人员提供技术支持

检验班班长主要职责
（5）组织做好环境卫生，做好上下班的交接工作
（6）组织做好检验设备、仪器的维护保养，保证设备完好
（7）组织做好本班人员的技能、知识和职业道德培训，提高员工素养与绩效
（8）做好班内员工考核工作

35. 安全员职责

安全员主要职责见 10 - 36。

表 10 - 36　安全员主要职责

安全员主要职责
（1）协助部门经理制订安全生产检查计划，并贯彻落实
（2）加强日常安全管理，建立、完善生产车间突发性安全事故制度，参与编制安全事故应急救援和演练工作
（3）协助部门经理和安保主管制订和完善公司安全制度，建立健全安全管理体系
（4）做好检查，消除安全隐患，做到职责、组织、制度、防范措施四落实
（5）协助车间主任按计划组织安全培训，培养全员安全意识
（6）协助部门经理和安保主管及时处理安保事故，并对各车间进行安全考核
（7）每月对安全事故进行统计分析，提交分析报告
（8）监督有毒有害危险品管理，做到"五双"严格手续，定期检查，账物相符

36. 其他岗位职责

一般员级员工如办事员、出纳员、收款开票员、组长及普工职责比较简单，不再一一描述。

六、绩效考核方案设计

XH 公司绩效考核包括公司层面的计划考核、部门绩效考核、岗位职责考核、综合评估四个方面。

（一）公司计划考核

公司层面计划考核见表10－37。

表 10 －37　公司层面计划目标考核表

项目	年度主导品类产量（万吨）	主导品类产销率	预算系统	信息系统	总产量（万吨）	推广计划完成率	客诉赔偿	AA率	培训计划完成率	主导品类产品毛利率
目标值	2.75	100%	完成本用费预算编制	完成进销存系统	5	100%	比上年下降5%	比上年提升1%	100%	比上年提高1%
分值	20	15	5	5	10	5	10	20	5	5
评分标准	每下降5%扣1分，每上升5%加0.5分，低于1.5万吨得0分，最多加3分	每降低1%扣1分（含等级品），扣完为止	完成下年预算编制并报批得满分，编制整通未过审批扣2分	每少完成一个系统或模块1.5分，扣完为止	每下降5%扣1分，扣完为止	每少一项未完成扣1分	每增加5%扣1分，每下降10%加1分，最多加2分	每下降1%扣1.5分，每上升0.5%加1分	每少一项未完成扣1分	每降低0.5%扣0.5分，扣完为止

计划考核除作为管理技术人员绩效工资的一项考核内容外，还作为年终奖金发放依据。

（二）部门绩效考核

1. 一、二车间绩效考核

车间绩效考核见表10－38。

2. 质检科绩效考核

质检科绩效考核见10－39。

表 10 - 38　一、二车间绩效考核表

项目	目标值	分值	评估标准	时间	得分
年产量（万吨）	一车间 2.75，二车间 2.25 万吨	20	每下降 5% 扣 1 分，每上升 5% 加 0.5 分，年低于 1.5 万吨或月底于 1.2 万吨得 0 分，最多加 3 分	年月	
订单完成及时率	100%	10	每出现一单业务合同未及时完成的扣 5 分，最多负 5 分	月	
优等品率（AA 率）	比上年提升 0.1%	20	每降低 1% 扣 2 分，扣完为止	年、月	
原辅料单耗	比上年提升 0.005%	5	每上升 0.01% 扣 1 分，每下降 0.01% 加 0.15 分，最多加 0.3 分	年、月	
综合单耗	比上年提升 2%	15	每上升 0.5% 扣 1.5 分，每下降 1% 加 0.5 分，最多加 2 分	年、月	
废丝率	比上年下降 2%	5	每上升 0.5% 扣 1 分，扣完为止	年、月	
客诉损失	比上年下降 5%	5	每上升 5% 扣 0.5 分，每下降 10% 加 0.5 分，最多加 2 分	年、月	

项目	目标值	分值	评估标准	时间	得分
安全事故	大事故以上为 0，大事故以下与上年持平	5	每发生 1 起小事故的扣 0.25 分，每发生 1 起一般事故的扣 0.5 分，每发生 1 起大事故的得 0 分，每发生 1 起重大事故的倒扣 2 分，每发生 1 起特大事故的倒扣 5 分，最多扣 5 分	月	
安全隐患整改	100%	5	每出现一次重大安全隐患未在规定时间内整改的扣 1 分，出现一次一般安全隐患未在规定时间内整改的扣 0.5 分	月	
重点工作计划完成率	100%	5	当月无公司层面重点工作安排的得 5 分，有工作未及时完成的或完成质量差的扣 2.5 分，不配合的不得分	月	
培训计划完成率	100%	5	每出现 1 人次未参加培训扣 0.1 分，每少一项计划未完成扣 2 分	年、月	
关键岗位员工流失率	年度 15%	0	每增加 5% 倒扣 2 分，最多扣 5 分	年	

注：1. 有月考核项无年考核项指标，年成绩以月平均值计算；2. 月目标值是年度的十二分之一。

表10-39 质检科绩效考核表

项目	目标值	分值	评估标准	时间	得分
原料抽检计划完成率	100%	20	按规定对原料进行抽检，每出现一次未按规定标准检验的扣5分，生产中每发现一批原料不符合入库等级的扣1分，扣完为止	月	
辅料检验计划及时率	100%	10	每出现一类辅料未及时检验使用的扣5分，每出现1次未按检验标准检验的扣2分，扣完为止	月	
成品外观检验准确率	100%	15	每出现1次客户投诉未有赔偿的扣0.5分，出现损失的扣1—10分，扣完为止	月	
成品物性指标检验准确率	100%	15	每出现1次客户投诉未有赔偿的扣0.5分，出现损失的扣1—15分，扣完为止	月	
检验设备完好率	100%	10	每出现1次检验设备故障影响检验的扣5分	月	
质量体系文件符合性	100%	10	每出现一次不完整或不符合扣0.5分（以抽查为准）	月	
重点工作计划完成率	100%	10	当月无公司层面重点工作安排的，得10分，有工作未及时完成的或完成质量差的扣5分，不配合的不得分	月	
培训计划完成率	100%	10	每出现1人次未参加培训上岗的扣2分，每出现1人次无故未参加计划培训的扣0.5分，每少一项培训计划未完成扣5分	月	
关键岗位员工流失率	年度15%	0	每增加5%倒扣2分，最多扣5分	年	

注：年成绩以月平均值计算

3. 生产管理部绩效考核

生产管理部绩效考核成绩按一、二车间考核结果与质检科考核结果加权得到，权重分别为40%、35%、25%，即生产管理部绩效考核结果 = 40%×一车间考核成绩 + 35%×而车间考核成绩 + 25%×质检科考核成绩。

4. 综合部绩效考核

综合部绩效考核见表10－40。

表10－40　综合部绩效考核表

项目	目标值	分值	评估标准	时间	得分
招聘计划完成率	100%	10	按时间要求完成招聘，每出现一例招聘不及时的扣0.5分，未完成的扣1.5分，扣完为止	月	
培训计划完成率	100%	10	按时间要求完成培训，每出现一例培训不及时的扣0.5分，未完成的扣1.5分，扣完为止	月	
重要及例行会议准备及时性	按计划时间	5	按时间要求完成会议准备得满分，每出现一次准备不充分的扣1分，未准备的扣2.5分，扣完为止	月	
小车油耗	上年百公里油耗95%	5	建立小车出行台账，台账不完整的扣2分，每出现1辆车百公里油耗超标的扣2分，扣完为止	月	
薪资核算及时性	每月15号提交	5	每推迟1天提交扣1分	月	
薪资核算准确率	100%	5	每出现1处核算错误的扣0.5分，扣完为止	月	
重点工作计划完成率	100%	5	当月无公司层面重点工作安排的，得5分，有工作未及时完成的或完成质量差的扣1—2.5分，不配合的不得分	月	

项目	目标值	分值	评估标准	时间	得分
社保申报准确率	100%	5	每出现1人次少报的扣1分，每出现1人次应停报未停的扣2分，扣完为止	月	
采购及时率	100%	10	每出现1批物资不及时的扣0.5—2分，造成损失的扣2—10分	月	
采购物资合格率	100%	10	每出现1批物资不合格的扣0.5—2分，造成损失的扣2—10分	月	
维修及时性	按计划时间	10	每出现1次维修不及时的扣0.5—2分，造成损失的扣2—10分	月	
制度制修订及时性	按计划时间	5	每出现1项制度制定修订不及时的扣1—2分，当月未完成的扣2—5分	月	
安全事故	大事故以上为0，大事故以下与上年持平	10	每发生1起大事故的扣1分，每发生1起重大事故的不得分，每发生1起特大事故的倒扣5分，最多扣5分	月	
内部投诉	0	5	每出现服务1次投诉调查属实的扣1分	月	
关键岗位员工流失率	年度15%	0	每增加5%倒扣2分，最多扣5分	年	

注：1. 年成绩以月均值计；2. 安全事故分小事故、一般事故、大事故、重大事故、特大事故

5. 财务科绩效考核

财务科绩效考核见表 10 - 41。

表 10 - 41 财务科绩效考核表

项目	目标值	分值	评估标准	时间	得分
成本核算及时性	每月 10 号	10	按时间要求完成成本核算，每推迟 1 天扣 1 分，扣完为止	月	
成本核算准确率	100%	10	每出现一处错误的扣 0.5—1 分，扣完为止	月	
绩效考核数据传递及时性	每月 13 号提交	5	按时间要求完成考核数据传递，每推迟 1 天扣 1 分，扣完为止	月	
绩效考数据准确率	100%	5	每出现 1 处考核数据不准确的扣 0.5 分，扣完为止	月	
融资计划完成率	100%	10	每出现 1 笔未完成扣 5 分，每推迟 1 天扣 1 分	月	
对账计划完成率	100%	5	每出现 1 家客户或供应商未完成对账的扣 0.5 分，扣完为止	月	
重点工作计划完成率	100%	5	当月无公司层面重点工作安排的得 5 分，有工作未及时完成的或完成质量差的扣 1—2.5 分，不配合的不得分	月	
预算执行率	100%	15	每出现 1 处预算执行不力的扣 3 分，造成损失的扣 5—15 分，扣完为止	月	
采购付款及时性	按付款计划	5	每出现 1 批物资付款逾时的扣 0.5—1 分，造成损失的扣 2—5 分	月	

续表

项目	目标值	分值	评估标准	时间	得分
采购付款准确率	100%	5	每出现 1 批物资付款差错的扣 0.5—1 分，造成损失的扣 2—5 分	月	
财务报表及时性	按计划时间	10	按时间要求完成财务报表编制及报送，每推迟 1 天扣 1 分，扣完为止	月	
财务报表准确性	100%	5	每出现 1 处错误扣 0.5—1 分，造成损失的扣 2—5 分	月	
财务制度执行率	100%	5	每发现 1 次违反财务制度的扣 1 分，造成损失的扣 2—5 分，最多扣 5 分	月	
内部投诉	0	5	每出现服务 1 次投诉调查属实的扣 1 分	月	
关键岗位员工流失率	年度 15%	0	每增加 5% 倒扣 2 分，最多扣 5 分	年	

注：1. 年成绩以月均值计；2. 安全事故分小事故、一般事故、大事故、重大事故、特大事故

6. 品牌市场部绩效考核

品牌市场部绩效考核见表 10 – 42。

表 10 – 42　品牌市场部绩效考核表

项目	目标值	分值	评估标准	时间	得分
品牌战略制定修订及时性	按年度计划	10	按时间要求完成定位战略制定修订，每推迟一周扣 1 分，扣完为止	年	

项目	目标值	分值	评估标准	时间	得分
宣传推广计划完成率	100%	20	按月计划时间完成宣传推广，每出现1项未完成扣10分，延时的扣1—5分，造成负面影响的扣10分，扣完为止	月	
绩效考核数据传递及时性	每月13号提交	10	按时间要求完成考核数据传递，每推迟1天扣1分，扣完为止	月	
绩效考核数据准确率	100%	10	每出现1处考核数据不准确的扣0.5分，扣完为止	月	
调研计划及报告完成率	100%	10	每少1家企业未完成扣1分，无调研报告扣5分	月	
产品定价及时性	按市场及库存状况	10	每出现1次调价不及时的扣0.5分，造成损失的不得分，扣完为止	月	
重点工作计划完成率	100%	5	当月无公司层面重点工作安排的，得5分，有工作未及时完成的或完成质量差的扣1—2.5分，不配合的不得分	月	
推广预算执行率	100%	5	每出现1处预算执行不到位的扣3分，造成损失的扣3—5分，扣完为止	月	
客诉（一般和重大客诉）处理及时性	按制度规定金额和时间	10	每出现1次客诉质量问题处理逾时的扣1—5分，造成额外损失的扣5—10分	月	
客户抱怨处理率	100%	5	每出现1次客户抱怨未回复的（以联络单为准）扣0.5—1分，造成负面影响的扣2—5分	月	

项目	目标值	分值	评估标准	时间	得分
内部投诉	0	5	每出现服务 1 次投诉调查属实的扣 1 分	月	
关键岗位员工流失率	年度 15%	0	每增加 5% 倒扣 2 分，最多扣 5 分	年	

注：1. 年成绩以月均值计，月分值不到 100 分的可折算到 100 分；2. 客诉分抱怨、一般客诉、重大客诉三种

7. 销售部绩效考核

销售部绩效考核见表 10–43。

表 10–43　销售部绩效考核表

项目	目标值	分值	评估标准	时间	得分
主导品类产品月订单量	2300 吨	20	按计划要求完成接单，每下降 1% 扣 0.5 分，扣完为止	月	
合同履约率（正是书面合同）	100%	10	每出现 1 单合同未按时履约扣 1—2 分，造成损失的扣 5—10 分，因我方原因未履约的扣 5 分，造成损失的扣 10 分，扣完为止	月	
主导品类产品毛利率	比上年同类产品提高 0.5% 或每月按市场预测确定	10	每下降 0.5% 扣 1 分，下降 3% 及以上不得分，扣完为止	月	
货款回笼率	99.5%	10	每下降 0.5% 扣 1 分，扣完为止	月	
月库存量	小于等于 2000 吨	10	每多 100 吨扣 0.5 分，扣完为止	月	

续表

项目	目标值	分值	评估标准	时间	得分
客诉（需求识别错误）损失	0	5	因业务员需求识别错误造成客诉的每出现 1 次扣 2 分，造成损失的扣 3—5 分	月	
订单交货及时性	按订单时间要求	5	每出现 1 单交货不及时的扣 1 分，造成损失的不得分，扣完为止	月	
非主导品类产品产销率	100%	15	每降低 1% 扣 1.5 分，扣完为止	月	
协助财务对账计划完成率	100%	5	每出现 1 家对账未完成的扣 0.5 分，造成损失的扣 1—5 分，扣完为止	月	
协助客诉处理完成率	100%	5	每出现 1 次客诉处理不及时的扣 0.5 分，造成额外损失的扣 1—2 分	月	
单证差错率	0	5	每出现 1 单单证或票据差错的扣 1 分，造成损失的扣 2—5 分	月	
关键岗位员工流失率	年度 15%	0	每增加 5% 倒扣 2 分，最多扣 5 分	年	

注：1. 年成绩以月均值计，月分值不到 100 分的可折算到 100 分；2. 客诉分抱怨、一般客诉、重大客诉三种

（三）岗位职责考核

由于 XH 公司岗位设置较多，经过与公司主要领导沟通，决定对其中 26 个关键岗位（总经理、营销副总经理、总经理助理、生产管理部经理、综合部经理、财务科科长、车间主任、质检科科长、品牌市场部经理、销售部经理、设备工程师、电仪工程师、工艺工程师、销售团队主管、后勤主管、薪酬社保主管、信息主管、安保主管、品牌主管、绩效主管、客服主管、成本核算主管、融资预算主管、检验班班长、生产班长、储运主管）进行岗位职责考核。

1. 中层以上管理人员岗位职责考核

总经理岗位考核可参见《公司层面计划目标考核》结果；营销副总经理岗

位考核可按销售部与品牌市场部部门绩效考核各占50%来加权得到；总经理助理按综合部、财务科分别按60%、40%加权得到；生产管理部经理、车间主任、质检科科长、综合部经理、财务科科长、品牌市场部经理、销售部经理等中层岗位可参见本部门绩效考核结果。

2. 中层以下主管以上岗位职责考核

（1）设备工程师岗位职责考核

设备工程师岗位职责考核见表10-44。

表10-44　设备工程师岗位职责考核表

项目	目标值	分值	评估标准	时间	得分
设备维修计划完成率	100%	30	每出现一台设备未按时完成维修保养扣1—5分，造成损失的扣5—15分	月	
设备故障处理及时率	100%	20	每出现一台设备故障未及时处理的扣5分	月	
设备修理返修率	0	10	每出现一台次设备返修的扣1—3分，扣完为止	月	
设备完好率	100%	15	每出现一台次设备故障的扣1分，扣完为止	月	
维修记录准确率	100%	5	每发现一处记录不准确扣1分，扣完为止	月	
设备制度完整性	完整	10	因设备制度不完善或缺失造成设备事故的，每发现一次扣1—5分，损失金额在2000元以上的，不得分	月	
设备或备件购置计划及时性	100%	5	每出现一次计划不及时导致缺货的扣1分，出现损失的扣1—5分，扣完为止	月	
培训计划完成率	100%	5	每出现维修人员1人次未参加培训上岗的扣0.5分，造成损失的扣1—5分	月	

注：年成绩以月平均值计算

（2）电仪工程师岗位职责考核

电仪工程师岗位职责考核见表 10-45。

表 10-45　电仪工程师岗位职责考核表

项目	目标值	分值	评估标准	时间	得分
电气设备维修计划完成率	100%	20	每出现一台电气设备未按时完成维修保养扣1—5分，造成损失的扣5—10分	月	
仪表检修、校验计划完成率	100%	10	每出现一仪表未按时完成检修或校验的扣0.5分，造成损失的扣1—5分	月	
电气设备或仪表故障处理及时率	100%	20	每出现一台电气设备或仪表故障未及时处理的扣1—5分，造成损失的扣5—20分	月	
电气设备或仪表修理返修率	0	10	每出现一台次电气设备或仪表返修的扣1—3分，扣完为止	月	
电气设备完好率	100%	10	每出现一台次设备故障的扣1分，扣完为止	月	
仪表准确率	100%	5	每出现一台仪表故障或不准确的扣0.2分，扣完为止	月	
维修或校验记录准确率	100%	5	每发现一处记录不准确扣1分，扣完为止	月	
电气设备或仪表制度完整性	完整	10	因电气设备或仪表管理制度不完善或缺失造成事故的，每发现一次扣1—5分，损失金额在2000元以上的，不得分	月	
电气设备或备件或仪表购置计划及时性	100%	5	每出现一次计划不及时导致缺货的扣1分，出现损失的扣1—5分，扣完为止	月	

项目	目标值	分值	评估标准	时间	得分
培训计划完成率	100%	5	每出现维修人员1人次未参加培训上岗的扣0.5分，造成损失的扣1—5分	月	

注：年成绩以月平均值计算

（3）工艺工程师岗位职责考核

工艺工程师岗位职责考核见表10－46。

表10－46　工艺工程师岗位职责考核表

项目	目标值	分值	评估标准	时间	得分
工艺参数符合率	100%	20	每降低1%扣1分，低于90%不得分	月	
工艺试验报告提交及时率	100%	10	每降低1%扣1分，低于93%不得分	月	
工艺技术问题解决及时性	100%	20	每出现一次工艺问题未及时解决的扣1—5分，造成损失的扣5—20分	月	
工艺事故	0	10	每发生一次工艺事故的扣1—3分，扣完为止	月	
工艺改进成本降低率	15%	10	每降低5%扣1分，低于1%不得分	月	
工艺改进消耗降低率	10%	10	每降低2%扣1分，低于1%不得分	月	

项目	目标值	分值	评估标准	时间	得分
工艺资料整理归档及时率	100%	5	每降低 5% 扣 1 分，扣完为止。	月	
工艺标准完整性	完整	10	因工艺标准制度不完善或缺失造成事故的，每发现一次扣 1—5 分，损失金额在 2000 元以上的，不得分	月	
培训计划完成率	100%	5	每出现工艺人员 1 人次未参加培训上岗的扣 0.5 分，造成损失的扣 1—5 分	月	

注：年成绩以月平均值计算

（4）后勤主管岗位职责考核

后勤主管岗位职责考核见表 10 - 47。

表 10 - 47　后勤主管岗位职责考核表

项目	目标值	分值	评估标准	时间	得分
后勤管理费用预算	控制在预算内	20	每上升 1% 扣 1 分，超预算 20% 不得分	月	
出车及时率	100%	10	每降低 2% 扣 1 分，低于 85% 不得分	月	
车辆完好率	100%	5	每出现一次行车故障的扣 0.5 分，扣完为止	月	
安全事故	0	10	每发生一次一般事故及以下的扣 1—3 分，大事故及以上的不得分	月	
制度执行率	100%	10	每发现一次违反后勤制度规定的，扣 2 分，扣完为止	月	

续表

项目	目标值	分值	评估标准	时间	得分
卫生达标率	100%	10	每降低3%扣1分，低于80%不得分	月	
维修及时率	100%	10	每降低3%扣1分，低于85%不得分	月	
服务满意度	90%	10	每降低3%扣1分，低于80%不得分	月	
投诉次数	0	10	每出现一次投诉扣1分，扣完为止	月	
培训计划完成情况	100%	5	每出现1人次未参加培训上岗的扣0.5分，造成损失的扣1—5分	月	

注：年成绩以月平均值计算

（5）薪酬社保主管岗位职责考核

薪酬社保主管岗位职责考核见表10-48。

表10-48　薪酬社保主管岗位职责考核表

项目	目标值	分值	评估标准	时间	得分
薪酬社保预算	控制在预算内	20	每上升1%扣3分，超预算5%不得分	月	
薪资核算及时性	规定时间内	15	每推迟1天扣5分，扣完为止	月	
社保申报准确性	100%	15	每出现一人次申报差错的扣2分，出现1人次漏报或多报的扣5分，扣完为止	月	

项目	目标值	分值	评估标准	时间	得分
员工工资计算差错次数	0	15	每发生一人次计算错误的扣1—3分，超过5人次以上的不得分	月	
员工考勤准确性	100%	10	每发现一次考勤出错的，扣1分，扣完为止	月	
薪资情况统计分析及时性	规定时间内	5	每推迟1天扣1分，扣完为止	月	
劳动争议或纠纷解决及时率	100%	10	每出现一起劳动争议或纠纷未及时解决的扣5分，扣完为止	月	
投诉次数	0	5	每出现一次投诉扣1分，扣完为止	月	
培训计划完成情况	100%	5	每出现1人次未参加培训上岗的扣0.5分，造成损失的扣1—5分	月	

注：年成绩以月平均值计算

(6) 信息主管岗位职责考核

信息主管岗位职责考核见表10－49。

表10－49　信息主管岗位职责考核表

项目	目标值	分值	评估标准	时间	得分
信息系统开发计划完成情况	计划时间内	25	每推迟1天扣2分，推迟1周不得分	月	

续表

项目	目标值	分值	评估标准	时间	得分
硬件维修及时性	规定时间内	10	每推迟1天扣2分，扣完为止	月	
系统运行完好率	100%	15	每出现一次系统故障的扣2分，造成损失的扣5分，扣完为止	月	
系统维护及时性	规定时间内	10	每发生一次系统故障维护不及时的扣5分，扣完为止	月	
信息设备、备件采购符合性	100%	10	每发现一次采购不符合的，扣5分，扣完为止	月	
网站维护更新及时性	规定时间内	10	每推迟1天扣1分，扣完为止	月	
信息设备、备件预算控制率	控制在预算内	10	每提高1%扣1分，扣完为止	月	
服务投诉次数	0	5	每出现一次投诉扣1分，扣完为止	月	
培训计划完成情况	100%	5	每出现1人次未参加培训上岗操作的扣0.5分，造成损失的扣1—5分	月	

注：年成绩以月平均值计算

（7）安保主管岗位职责考核

安保主管岗位职责考核见表10-50。

表 10 – 50　安保主管岗位职责考核表

项目	目标值	分值	评估标准	时间	得分
安全检查计划完成率	100%	25	每推迟 1 天扣 2 分，扣完为止	月	
安全事故发生次数	规定次数	20	大事故以下每超出目标次数 1 次扣 2 分，大事故及以上每出现 1 起不得分，扣完为止	月	
安全隐患整改率	100%	15	每出现一次安全隐患未按时间要求整改的扣 3 分，造成事故的扣 15 分，扣完为止	月	
安全事故及时处理率	100%	15	每降低 1% 扣 3 分，扣完为止	月	
安全预算控制	控制在预算内	10	每超出 2%，扣 2 分，扣完为止	月	
安全培训覆盖率	100%	10	每漏 1 人次扣 1 分，扣完为止	月	
安全培训计划完成情况	100%	5	每出现 1 人次未参加培训上岗操作的扣 0.5 分，造成损失的扣 1—5 分	月	

注：年成绩以月平均值计算

（8）品牌主管岗位职责考核

品牌主管岗位职责考核见表 10 – 51。

表 10 – 51　品牌主管岗位职责考核表

项目	目标值	分值	评估标准	时间	得分
品牌推广计划完成率	100%	25	每 1 项推广计划推迟 1 天扣 2 分，扣完为止	月	

续表

项目	目标值	分值	评估标准	时间	得分
宣传稿件数量、及时性	规定数量、规定时间	20	每少1篇扣2分，每推迟1天出稿扣2分，扣完为止	月	
公关事件处理及时性	100%	15	每出现一起品牌危机未按时间要求及时公关的扣5分，造成损失的扣10分，扣完为止	年	
品牌推广预算控制	控制在预算内	20	每超出2%，扣2分，扣完为止	年	
品牌认知度	规定的目标	10	以调查表为准，每降低2%扣1分，扣完为止	年	
媒体曝光次数	年计划	10	每少1次扣3分，扣完为止	年	

注：年成绩以月平均值计算

（9）绩效主管岗位职责考核

绩效主管岗位职责考核见表10-52。

表10-52　绩效主管岗位职责考核表

项目	目标值	分值	评估标准	时间	得分
部门绩效考核计划完成率	100%	15	每一部门绩效考核推迟1天完成扣2分，扣完为止	月	
岗位职责考核完成率	100%	20	每一岗位考核结果提交推迟一天提交扣1分，扣完为止	月	

项目	目标值	分值	评估标准	时间	得分
公司计划目标考核及时性	按规定时间	5	每推迟1天完成扣1.5分，扣完为止	月	
公司及部门绩效考核结果准确性	100%	20	每出现一处差错，扣2分，扣完为止	月	
岗位考核争议处理及时性	规定时间	10	每推迟1天处理扣1分，扣完为止	月	
部门投诉	0	10	每出现一次投诉属实的扣3分，扣完为止	月	
考核方案修订及时性	要求时间	10	每推迟1天提交扣1分，扣完为止	年	
总体方案提交及时性	要求时间	5	每推迟1天提交扣1分，扣完为止	年	
综合评估方案提交及时性	要求时间	5	每推迟1天提交扣1分，扣完为止	年	

注：年成绩以月平均值计算

（10）客服主管岗位职责考核

客服主管岗位职责考核见表10-53。

表 10 -53　客服主管岗位职责考核表

项目	目标值	分值	评估标准	时间	得分
大客户保有率	100%	15	每减少5%扣1分，扣完为止	月	
费用预算达成率	100%	20	每增加1%扣1分，超过15%，不得分，扣完为止	月	
客诉受理及时率	100%	20	每出现一起客诉未按时间要求及时处理的扣2分，造成损失的扣10分，扣完为止	月	
投诉次数	0	10	每出现一次内部投诉扣1分，外部投诉扣2分，扣完为止	月	
投诉处理满意度	规定的目标	10	以调查表为准，每降低2%扣1分，扣完为止	月	
制度、作业指导书建立完善及时性	年计划时间	5	每推迟一周扣1分，扣完为止	年	
满意度调查报告	2次	5	每年进行2次满意度调查，并按要求出具调查报告，每少一次扣2.5分，每延迟一周提交扣1分	年	
月走访计划完成情况	月计划	10	每少一次扣1分，并按规定每次走访出具客户走访调查表，无走访调查表不得分	月	
培训计划完成情况	年计划	5	每少1人次扣1分，扣完为止	年	

注：年成绩以月平均值计算

（11）销售团队主管岗位职责考核

销售团队主管岗位职责考核见表10–54。

表10–54 销售团队主管岗位职责考核表

项目	目标值	分值	评估标准	时间	得分
月销售计划完成率	100%	40	每减少1%扣2分，扣完为止	月	
主导品类产品毛利率	比上年提高0.5%或每月市场预测	10	每下降0.5%扣1分，下降3%及以上不得分，扣完为止	月	
费用预算达成率	100%	5	每增加1%扣1分，超过10%，不得分，扣完为止	月	
订单小批号管理	按制度要求	5	订单完成每出现一起小批号库存未及时处理的扣1分，扣完为止	月	
投诉次数	0	5	每出现一次内部投诉扣1分，外部投诉扣2分，扣完为止	月	
合同履约率	100%	10	每出现一单合同未履行我方原因扣3分，客户原因未履行扣1.5分，造成损失的加倍扣分，扣完为止	月	
货款回笼率	100%	10	每降低1%扣1分，扣完为止	月	
协助客户对账	按财务要求	5	每年与每客户至少进行2次客户对账，因不配合每少一次扣0.5分，扣完为止	年	

项目	目标值	分值	评估标准	时间	得分
月走访计划完成情况	月计划	5	每少一次扣1分，并按规定每次走访出具客户走访调查表，无走访调查表不得分	月	
培训计划	年计划	5	团队每少1人次扣1分，扣完为止	年	

注：年成绩以月平均值计算

（12）成本核算主管岗位职责考核

成本核算主管岗位职责考核见表10－55。

表10－55　成本核算主管岗位职责考核表

项目	目标值	分值	评估标准	时间	得分
产品成本费用核算及时性	规定时间	30	每月按时对各规格产品成本费用进行核算，每少一个规格扣2分，每延迟一天提交扣0.5分，扣完为止	月	
工资核算及时性	规定时间	15	每月按时对员工工资进行核算，每缺一位扣0.5分，每延迟一天提交扣0.5分，扣完为止	月	
成本分析会及成本分析报告	规定时间	10	每月召开一次成本分析会，未开不得分，分析报告未提交不得分，分析报告每出现一处差错扣1分，提交不及时扣1—3分，扣完为止	月	
产品成本费用核算准确性	100%	15	任一规格每出现一处差错扣1分，扣完为止	月	

项目	目标值	分值	评估标准	时间	得分
工资核算准确性	100%	10	每出现一人差错扣 1 分，扣完为止	月	
仓库盘仓及报告	月计划时间	10	每延迟一天扣 0.5 分，每出现一处差错扣 1 分，无分析报告或和未完成不得分	月	
协助成本预算编制及时性	年计划时间	5	每延迟一天扣 0.5 分，扣完为止	年	
培训计划完成情况	年计划时间	5	每少 1 人次扣 0.5 分，扣完为止	年	

注：年成绩以月平均值计算

（13）融资预算主管岗位职责考核

融资预算主管岗位职责考核见表 10-56。

表 10-56　融资预算主管岗位职责考核表

项目	目标值	分值	评估标准	时间	得分
融资计划完成率	100%	30	在规定时间内完成融资金额得满分，每少完成 2% 扣 1 分，扣完为止	年	
融资及时性	规定时间	10	每延迟一周完成扣 0.5 分，扣完为止	年	
资金使用情况分析报告	规定时间	10	每月提交资金使用情况分析报告一份，无报告不得分，每延迟一天扣 0.5 分，每出现一处差错扣 1 分，扣完为止	月	

项目	目标值	分值	评估标准	时间	得分
预算编制及时性	年计划	10	每延迟一周扣2分，扣完为止	年	
费用预算执行率	100%	20	每出现一项费用审核不严致使超预算扣2分，扣完为止	月	
预算执行情况分析报告	月计划时间	10	每延迟一天扣0.5分，每出现一处差错扣1分，无分析报告或未完成不得分	月	
费用总预算编制准确率	100%	5	每增减3%扣1分，扣完为止	年	
培训计划完成情况	年计划	5	每少1人次扣0.5分，扣完为止	年	

注：年成绩以月平均值计算

（14）检验班长主管岗位职责考核

检验班长岗位职责考核见表10－57。

表10－57　检验班长主管岗位职责考核表

项目	目标值	分值	评估标准	时间	得分
成品检验计划完成率	100%	30	在规定时间内完成成品检验计划得满分，每少完成2%扣1分，扣完为止	月	
原辅料抽检计划完成率	100%	15	按原辅料检验规程抽检，每少抽或漏抽一次扣3分，扣完为止	月	
检验计划完成及时性	规定时间	10	每延迟一天完成扣1分，扣完为止	月	
成品全检准确率	100%	10	每出现一批次检验不准确扣3分，扣完为止	月	

续表

项目	目标值	分值	评估标准	时间	得分
原辅料检验准确性	100%	10	每出现一批原料或辅料检验有误差扣5分，扣完为止	月	
质量投诉	0	10	每出现一批因检验问题导致质量投诉的扣1—5分，损失超过10000元的不得分	月	
产品质量分析报告	按计划	5	每延迟一天提交扣0.5分，每出现一处错误扣1分，扣完为止	月	
原辅料检验结果分析报告	按计划	5	每延迟一天提交扣0.5分，每出现一处错误扣1分，扣完为止	月	
培训计划完成情况	年计划	5	每少1人次扣0.5分，扣完为止	年	

注：年成绩以月平均值计算

（15）生产班长岗位职责考核

生产班长岗位职责考核见表10-58。

表10-58 生产班长主管岗位职责考核表

项目	目标值	分值	评估标准	时间	得分
生产计划完成率	100%	30	在规定时间内完成生产计划得满分，每少完成1%扣1分，扣完为止	月	
合同交货及时率	100%	15	按生产计划时间按时交货得满分，每推迟一天扣3分，扣完为止	月	

续表

项目	目标值	分值	评估标准	时间	得分
产品 AA 率	公司及部门年度目标	20	每降低1%扣5分，扣完为止	月	
废丝率	公司及部门年度目标	10	每增加0.1%扣3分，扣完为止	月	
客诉金额	公司年度目标	10	每增加5%扣1分，扣完为止	年	
安全事故次数	0	10	每发生一次小事故扣0.1分，一般事故扣2分，一次大事故扣5分，重大事故扣10分，特大事故倒扣5分，最多 -5分	月	
培训计划完成情况	年计划	5	每少1人次扣0.5分，扣完为止	年	

注：年成绩以月平均值计算

（16）储运主管岗位职责考核

储运主管岗位职责考核见表10－59。

表10－59 储运主管长主管岗位职责考核表

项目	目标值	分值	评估标准	时间	得分
出入库计划完成率	100%	30	在规定时间内完成出入库计划得满分，每少完成1%扣1分，扣完为止	月	
仓库设备设施完好率	100%	10	每出现一次设备设施故障扣1分，影响生产的每次扣3分，扣完为止	月	

续表

项目	目标值	分值	评估标准	时间	得分
费用预算	公司年度目标	10	每增加1%扣1分，扣完为止	月	
库存盘点账实不符	0	10	每出现一次账实不符扣1分，扣完为止	月	
服务客诉	0	10	每出现一次内部客诉扣1分，外部客诉扣2分，造成损失的不得分	月	
服务满意度	95%	5	以内外部调查表为准，每下降1%扣0.5分，扣完为止	月	
库存货损	公司年度目标	10	每增加0.001%扣1分，扣完为止	年	
消防、安全事故次数	0	10	每发生一次小事故扣0.1分，一般事故扣2分，一次大事故扣5分，重大事故扣10分，特大事故倒扣5分，最多-5分	月	
培训计划完成情况	年计划	5	每少1人次扣0.5分，扣完为止	年	

注：年成绩以月平均值计算。

（17）销售业务员岗位职责考核

销售业务员岗位职责考核见表10-60。

表 10 - 60 销售业务员岗位职责考核表

项目	目标值	分值	评估标准	时间	得分
月销售计划完成率	100%	40	每减少1%扣2分，扣完为止	月	
销售毛利率	上年产品毛利率平均值提高 0.5% 或预测值	10	每下降0.5%扣1分，下降3%及以上，不得分，扣完为止	月	
订单小批号管理	按制度要求	10	订单完成每出现一起小批号库存未及时处理的扣2分，扣完为止	月	
客诉	0	5	每出现一次客户需求识别错误扣5分，外部服务及时性和服务态度不到位投诉扣2分，扣完为止	月	
合同履约率	100%	10	每出现一单合同未履行我方原因扣3分，客户原因未履行扣1.5分，造成损失的加倍扣分，扣完为止	月	
货款回笼率	100%	10	每降低1%扣1分，扣完为止	月	
协助客户对账	按财务要求	5	每年与每客户至少进行2次客户对账，因不配合每少一次扣0.5分，扣完为止	年	
月走访计划完成情况	月计划	5	每少一次扣1分，并按规定每次走访出具客户走访调查表，无走访调查表不得分	月	
培训计划	年计划	5	每缺席1次扣1分，扣完为止	年	

注：年成绩以月平均值计算

（四）综合评估

所有管理技术人员都要进行综合评估，综合评估内容主要由能力和态度两部分构成，主要指标为计划能力、组织能力、创新能力、应变能力、执行能力、学习能力、出勤率、团队精神等，不同岗位综合评估内容应有所不同，在绩效中所占的比重也不相同。一般地，基层管理技术人员综合评估占绩效比重高于中高层人员，容易量化的生产销售人员综合评估比重低于不容易量化的职能部门人员，具体比重占比20%～60%，具体分四类进行评估。高层总经理、营销副总、总经理助理占20%左右，可评估战略规划能力、领导能力、决策能力、创新能力、全局意识五项指标（详见表10－61）；中层岗位占比30%左右，可考核计划能力、组织能力、执行能力、学习能力、团队精神五项指标（详见表10－62）；主管及班长等管理技术人员可占比30%～45%，考核计划能力、沟通能力、执行能力、学习能力、团队精神五项指标（详见表10－63）；主管以下员工占比40%～65%评估工作效率、学习能力、服务意识、团队精神、出勤率五项指标（详见表10－64）。

综合评估由直接上级组织进行，总经理由董事长组织进行，并结合下级、内外部客户等相关方意见来评估。

表 10 -61　高层能力态度综合评估表

项目	分值	评估标准	时间	得分
战略规划能力	20	很强20分，强17分，一般15分，差11分，很差8分	年	
决策能力	20	很强20分，强17分，一般15分，差11分，很差8分	年	
领导能力	20	很强20分，强17分，一般15分，差11分，很差8分	年	
创新能力	20	很强20分，强17分，一般15分，差11分，很差8分	年	
全局意识	20	很强20分，强17分，一般15分，差11分，很差8分	年	

表 10 - 62　中层能力态度综合评估表

项目	分值	评估标准	时间	得分
计划能力	20	很强 20 分，强 17 分，一般 15 分，差 11 分，很差 8 分	年	
组织能力	20	很强 20 分，强 17 分，一般 15 分，差 11 分，很差 8 分	年	
学习能力	20	很强 20 分，强 17 分，一般 15 分，差 11 分，很差 8 分	年	
执行能力	20	很强 20 分，强 17 分，一般 15 分，差 11 分，很差 8 分	年	
团队精神	20	很强 20 分，强 17 分，一般 15 分，差 11 分，很差 8 分	年	

表 10 - 63　主管班长能力态度综合评估表

项目	分值	评估标准	时间	得分
计划能力	20	很强 20 分，强 17 分，一般 15 分，差 11 分，很差 8 分	年	
沟通能力	20	很强 20 分，强 17 分，一般 15 分，差 11 分，很差 8 分	年	
执行能力	20	很强 20 分，强 17 分，一般 15 分，差 11 分，很差 8 分	年	
学习能力	20	很强 20 分，强 17 分，一般 15 分，差 11 分，很差 8 分	年	
团队精神	20	很强 20 分，强 17 分，一般 15 分，差 11 分，很差 8 分	年	

表 10 - 64 基层员工能力态度综合评估表

项目	分值	评估标准	时间	得分
工作效率	20	很强 20 分，强 17 分，一般 15 分，差 11 分，很差 8 分	年	
出勤率	20	很强 20 分，强 17 分，一般 15 分，差 11 分，很差 8 分	年	
学习能力	20	很强 20 分，强 17 分，一般 15 分，差 11 分，很差 8 分	年	
服务意识	20	很强 20 分，强 17 分，一般 15 分，差 11 分，很差 8 分	年	
团队精神	20	很强 20 分，强 17 分，一般 15 分，差 11 分，很差 8 分	年	

（五）员工考核最终结果

高层年度考核由公司层面计划考核、分管部门绩效考核和综合评估三部分构成，权重分别为 40%、40%、20%，月度考核由前两项按 50%、50% 加权得到。

中层管理人员年度考核由公司层面计划考核、部门绩效考核和综合评估三部分构成，权重分别为 20%、50%、30%，月度考核由前两项按 35%、65% 加权得到。

其他关键岗位管理技术人员年度考核由公司层面计划考核、部门绩效考核、岗位职责考核和综合评估四部分构成，权重分别为 15%、20%、30%、35%，月度考核由前三项按 15%、35%、50% 加权得到。

其他非关键岗位管理技术人员年度考核由公司层面计划考核、部门绩效考核和综合评估三部分构成，权重分别为 10%、40%、50%，月度考核由前两项按 10%、90% 加权得到。

第三节　方案设计

一、XH 公司薪酬绩效方案

（一）目的

为规范企业的绩效管理，让绩效与薪酬挂钩，创建公平公开科学的薪酬体系，特制定本方案。

（二）适用范围

本公司全体管理技术人员（不含一线普工）。

（三）薪酬体系

XH 公司管理技术人员薪酬体系包括三种类型：合同年薪制、岗位年薪制、提成制。

合同年薪制主要是用于中高级管理和技术人员，一般不享受公司的年终奖和各种福利与补贴。其收入构成为∑月固定工资、∑月绩效工资、年绩效工资三部分。如生产管理部经理年薪 40 万，月固定工资占 60% 总和为 24 万，月绩效工资占 15% 总和为 6 万，年绩效工资占 25% 总和为 10 万，绩效考核部分占 40%，根据月度和年度绩效考核结果发放绩效工资。

岗位年薪制工资是针对不同的管理技术人员级别设置相应的工资总额标准（年终奖金、福利与补贴不包含）。其收入构成包括∑月固定工资、∑月绩效工资、年绩效工资、年终奖金、福利与补贴五部分。如车间主任年工资总额为 20 万元，月固定工资占 65% 为 13 万（即每月发放 1.0833 万元），月绩效工资占 15% 为 6 万（每月根据考核结果发放），年绩效工资占 20% 为 10 万（每年根据考核结果发放），绩效考核部分占 35%。年终奖金发放依据为公司层面计划目标完成情况考核后发放（超出计划目标部分才有年终奖，一般幅度为工资总额的 0%～10% 范围内）。福利与补贴作为补充，一般包括节日福利、生日福利和年终工龄补贴几部分。

提成制主要适用于销售业务员。其收入构成为∑月基本工资、∑月提成工资、年绩效工资、福利与补贴四部分。如普通业务员月基本工资 2500 元为固定工资，月提成工资是根据销售品种、销售量来确定提成总金额，其中 50% 为月发放即月提成工资部分，其余50%由年终考核后发放即年绩效工资部分。

（四）薪酬结构

1. 月基本工资

月基本工资主要是针对销售业务员设置的一种工资形式，不低于当地最低工资标准。

2. 月固定工资

月固定工资是销售业务员之外的所有管理技术人员设置的一种工资发放形式。月固定工资不得低于当地最低工资标准，范围一般在年薪的60%～80%，如最低一级员级管理技术人员固定工资达到工资年薪总额（年薪36000元）十二分之一的80%（即2400元/月）。

3. 月绩效工资

月绩效工资是指销售业务员之外的所有管理技术人员通过绩效考核设置的一种工资发放形式。月绩效工资理论值范围一般在年薪十二分之一的10%～15%，关键岗位考核范围是15%，其他岗位10%，实际绩效工资为理论发放工资乘以绩效系数，如最低一级员级管理技术人员年薪36000元，月绩效工资理论值为36000×10%÷12，即300元，若考核系数为1.1，则月绩效工资为330元。

4. 年绩效工资

年绩效工资是所有管理技术人员通过年终考核后发放的绩效工资。销售业务员的年绩效工资理论值为年提成的50%，其他管理技术人员年绩效工资理论值为其年薪的10%～25%，如生产管理部经理年薪40万元，其年绩效工资理论值为40×25%，即10万元，实际发放值为10乘绩效考核系数，若系数为1.05，则实际发放年绩效工资为10万×1.05，即10.5万元。

5. 年终奖

年终奖是指为岗位年薪制员工设置与公司层面计划目标考核挂钩的一种激励工资形式。如最低级别办事员年薪为36000元，则年终奖范围为0—3600元，对应的考核分值与奖金数如下表10-64所示。

10-64 考核分值与奖金对照表

分值	90	91	92	93	94	95	96	97	98	99 及以上
奖金	360	720	1080	1440	1800	2160	2520	2880	3240	3600

注：第一列分值 90 指计划目标考核分值大于等于 90，小于 91，以下类同

（五）福利与补贴

福利与补贴是为合同年薪制以外管理技术人员设置的一种收入补偿形式，具体详见《员工福利与补贴管理办法》。

（六）薪酬调整与发放

1. 薪酬调整的依据

——公司业绩增长状况

——行业竞争对手员工薪酬状况

——居民消费价格指数

——绩效考核结果及岗位晋升状况

2. 薪酬发放

公司月薪酬发放日为每月 20 日，年度绩效工资和奖金发放日为每年 2 月 2 日，遇节假日提前至节前发放。

（七）其他

其他未尽事宜由综合部会同品牌市场部商讨后提出增补条款报总经理批准后予以增补。

二、XH 公司管理技术人员岗位晋升方案

（一）总则

1. 为激发公司全体管理、技术人员和销售业务人员的积极性、主动性和创造性，规范管理、技术人员和销售业务人员晋升通道，特制定本办法；

2. 本办法适用公司全体管理、技术人员和销售业务人员的晋升；

3. 1—2 年晋升一次。

（二）职责

1. 公司董事会负责公司领导班子人员（含总师级）选聘及晋升评定工作；

2. 成立由公司班子成员组成的公司晋升评审小组，总经理任组长，负责管

理、技术人员和销售业务人员晋升评定工作;

3. 各部、单列科负责做好副科级以下管理技术人员晋升的初评和申报工作;销售部做好销售业务员晋升的初评和申报工作;

4. 公司综合部负责做好公司管理技术人员晋升的监控工作;

5. 各级领导做好所属部门管理技术人员晋升的审核把关工作。

(三)晋升原则

1. 绩效、技能和市场化综合评定原则;

2. 公平、公开、公正原则。

(四)晋升通道设计

1. 管理人员岗位分员级、班长级、副科级、正科级(含部门经理助理)、副经理、经理、总经理助理、副总经理、总经理共9级;

2. 公司专业技术人员岗位分员级(会计员、审计员、经济员、技术员等)、助理级(助理会计师、助理审计师、助理经济师、助理工程师等)、中级(会计师等)、高级(高级会计师等)、正高级(正高级会计师、正高级经济师等)、副总师级(副总会计师等)、总师级(总会计师、总经济师、总工程师等)共7级;

3. 销售业务员技术通道分初级业务员、中级业务员、高级业务员、银牌业务员、金牌业务员共5级。

(五)薪资设计

1. 公司管理人员共设18级薪资等级;专业技术人员共设15级;销售业务员共设10级;

2. 每一岗位对应相应的1—3级薪资;

3. 一般来说,每一薪资等级对应由基本工资(或固定工资)X_i 和绩效工资或提成工资 Y_i 两部分组成,即薪资 $W_i = X_i + Y_i$;

4. 公司根据年度计划目标完成情况,结合年度盈利状况,设置年终奖 Z,则总薪资 $W_i = X_i + Y_i + Z$。

(六)晋升条件

1. 各级管理人员晋升必须满足年龄、工作年限、学历(适用于新入职员工,老员工暂不考虑)、绩效(岗位考核)、任现职年限五个方面标准方可晋升,具体标准详见表10–66;

2. 各级专业技术人员和销售业务员晋升需满足工作年限、学历、绩效(岗位考核)、职称、任现职年限五个标准方可晋升，具体标准详见表 10 – 67、表 10 – 68。

（七）申报程序

1. 副科级（含）以下管理和专业技术人员晋升由各部门负责人（经理或科长）负责申报，副科级以上人员至副总经理/助理/副总师（不含）以下人员晋升由分管领导或生产管理部经理负责申报；

2. 销售业务员晋升由销售部门负责人负责申报；

3. 副总经理/助理/总师/副总师/生产管理部经理（含）由总经理提报，总经理由董事长负责提报。

（八）晋升路径及薪资等级

1. 各级管理、技术人员对应的晋升路径及薪资等级见图 10 – 2；

2. 各级销售业务员对应的晋升路径见图 10 – 3。

（九）其他

1. 各部门、车间可成立相应的评审小组，对权限范围内的管理技术人员晋升进行审核；

2. 对于破格晋升的管理技术人员和销售业务员，原则上须绩效考核特别优秀，且在该工作岗位上做出突出贡献人员，且须上报董事会讨论通过后方可晋升；

3. 对于各级管理者违规操作或徇私舞弊者，一经查实，将追究管理者责任，并取消相应的晋升。

（十）附则

1. 本方案在实际运行过程中，如发现不适当条款，经相关部门提出，综合部会同相关部门和人员讨论后进行修订，报总经理批准后可做适当调整。

2. 本方案由公司综合部负责解释。

3. 本方案经总经理批准后发布。

表 10-66 公司各级管理人员晋升标准

标准 / 级别	年龄 X	工作年限 Y	学历	绩效考核 Z	其他条件（任现职年限）
1 员 S/T 级	$X \geqslant 20$	$Y \geqslant 1$	高中及以上	$Z \geqslant 75$	—
2 班长级	$X \geqslant 22$	$Y \geqslant 2$	高中及以上	$Z \geqslant 80$	员级 1 年以上
3 副科级	$X \geqslant 25$	$Y \geqslant 3$	大专及以上	$Z \geqslant 80$	班级 1 年以上
4 正科级/部门经理助理	$X \geqslant 27$	$Y \geqslant 5$	大专及以上	$Z \geqslant 80$	副科 1 年以上
5 部门副经理	$X \geqslant 28$	$Y \geqslant 6$	大专及以上	$Z \geqslant 80$	正科 1 年以上
6 部门经理	$X \geqslant 30$	$Y \geqslant 7$	本科及以上	$Z \geqslant 85$	部门副职 1 年以上
7 总助	$X \geqslant 30$	$Y \geqslant 10$	本科及以上	$Z \geqslant 90$	中心助理 2 年以上
8 副总级	$X \geqslant 30$	$Y \geqslant 12$	本科及以上	$Z \geqslant 90$	中心正职 2 年以上
9 总经理	$X \geqslant 30$	$Y \geqslant 13$	本科及以上	$Z \geqslant 90$	副总 2 年以上

注：年龄上限一般为 55 岁，各级负责人参照各级副职晋升标准

表 10-67 公司各级专业技术人员晋升标准

标准 / 级别	职称资格	工作年限	学历	绩效考核	其他条件（任现职年限）
1 员 S/T 级	会计员等	$\geqslant 1$	高中及以上	$\geqslant 75$	—
2 助理级	助理会计师等	$\geqslant 2$	大专及以上	$\geqslant 80$	员级 1 年以上
3 中级	会计师等	$\geqslant 5$	大专及以上	$\geqslant 80$	助理级 3 年以上

续表

级别 标准	职称资格	工作年限	学历	绩效考核	其他条件（任现职年限）
4 副高级	高级会计师等	≥10	本科及以上	≥85	中级4年以上
5 正高级	正高级会计师等	≥13	本科及以上	≥85	副高级4年以上
6 副总师级	正高级	≥14	研究生及以上	≥90	正高级1年或副高5年以上
7 总师级	正高级	≥15	研究生及以上	≥90	副总师级1年以上

表10-68 公司销售业务员晋升标准

级别 标准	职称资格	工作年限	学历	绩效考核	其他条件（任现职年限）
1 初级业务员	——	≥1	初中及以上	≥75	—
2 中级业务员	——	≥2	初中及以上	≥80	初级1年以上
3 高级业务员	初级师	≥5	高中及以上	≥85	中级2年以上
4 团队主管/银牌业务员	中级师	≥8	大专及以上	≥90	中级4年以上或高级2年以上
5 部门经理/金牌业务员	中级师	≥11	大专及以上	≥90	银牌或团队主管3年以上
6 营销副总/钻石业务员	中级师	≥13	本科及以上	≥90	金牌或部门经理2年以上

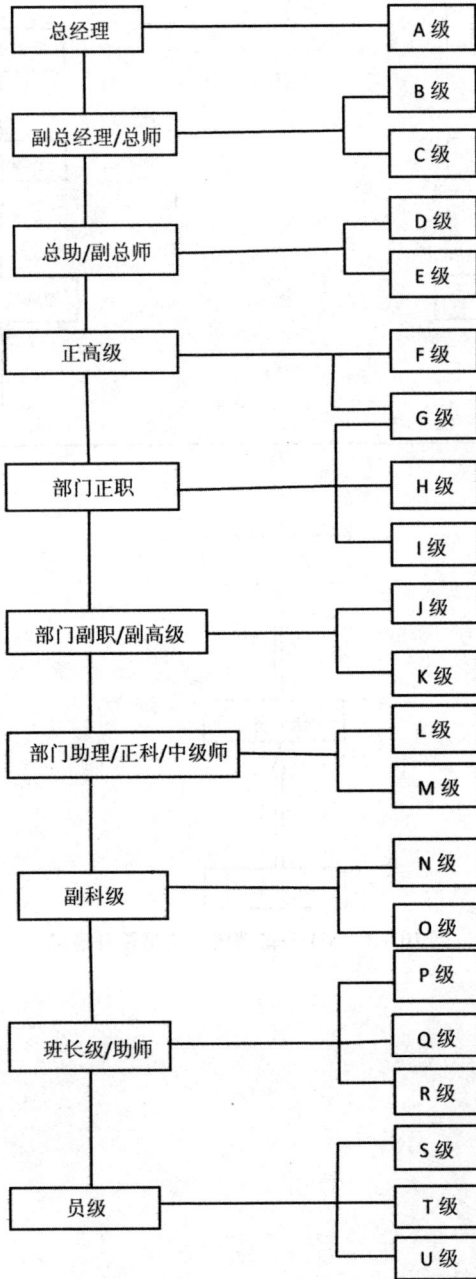

图 10 - 2 XH 公司管理技术人员晋升通路及薪资等级

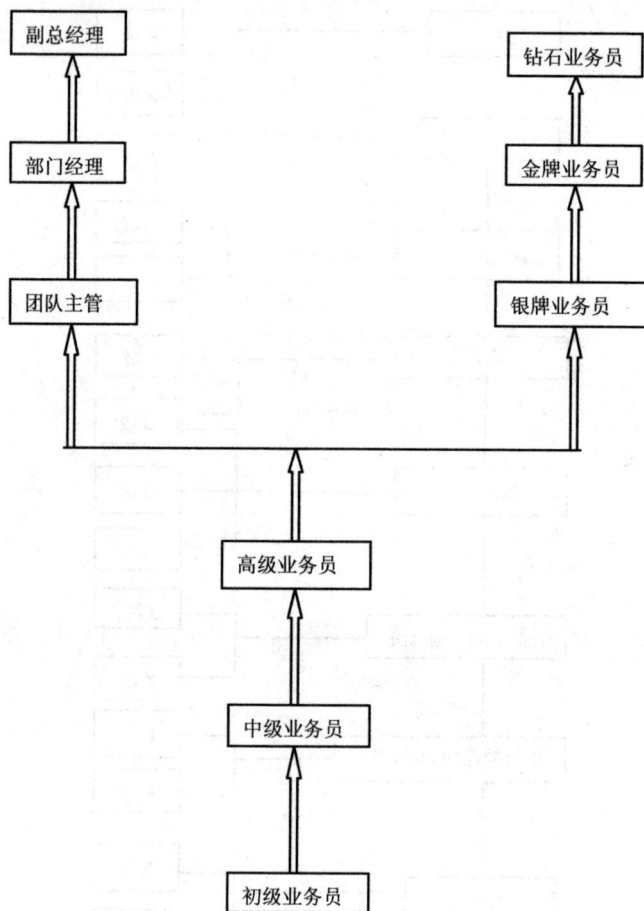

图 10 - 3　XH 公司销售业务员晋升通道

参考文献

1. ［美］艾·里斯，杰克·特劳特．定位［M］．北京：机械工业出版社，2013.

2. ［美］艾·里斯，杰克·特劳特．商战［M］．北京：机械工业出版社，2016.

3. ［美］艾·里斯，劳拉·里斯．品牌的起源［M］．北京：机械工业出版社，2016.

4. ［美］艾·里斯，劳拉·里斯．品牌22律［M］．太原：山西人民出版社，2011.

5. ［美］艾·里斯．聚焦［M］．太原：山西人民出版社，2012.

6. ［美］劳拉·里斯．视觉锤［M］．北京：机械工业出版社，2017.

7. 邓德隆．2小时品牌素养［M］．北京：机械工业出版社，2017.

8. ［美］杰克·特劳特．什么是战略［M］．北京：机械工业出版社，2017.

9. 张云，王刚．品类战略［M］．北京：机械工业出版社，2017.

10. ［美］艾·里斯，杰克·特劳特．人生定位［M］．北京：机械工业出版社，2016.

11. 鲁建华．定位屋：从观念到体系［M］．北京：机械工业出版社，2015.

12. ［美］艾·里斯，杰克·特劳特．22条商规［M］．太原：山西人民出版社，2011.

13. ［美］杰克·特劳特，史蒂夫·里夫金．重新定位［M］．北京：机械工业出版社，2010.

14. ［美］费雷德里克·温斯洛·泰勒．科学管理原理［M］．北京：中国经济出版社，2013.

15. ［美］彼得·德鲁克．管理实践［M］．北京：机械工业出版社，2009.

16. ［美］迈克尔·A. 希特，R. 杜安·爱尔兰，罗伯特·E. 霍斯基森．战略管理：竞争与全球化［M］．北京：机械工业出版社，2005.

17. ［美］艾·里斯，劳拉·里斯．董事会里的战争［M］．北京：机械工业出版社，2013.

18. 卫尔琦，朱亮亮．薪酬设计与员工激励全案［M］．上海：立信会计出版社，2014.

19. 赵国军．绩效管理方案设计与实施［M］．北京：化学工业出版社，2009.

20. 陈浩．绩效考核与薪酬激励精细化设计必备全书［M］．北京：中国华侨出版社，2014.

21. 卫尔琦．绩效考核与量化管理全案［M］．上海：立信会计出版社，2014.

22. ［美］菲利普·科特勒．营销管理［M］．新千年版·第十版．北京：中国人民大学出版社，2001.

23. 周文，虞涛．绩效管理［M］．长沙：湖南科学技术出版社，2005.

24. ［美］约翰·M. 伊万切维奇，罗伯特·科诺帕斯克，赵曙明，等．人力资源管理［M］．北京：机械工业出版社，2015.

25. 陈春花，赵曙明，赵海然．领先之道［M］．修订版．北京：机械工业出版社，2016.

26. 方振邦．战略性绩效管理［M］．北京：中国人民大学出版社，2014.

后　记

　　绩效管理，特别是战略性绩效管理，在中国中小企业还处于起步阶段，还在探索实践中。笔者在13年学习和实践中总结提炼的中小企业6P绩效管理体系，吸收了国内外企业管理实践特别是绩效管理和战略管理实践的最新成果，并在我国中小企业的绩效管理中予以应用，取得了一定效果。预计在不久的将来，有企业管理者特别是领导者和人力资源管理者的支持和帮助，相信中小企业6P绩效管理体系一定能在广大中小企业开花结果，取得更大的成效。

　　对于在本书写作和出版过程中给予关心和支持的中国科技大学博士生导师赵定涛教授、中国医学科学院潘显道研究员、中国木雕博物馆副馆长李洪峰先生、中国木雕城企划部李艳兵先生以及我的爱人李文渊女士和爱女潘紫藤女士一并表示感谢。

　　由于本人水平有限，书中错误和不足之处在所难免，敬请各位读者不吝赐教。

潘显好

2017 年 10 月 5 日于杭州

浙江观定绩效管理有限公司简介

中小微企业是我国企业的主力军，占中国企业总数的80%以上，是中国未来立于世界之林的希望所在。有鉴于此，为促进我国中小微企业的长期生存和发展，浙江观定绩效管理公司应运而生。

浙江观定绩效管理有限公司是在2017年原金华观定绩效管理咨询公司基础上成立的一家专注于成长型中小微企业并从事于战略性绩效管理的咨询公司。公司创始人潘显好先生近20年来，一直从事于我国中小微企业绩效管理的设计、咨询、实践和教育培训等工作，在长期绩效管理实践基础上总结出来一整套针对中小微企业的战略性绩效管理成功模式，即6P绩效管理体系。并在浙江荣盛、浙江华逸化纤等多家企业进行实践，取得了很好的效果。浙江观定绩效管理的成立必将为更多的中小微企业提升绩效打造强势品牌献计出力，为浙江乃至中国中小微企业发展贡献观定的智慧。

浙江观定公司使命：为我国成长型中小微企业打造强势品牌

公司愿景：运用自创的6P绩效管理体系为客户量身定制，力争用10年时间成为一家专注于成长型中小微企业战略性绩效管理领域行业领先的咨询公司

公司联系电话：18966010678